W. Rief & W. Hiller

Somatoforme Störungen

Winfried Rief & Wolfgang Hiller

Somatoforme Störungen

Körperliche Symptome ohne organische Ursache

Mit einem Vorwort
von Prof. Dr. Manfred M. Fichter

Verlag Hans Huber
Bern · Göttingen · Toronto · Seattle

Anschrift der Autoren:

Dr. Winfried Rief
Dr. Wolfgang Hiller
Medizinisch-Psychosomatische Klinik Roseneck (im Verbund mit der Medizinischen Fakultät der Ludwig-Maximilians-Universität München)
Am Roseneck 6
D-8210 Prien am Chiemsee

Die Deutsche Bibliothek – CIP-Einheitsaufnahme

Rief, Winfried:
Somatoforme Störungen : körperliche Symptome ohne organische Ursache / Winfried Rief & Wolfgang Hiller. Mit einem Vorw. von Manfred M. Fichter. – 1. Aufl. –
Bern ;
Göttingen ; Toronto ; Seattle : Huber, 1992
ISBN 3-456-82273-1
NE: Hiller, Wolfgang:

1. Auflage 1992

Druck: Allgäuer Zeitungsverlag Kempten
Printed in Germany

Inhalt

Vorwort

Im Jahre 1859 schrieb der französische Nervenarzt Paul Briquet in seinem Buch "Traité clinique et thérapeutique de l'Hystérie", daß ihm bei seinen Recherchen bald klar wurde, "daß die Hysterie nie richtig erforscht worden war, man hatte nicht wie bei anderen Krankheiten zuerst Beobachtungen angestellt und dann Schlüsse aus den Ergebnissen gezogen. Ich mußte feststellen, daß alles, was über das Thema geschrieben worden war, mehr Phantasie als Tatsache gewesen war ... Theorien waren genügend vorhanden, doch herzlich wenig Tatsachen, und gerade die sollten untersucht und ausgewertet werden ..." (Briquet 1859; p. V f.). Briquet's empirisches Ordnen von Symptombereichen stimulierte die Konzeptionsbildung für diese Erkrankungen. Die Konzepte dazu wurden auf andere Weise auch von Briquet's Landsleuten Charcot und dessen Schüler Janet belebt und von Sigmund Freud in seiner Pariser Zeit aufgegriffen und weiterentwickelt.

Erkrankungen mit funktionellen körperlichen Symptomen oder, wie der zukünftige Begriff sein wird, "somatoforme Störungen", stellen eine spannende Herausforderung an die humanwissenschaftliche Forschung dar. Sie sind die Schnittstelle zwischen Organmedizin einerseits und Psychiatrie und Psychologie andererseits und werden somit zum Prüfstand für die Integration dieser Bereiche. Das Phänomen somatoformer Störungen ist ein Ausdruck dafür, daß das Leib-Seele-Problem nicht nur einen unerschöpflichen Stoff für abstrakte Diskussionen unter Philosophen liefert. Sie verdeutlichen real, daß es zahlreiche Patienten gibt, bei denen Störungen vorliegen, in denen körperliche Symptome und seelisches Leiden auf das engste vermengt sind.

Für die Medizin beinhaltet diese Störungsgruppe eine besondere Herausforderung. Patienten, deren körperliche Symptomatik keine organmedizinische Grundlage hat, finden sich bei allen medizinischen Fachrichtungen. Diese leidenden Patienten ohne nachweisbaren pathologischen Organbefund machen den Arzt nicht selten hilf- und ratlos. Wie kann mit ihnen verfahren werden, wenn weder Medikamente noch operative oder andere medizinische Interventionen nachhaltige Besserung bringen ? - Auch kommen wir als Arzt hier mit unserem Grundsatz, daß "jeder Therapie eine exakte Diagnose vorauszugehen habe, aus der sich unser therapeutisches Handeln ergibt" nicht besonders weit. Besonders bei somatoformen Störungen kann sich eine erfolgreiche Medizin nicht auf den Rezeptblock und chirurgische Eingriffe beschränken; erforderlich ist auch eine kompetente Führung des Patienten unter Beachtung seiner Empfindlichkeiten, Ängste, Hoffnungen und Erwartungen.

Patienten mit funktionellen Störungen können dann ihren Arzt, Therapeuten oder Heilpraktiker "nerven", wenn sie trotz multipler, somatisch-diagnostischer, negativer Vorbefunde auf weitere diagnostische Maßnahmen drängen, im Verlauf eine unverändert chronische Symptomatik aufweisen und innerlich daran festhalten, eine somatische Ursache ihres Leidens sei übersehen worden. In Anbetracht der Häufigkeit somatoformer Symptome und der sich daraus ergebenden Folgen wie z. B. Kosten für zahlreiche z. T. überflüssige diagnostische Untersuchungen, häufige ambulante und stationäre Behandlungen, Arbeits- und Erwerbsunfähigkeit, handelt es sich dabei auch um eine volkswirtschaftlich besonders relevante Erkrankungsgruppe.

Auch heute, mehr als 130 Jahre nach dem Erscheinen von Briquet's Buch stellt sich die Frage, inwieweit seither wirklich essentiell

Neues und Wichtiges zu dem Themenbereich erarbeitet werden konnte. Welche Inhalte sind es wert, zu diesem Thema an Medizin- und Psychologiestudenten vermittelt zu werden. Sollte am Ende Briquet's negative Bestandsaufnahme auch heute noch Gültigkeit haben ?

Das vorliegende Buch gibt Antworten auf diese Fragen. Über somatoforme Störungen gibt es derzeit weit weniger empirische Untersuchungen als zu verschiedenen anderen psychiatrischen Störungen wie z. B. affektiven Erkrankungen, Schizophrenien oder Angst- und Panikstörungen. Die Autoren dieses Buches haben in intensiver Sucharbeit die Literatur zum Thema somatoforme Störungen umfassend zusammengetragen. Diese Literaturübersicht und Darstellung eigener wesentlicher Ergebnisse und Richtlinien zu Diagnostik und Therapie machen dieses Buch zu einem gelungenen und umfassenden Werk. Die gute didaktische Darstellung erleichtert es dem Leser den Blick für das Wesentliche zu finden. Das Buch füllte eine wichtige Lücke. Ich wünsche ihm eine breit gestreute, interessierte Leserschaft. Die bemerkenswerten vorliegenden Ergebnisse können andere Fachleute zu neuen Forschungsarbeiten auf diesem Gebiet anregen und sie können dem in der Praxis tätigen Arzt oder Psychologen konkrete Informationen und Hilfen für seine Arbeit geben, die den unter somatoformen Störungen leidenden Patienten unmittelbar zugute kommen.

Prof. Dr. Manfred M. Fichter

Ärztlicher Direktor der Medizinisch-Psychosomatischen Klinik Roseneck,
Prien am Chiemsee;
Leiter des Forschungsbereichs
Epidemiologie und Evaluation
an der Psychiatrischen
Universitätsklinik, München

Danksagung

Herrn Prof. Dr. Manfred M. Fichter gilt unser besonderer Dank. Er ermöglichte die Verbindung von klinischer und wissenschaftlicher Arbeit. Ferner danken wir Frau Dr. med. Gabriele Dichtl, Nervenärztin, für die kritische Durchsicht des Manuskripts und zahlreiche Anregungen. Mit ihrer Unterstützung trug auch Frau Sabine Rief zu diesem Buch bei.

1. Einleitung und Überblick

Wer nur auf einzelne Bäume schaut, sieht oft den Wald nicht mehr. Diese Volksweisheit motivierte dazu, einen großen Bogen zu schlagen, bevor in diesem Buch auf einzelne Spezialaspekte eingegangen wird. Das vorliegende Kapitel versucht, eine Verbindung zwischen verschiedenen Themen herzustellen, die in nachfolgenden Kapiteln detaillierter aufgegriffen werden. So soll das nachfolgende Herausgreifen einzelner Aspekte nicht darüber hinwegtäuschen, daß komplexe Querverbindungen zwischen diagnostischen, ätiologischen, auslösenden, aufrechterhaltenden und therapeutischen Aspekten bei dem hier aufgegriffenen Krankheitsbild existieren.

Stehen bei einem Patienten funktionelle Symptome bzw. körperliche Symptome ohne ausreichende organische Ursache im Vordergrund, so spricht das amerikanische Diagnosensystem DSM-III bzw. DSM-III-R (American Psychiatric Association 1980, 1987) von somatoformen Störungen. Dieser Oberbegriff wird künftig auch weltweit dieses Krankheitsbild bezeichnen, da die zehnte Revision des Diagnosensystems der Weltgesundheitsorganisation (ICD-10) die diagnostischen Grundprinzipien und Bezeichnungen für diesen Bereich großteils übernommen hat (Dilling et al. 1991). Bisher existieren zahlreiche verschiedene Begriffe, die funktionelle Störungen bezeichnen. Abbildung 1.1 gibt einen Überblick über Diagnosen und diagnostische Bezeichnungen, die zum Teil für diese Störungsgruppe gängig sind.

Neben allgemeinen Bezeichnungen für funktionelle körperliche Symptome wurden auch einzelne körperliche Beschwerden herausgegriffen, die ebenfalls als mögliche Symptome einer somatoformen Störung zählen können. Hierunter fallen Begriffe, wie sie in Abbildung 1.1 in der rechten Spalte genannt werden. Oftmals täuscht jedoch die Betonung eines einzelnen Symptoms darüber hinweg, daß der Patient bei genauer Exploration noch weitere körperliche Beschwerden nennt, die zum Teil in Organsystemen jenseits der eigenen Spezialisierung liegen und deshalb leicht übersehen werden.

Somatoforme Störungen umfassen jedoch nicht alle körperlichen Symptome, die nicht auf einer organmedizinischen Erkrankung beruhen. Treten einige körperliche Symptome wie Herzrasen, Atemnot oder Schwindel anfallsartig auf, sind von intensiver Angst begleitet und klingen wieder ab, sobald Hilfe zur Verfügung steht, so muß von einer Panikstörung und nicht von einer somatoformen Störung gesprochen werden. Auch gehören zur Depression zahlreiche, vor allem vegetative Beschwerden, die nicht eigens diagnostiziert werden (z. B. Müdigkeit, Libidoverlust, Appetitlosigkeit). Auf der anderen Seite wird im vorliegenden Buch auch noch weiter ausgeführt werden, daß es problematisch ist, somatoforme Symptome generell unter dem Oberbegriff der "somatisierten Depression" zu kategorisieren, da sich sowohl bezüglich Störungsbeginn als auch im Verlauf zwischen

Beispiele für allgemeine Begriffe	Beispiele für spezielle Syndrome und Symptome
Funktionelle Syndrome	chronische Obstipation
Hysterie	chronische Diarrhoe
Depression mit Somatisierung	Colon irritabile
Larvierte oder somatisierte Depression	funktionelle abdominelle Beschwerden
Hypochondrie	psychogenes Schmerzsyndrom
Psychosomatische Störung	psychogene Anfälle
Psychoneurose	funktionelle Herzbeschwerden
Asthenie	funktionelle Atembeschwerden
Neurasthenie	Vertigo
Nervöses Erschöpfungssyndrom	Globus hystericus
Funktionelle Störung	psychosexuelle Störung
Briquet-Syndrom	Menstruationssyndrome
Psychosomatischer Beschwerdekomplex	prämenstruelles Syndrom
Psychophysischer Erschöpfungszustand	psychosexuelle Störung
Psychovegetative Labilität	Miktionsbeschwerden
Vegetative Dysregulation	
Vegetative Dystonie	
Nervöse Beschwerden	
Konversion	

Abbildung 1.1 Bezeichnungen für somatoforme Störungen.

den beiden Erkrankungsbildern deutliche Unterschiede ergeben. Dies führt dazu, daß das hierarchische Konzept der "larvierten" oder "somatisierten Depression" kritisch hinterfragt werden muß.

Die meisten der möglichen funktionellen körperlichen Symptome können Teilsymptome des Prototyps der somatoformen Störungen sein, nämlich der Somatisierungsstörung. Diese Erkrankung ist nach den strengen Kriterien des DSM-III-R zwar in der Allgemeinbevölkerung relativ selten (mindestens 13 von 35 körperlichen Symptomen müssen vorhanden sein), dürfte jedoch trotzdem eine hohe gesundheitspolitische Relevanz haben, da die Behandlungskosten für diese Patienten zwischen dem 7- und 14fachen der Behandlungskosten in der Durchschnittsbevölkerung liegen (Smith et al. 1986 a). Die strengen Kriterien für die Somatisierungsstörung, die in dem Kapitel über Diagnostik näher dargestellt sind, wurden häufig kritisiert. Daher ist anzunehmen, daß in zukünftigen Diagnosensystemen entweder die zu strengen Kriterien für die Somatisierungsstörung gelockert werden oder eine neue Gruppe definiert wird, die von der Anzahl ihrer körperlichen Beschwerden zwischen der Somatisierungsstörung und der undifferenzierten somatoformen Störung liegen dürfte.

Neben der Somatisierungsstörung und der weiter gefaßten undifferenzierten somatoformen Störung werden unter den somatoformen Störungen auch die Hypochondrie, die somatoforme Schmerzstörung, die körperdysmorphe Störung und die Konversionsstörung subsumiert. Die einzelnen diagnostischen Entscheidungen, die für die Differentialdiagnose der somatoformen Störungen von Bedeutung sind, werden nach dem DSM-III-R in einem Entscheidungsbaum beschrieben, der in Abbildung 1.2 dargestellt ist. Die genauen Kriterien für die einzelnen Störungsbilder werden in Kapitel 2 näher aufgeführt.

Auch die klinisch-diagnostischen Leitlinien der ICD-10, die in Zukunft für Europa und fast weltweit Gültigkeit haben werden, definieren die Somatisierungsstörung als Prototyp somatoformer Störungen. Unterschiede zwischen dem amerikanischen Diagnosensystem und dem Diagnosensystem der Weltgesundheitsorganisation (WHO) ergeben sich jedoch in einzelnen Unterpunkten. So werden dissoziative und konversionsneurotische Störungen unterschiedlich kodiert, des weiteren werden im ICD-10 die autonomen Funktionsstörungen als eine mögliche Differentialdiagnose gesondert betont, die je nach Organsystem in somatoforme autonome Funktionsstörung des kardiovaskulären Systems, des oberen Gastrointestinaltraktes, des unteren Gastrointestinaltraktes, des respiratorischen Systems und des urogenitalen Systems unterteilt werden. Auch wird aus nicht ganz nachvollziehbaren Gründen die Neurasthenie nicht unter den somatoformen Störungen subsumiert, genauso wie Depersonalisations- und Derealisationssyndrome, die in ICD-10 unter der Restkategorie "andere neurotische Störungen" eingeordnet sind.

Andere Kennzeichen somatoformer Symptome

Neben den diagnostisch relevanten somatoformen Symptomen sind die Erkrankungen auch durch andere Komponenten gekennzeichnet. Hierzu zählen kognitive, affektive, verhaltensbezogene und soziale Aspekte. Auf der *kognitiven Ebene* läßt sich häufig ein Aufmerksamkeitsfokus auf den Körper bzw. auf körperliche Prozesse feststellen, der letztendlich zu einer verstärkten Wahrnehmung der körperlichen Sensationen führt und mit einer kognitiven Fehlbewertung derselben als mögliche Krankheitssymptome verbunden ist. Auch werden die körperlichen Symptome häufig als unbeeinflußbar und unkontrollierbar bewertet. Neben der kognitiven Komponente zeigt sich bei den meisten Patienten auch eine ausgeprägte *affektive Komponente.* Die Patienten zeigen sich niedergeschlagen, drücken das Gefühl der Hilflosigkeit aus, wobei die Intensität bis hin zu diagnostisch relevanten Depressionen gehen kann. Auf den engen Zusammenhang zwischen somatoformen Störungen und Depressionen wird in den entsprechenden Kapiteln noch näher eingegangen. Weiterhin sind die Symptome auch durch spezifische *Verhaltenseigenschaften* gekennzeichnet. Wie bereits in der entsprechenden Literatur zu chronischen Schmerzsyndromen beschrieben, führt das Wahrnehmen von Schmerzen oder Beschwerden zu Schonhaltungen und Schonverhalten, die eine kurzfristige Symptomverbesserung für den Betroffenen erbringen, langfristig jedoch zur Chronifizierung oder Schmerzintensivierung beitragen. Schonverhalten ist auch oftmals mit einem ausgeprägten sozialen Rückzug verbunden und kann somit depressive Symptome initiieren oder verstärken.

Stehen Symptome wie Diarrhoe oder Harndrang im Vordergrund, trauen sich die Patienten oftmals nicht mehr, längere Spaziergänge oder Ausflüge zu unternehmen. Allgemein reduziert sich durch die Beschwerden der Aktionsradius, was im Rahmen eines Teufelskreises dazu führen kann, daß noch weniger Ablenkung von den Beschwerden besteht, hiermit die Aufmerksamkeitslenkung auf die Beschwerden intensiviert wird, womit sich

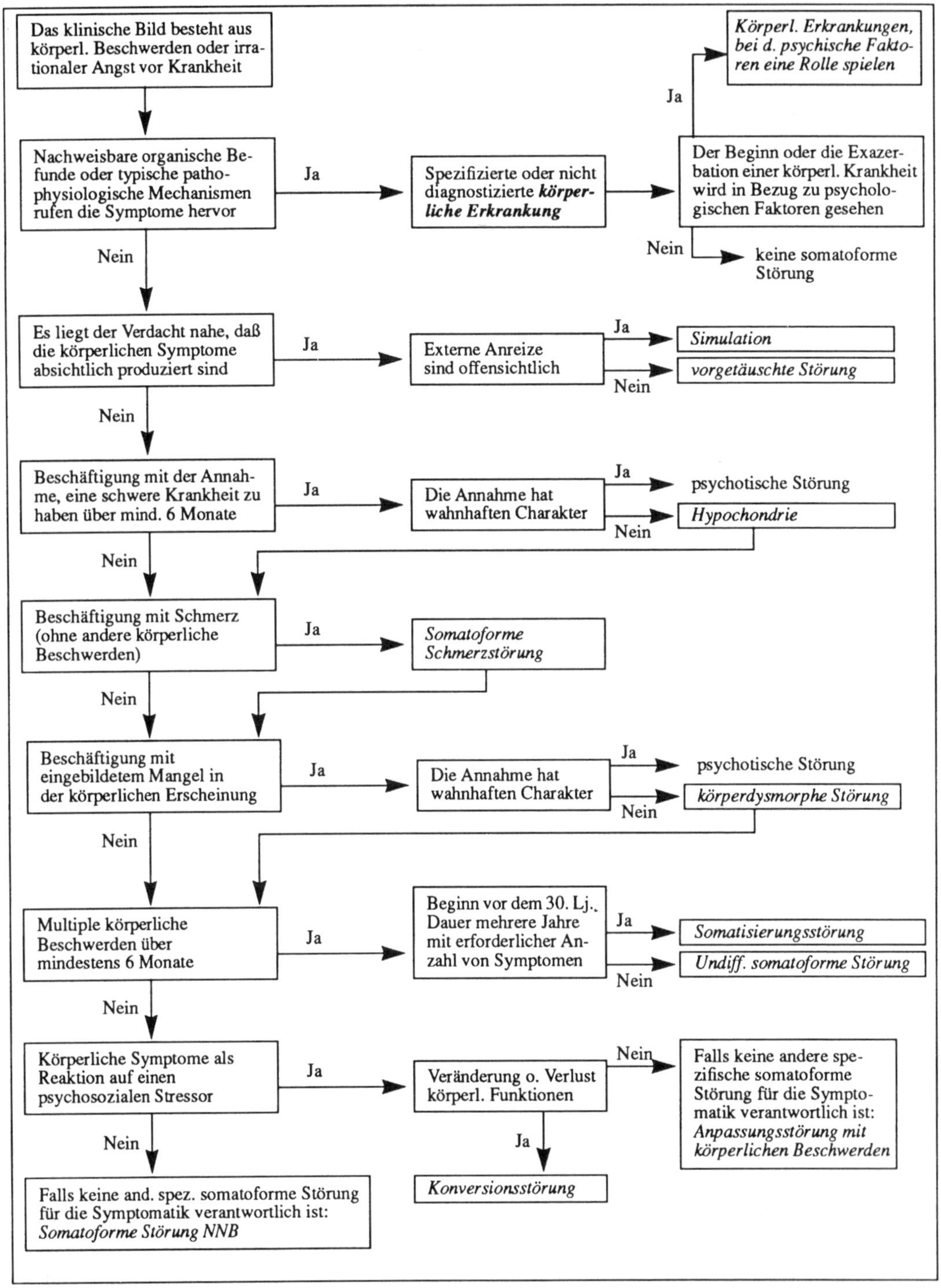

Abbildung 1.2 Entscheidungsbaum des Klassifikationssystems DSM-III-R für somatoforme Störungen (nach APA 1987; deutsch: Wittchen et al. 1989).

langfristig die Möglichkeit zum Erleben von genußvollen Ereignissen sowie überhaupt die Genußfähigkeit reduziert. Die oftmals mit psychosomatischen Störungen in Verbindung gebrachten Merkmale wie Alexithymie, Anhedonie oder "la belle indifférence" (s. Kasten 1.1) könnten somit nicht nur Ursache, sondern auch Folge der somatoformen Symptome sein.

Ein weiterer wichtiger Aspekt des Verhaltens kann das sogenannte "checking behavior" sein. Hierunter fallen Verhaltensweisen wie z. B. das Ertasten bestimmter Körperstellen auf mögliche Krankheitssymptome hin. Leidet ein Patient unter einer ausgeprägten Karzinophobie, so läßt sich beispielsweise öfters beobachten, daß der Patient bestimmte Hautstellen häufig abtastet, die er als mögliche karzinomatöse Veränderungen interpretiert. Durch das gehäufte Abtasten verstärkt sich jedoch die Rötung, was den Patienten in seiner Überzeugung verfestigt, daß es sich um eine Krebserkrankung handelt. Somit kann das Verhalten, das kurzfristig zur Kontrolle und Angstreduktion eingesetzt wurde, langfristig die Ängste und Überzeugungen bestätigen.

Krankheitsverhalten

Weitere Verhaltensmerkmale von Patienten mit somatoformen Störungen stehen in enger Verbindung mit der Art unseres Gesundheitssystems. Pilowsky (1969) spricht in diesem Zusammenhang von abnormem Krankheitsverhalten ("abnormal illness behavior"). Barsky et al. (1986) fassen die damit verbundenen Verhaltensweisen in einem Satz zusammen: der Patient lebt das Leben eines Invaliden. Die Beschwerden werden verbal und/

Kasten 1.1
Einige mit somatoformen Symptomen in Verbindung gebrachte Schlagworte

Alexithymie:

Bezeichnung für das Symptom, eigene Gefühlszustände nicht in Worte fassen zu können, obwohl die entsprechenden physiologischen Erregungsanzeichen spürbar vorhanden sind. Diesem Symptom entspricht ein phantasieloses, an konkreten Vorgängen orientiertes Denken ("la pensée opératoire") und ein hohes Maß an Anschlußbedürfnis und sozialer Konformitätsneigung (nach Fröhlich 1987).

Anhedonie:

Unfähigkeit, Freude zu empfinden und selbst einfache Zerstreuungen, Unterhaltungen, Kino, Musik, Lektüre usw. zu genießen (Peters 1990). Gilt als Basisstörung bei Schizophrenie, wird jedoch auch mit psychosomatischen Erkrankungen in Verbindung gebracht.

la pensée opératoire:

Denken, das sich mit Vorrang an konkreten und aktuellen Objektbeziehungen bzw. Tätigkeiten orientiert und [...] den Zugang zu den Erlebnissen und Erfahrungen des Patienten erschwert (nach Fröhlich 1987).

la belle indifférence:

der Patient wirkt beim Beschreiben schwerster im Moment vorliegender Symptome eigenartig unbeteiligt (Adler 1986).

Die Bedeutung dieser Variablen als häufiges Zusatzsymptom bei somatoformen Störungen einerseits sowie ihre Spezifität für alleine diese Krankheitsgruppe andererseits gilt bis heute als umstritten.

1. Art der Symptomatik und Art der Kommunikation der Beschwerden (verbal, nonverbal)
2. Ausmaß der somatischen Komponente (von psychophysiologisch bis körperlich schwer bedrohlich)
3. Denken und Affekt: Gedankliche Einengung auf Symptome, depressive oder ängstliche Begleitsymptomatik
4. Einstellung zu anderen, die an Diagnosestellung und Therapie beteiligt sind (z.B. glorifizierend, mißtrauisch, abwertend)
5. Motivation zum Behalten oder zur Aufgabe der Krankenrolle
6. Kulturelle Unterschiede zwischen Behandler und Patient

Abbildung 1.3 Dimensionen zur Beurteilung des Krankheitsverhaltens n. Pilowsky (1969, 1978).

oder nonverbal geäußert, die Beschwerdenäußerungen persistieren, frühere Behandler werden abgewertet und die Enttäuschung über deren Inkompetenz wird zum Ausdruck gebracht. Die Patienten suchen häufig den Arzt auf, bitten um Rückversicherung, daß ihre Symptome nicht Zeichen einer ernsthaften Erkrankung sind, wobei das Bedürfnis nach Rückversicherungen kaum stillbar erscheint. Trotzdem läßt sich häufig zeigen, daß die Patienten in der Anfangsphase den behandelnden Arzt eher glorifizieren ("Sie sind der erste, der dies erkannt hat"), jedoch folgt oftmals der Phase der Glorifizierung eine Phase der Abwertung, was zum Aufsuchen eines anderen Arztes führt. Die mehrfach durchgeführten Arztwechsel werden in Anlehnung an den englischen Sprachraum auch als "doctor shopping" bezeichnet. Die Ausprägung von abnormem Krankheitsverhalten läßt sich auf verschiedenen Dimensionen beschreiben, die in Abbildung 1.3 näher ausgeführt sind.

Gesundheitspolitische Relevanz

Wie bereits bei Molière (s. Kasten 1.2) beschrieben wird, sind mit dem Auftreten somatoformer Symptome immense Kosten für das Gesundheitssystem verbunden. In verschiedenen Schätzungen wird davon ausgegangen, daß zwischen 20 und 80% der in Arztpraxen geschilderten Symptome nicht oder nicht eindeutig auf organmedizinische Erkrankungen zurückführbar sind. Der lange Prozeß der oftmaligen Wiederholung von diagnostischen Untersuchungen sowie eine unzureichende psychiatrische Diagnostik bei entsprechenden Patienten dürften einen nicht unwesentlichen Beitrag zur starken Chronifizierung der Syndrome und Steigerung der Gesundheitskosten beitragen.

Der immensen gesundheitspolitischen Relevanz des Krankheitsbildes tritt auf der wissenschaftlichen Seite ein "Diaspora-ähnlicher" Zustand entgegen. Selbst grundlegende epidemiologische Angaben wie Altersverteilung, Geschlechtsunterschiede und ähnliches können bei einigen Untergruppen somatoformer Störungen nur geschätzt werden. Gut kontrollierte empirische Studien mit klar diagnostizierten Patienten liegen nur sehr wenige vor, während Meinungen und Erfahrungsberichte durchaus in der Literatur zu finden sind. Katon et al. (1984 a) nennen als Gründe für diesen Mangel an wissenschaftlichen Studien, daß die psychiatrische Nosologie sich zum Teil in einem Vakuum "fern der restlichen Medizin" entwickelt habe. Hierbei sei nicht beachtet worden, daß die meisten der Patienten mit psychiatrischen Erkrankungen nicht von Psychiatern behandelt würden, sondern durch Hausärzte.

In Arbeiten wie "Somatization - one of medicine's blind spots" (Quill 1985) oder "Somatization Disorder - a borderland between medicine and psychiatry" (Lipowski 1986 d) wird aufgeführt, daß sich die Organmedizin wegen ihrer Teilspezialisierung und wegen Berührungsängsten zu psychiatrischen Störungsbildern nicht diesem Krankheitsbild zuwandte, auf der anderen Seite dasselbe umgekehrt für psychiatrisch und klinisch-psychologisch tätige Wissenschaftler galt. Obwohl somit die wissenschaftliche Erforschung somatoformer Störungen noch in ihren Anfängen steckt, lassen sich doch einige Ergebnisse und Trends zusammenfassen, wie es zum Phänomen der Somatisierung im Rahmen von somatoformen Störungen kommt (vgl. auch Ford 1983; Kellner 1986; Bass 1990).

In Abbildung 1.4 sind mögliche prädisponierende, auslösende und aufrechterhaltende Bedingungen für somatoforme Störungen zusammengefaßt. Dieses Modell enthält noch zahlreiche spekulative Momente, wobei die bisher vorliegenden wissenschaftlichen Arbeiten hierzu in den folgenden Kapiteln jeweils näher dargestellt sind. Diese Unterteilung in einzelne Kapitel darf jedoch nicht darüber hinwegtäuschen, daß komplexe Interaktionen zwischen den einzelnen Bedingungen bestehen, die letztendlich nur vereinfacht darzustellen sind.

Gerade bei diesem Krankheitsbild scheint die Berücksichtigung gesundheitspolitischer Rahmenbedingungen unumgänglich. Daß dies einen nicht unwesentlichen Einfluß hat, zeigt sich nicht zuletzt in unterschiedlichen Prävalenzraten in Abhängigkeit von unterschiedlichen Kulturen und Gesundheitssystemen. Katon et al. (1984 a) beschreiben, daß das organmedizinisch orientierte Gesundheitssystem Somatisierung positiv verstärkt. Provokant formulieren die Autoren weiter, daß Ärzte durch ihre technologisch orientierte

Kasten 1.2
Ein "Fallbeispiel" aus dem 17. Jahrhundert

Argan sitzt allein in seinem Zimmer, hat einen Tisch vor sich stehen und zählt die Apothekerrechnungen mit Hilfe von Spielmarken aus.

Argan: [...] am 24. ein einschmeichelndes, vorbereitendes und aufweichendes Klistier, um die Gedärme des Herrn Argan zu schmeidigen, zu befeuchten und wiederzubeleben. Das gefällt mir an meinem Apotheker Fleurant, seine Rechnungen klingen immer so einnehmend. Die Gedärme des Herrn Argan: 30 Sol. [...] Dazu: am gleichen Tag ein gründlich reinigendes Klistier, gemischt aus Katholikon forte, Rhabarber, Rosenhonig etc., wie verordnet, um den Unterleib des Herrn Argan auszufegen, zu waschen und durchzuputzen: 30 Sol [...] Dazu am Abend desselben Tages eine Lebermixtur, beruhigend und einschläfernd, um Herrn Argan ruhigzustellen: 35 Sol [...]. Dazu: am fünfundzwanzigsten eine sowohl abführende wie stärkende Medizin, gemischt aus frischer Cassie und levantinischem Sennesblatt etc., wie von Doktor Purgon verordnet, um die Galle des Herrn Argan abzuleiten und auszuscheiden: 4 Francs [...] Dazu am selben Tag eine schmerzstillende, astringierende Tinktur, zur Entspannung des Herrn Argan: 30 Sol [...] Dazu am 26. ein Klistier gegen Blähungen, um die Winde des Herrn Argan zu verjagen: 30 Sol [...] Dazu am selben Abend das Klistier wiederholt, wie gehabt, 30 Sol [...] Dazu am 27. eine schöne Medizin, um die schlechten Launen des Herrn Argan mit Schwung hinauszubefördern: 3 Francs....

Aus Molière: Le malade imaginaire

Genetische Risikofaktoren

- familiäre Belastung mit Alkoholismus
- Soziopathie
- ggf. auch affektive Krankheiten und somatoforme Störungen

Epidemiologische Risikofaktoren

- weiblich
- niedriger sozialer Status
- lateinamerikanischer Kulturkreis

Entwicklungspsychologische Risikofaktoren

- Familiäre Krankheitsmodelle
- sexuelle Übergriffe
- organmedizinisch orientierter Gesundheitsbegriff

Auslösende Faktoren

- kritische Lebensereignisse
- organische Erkrankung
- psychische Dauerbelastung (z.B. Ehepartner Alkoholiker)
- tägliche Belastungen (daily hazzles)

Aufrechterhaltende Bedingungen

- inadäquate Coping-Strategien
- familiäre Interaktionen und Verstärkungsbedingungen
- soziale Vorteile durch Krankheit
- fehlendes soziales Stützsystem

Anm.: Die Zuordnung von einzelnen Faktoren zu Prädisposition, Auslösung und Aufrechterhaltung erfolgt zur Vereinfachung, schließt jedoch nicht aus, daß einzelne Komponenten je nach Einzelfall anderen Kategorien zuzuordnen wären (sexuelle Übergriffe können im Einzelfall z.B. sowohl prädispositioneller Risikofaktor, Auslöser als auch aufrechterhaltende Bedingung sein). Auch ist die Bedeutung einzelner Kriterien als Risikofaktor zum Teil noch ungewiß.

Abbildung 1.4 Risikofaktoren bei somatoformen Störungen.

Ausbildung ebenfalls "Somatisierer" seien. Der Arzt schenkt sein diagnostisches und therapeutisches Interesse bevorzugt somatischen Beschwerden. Dieses Gesundheitsmodell, das körperliche Beschwerden deutlich höher gewichtet als psychische Beschwerden, drückt sich nicht nur im Verhalten des behandelnden Arztes aus, sondern überhaupt in den Personen des sozialen Umfeldes. Wenn jemand wegen eines gebrochenen Beins (für das er unter Umständen sehr viel Selbstverantwortung trägt, z. B. als Skifahrer) arbeitsunfähig zu Hause bleibt, kann dies mit viel Zuwendung verbunden sein. Wird eine Arbeitsunfähigkeit wegen einer depressiven Krise bescheinigt, so wird dem Betroffenen anschließend mit Mißtrauen und Vorsicht begegnet. Während der eine sein Krankheitszeichen (den Fußgips) wie eine "Trophäe" herumzeigen kann, tut der andere unter Umständen besser daran, seine Probleme in der Öffentlichkeit zu verschweigen.

Obwohl die verschiedenen gesundheitspolitischen Rahmenbedingungen sicherlich einen Einfluß auf die Auftretenshäufigkeit von Somatisierungsphänomenen haben, wie sich auch in kulturellen Unterschieden zeigt, findet sich bei der Untersuchung von verschiedenen ethnischen Gruppen jedoch auch ein anderes wichtiges Ergebnis: Somatisierung läßt sich in verschiedensten Kulturen nachweisen. Sind Phänomene stabil in verschiedenen Kulturen nachweisbar, so ist oftmals eine genetische Komponente beteiligt. Erste Ergebnisse bestätigen diese Vermutung (z.B. Sigvardsson et al. 1984; Arkonac & Guze 1963; Coryell 1980; Kellner 1985). Es scheint jedoch, daß die genetische Komponente bei somatoformen Störungen niedriger zu veranschlagen ist als zum Beispiel bei affektiven Störungen.

Lernerfahrungen, kritische Lebensereignisse und Coping-Verhalten

Frühe Kindheitserfahrungen, vor allem im Sinne vom Erleben von "Krankheitsmodellen" bei nahen Angehörigen, sind ebenfalls Bedingungen, die die Entstehung von somatoformen Störungen im Erwachsenenalter begünstigen. Das Erleben des Kindes, wie eine andere Person über Krankheit Aufmerksamkeit erhält sowie Belastungen und weitere unangenehme Empfindungen vermeiden kann, kann eine prägende Erfahrung werden. Entsprechend zeigte sich auch bei der retrospektiven Erfassung, daß Patienten mit somatoformen Störungen gehäuft in ihrer Kindheit eine wichtige Person mit einer körperlichen Erkrankung in ihrer Umgebung hatten (Hartvig & Sterner 1985).

Jedoch können auch weitere kritische Lebensereignisse die spätere Entwicklung von somatoformen Symptomen begünstigen. Gerade das Erleben von sexuellen Traumen und Übergriffen scheint sich gehäuft bei Frauen mit einer Somatisierungsstörung in der Vorgeschichte zu finden (Morrison 1989 a). Solche Erfahrungen können einen wesentlichen Einfluß auf die Art der Körperwahrnehmung und Körperakzeptanz haben, die sich im Laufe der Kindheit und Jugend entwickelt. Eine verzerrte Körperwahrnehmung und Bewertung körpereigener Signale dürfte eine zentrale Bedingung darstellen, wie somatoforme Symptome entstehen. Daneben sind jedoch auch allgemeinere kritische Lebensereignisse mögliche prädisponierende und auslösende Bedingungen für somatoforme Störungen. Hierzu zählen neben traumatischen Erlebnissen wie Flugzeugentführungen oder Kriegsereignissen gängigere psychosoziale Belastungen (Arbeitsplatzwechsel, Scheidung, Umzug u. ä.) bis hin zu den alltäglichen Schwierigkeiten ("daily hazzles").

Solche Lebensbelastungen führen zu einer psychischen und physischen Destabilisierung, die Bewältigungsverhalten aktiviert. Die einzelnen verwendeten Bewältigungsstrategien (Coping-Verhalten) können hierbei mehr oder weniger funktional sein. Sowohl die Verfügbarkeit als auch die Flexibilität im Einsatz von persönlichen Bewältigungsstrategien haben einen Einfluß darauf, ob eine Krise bewältigt werden kann und zu einem neuen Gleichgewicht führt oder ob die verwendeten Strategien unter Umständen sogar eine Gesundung verhindern. Eine wichtige Variable, die mit persönlichen Bewältigungsstrategien interagiert, ist das Vorhandensein von sozialer Unterstützung im Rahmen eines sozialen Netzwerkes. Es muß jedoch insgesamt angemerkt werden, daß zu den letztgenannten Aspekten bei der potentiellen Entstehung von somatoformen Symptomen noch kaum empirische Belege vorliegen.

Regelsysteme in der Familie

Ein spezieller Teil des sozialen Netzwerkes ist die Familie. Innerhalb der Familie bestehen zwischen den einzelnen Mitgliedern verschiedene Verstärkungs- und Bestrafungsregeln, die sich im Interaktions- und Kommunikationsverhalten zeigen. Auch hat jede Familie ihre eigene Art, mit körperlichen Beschwerden umzugehen. Während im Regelsystem der einen Familie körperliche Beschwerden oftmals negiert werden oder mit dem Stoizismus eines Indianers damit umgegangen werden muß, ist in einer anderen Familie unter Umständen eine körperliche Erkrankung Grundlage für das Recht, sich zurückzuziehen, Erholung zu suchen und Zuwendung zu bekommen. Diese familiären Regelsysteme, die auch mit genetischen Aspekten Wechselwirkungen haben, stellen lerntheoretisch wichtige Einflußvariablen dar (Parker & Lipscombe 1980).

Biologische Ansätze

Auch von einem weiteren Bereich sind in Zukunft wichtige Ergebnisse zu erwarten. Dies betrifft psychophysiologische, neurophysiologische und endokrinologische Aspekte bei der Entstehung und beim Krankheitsbild somatoformer Symptome. Erste Arbeiten einer australischen Forschergruppe, die mit evozierten Potentialen sowie dem regionalen Blutfluß arbeitete (Gordon et al. 1986; James et al. 1987), konnten bereits Unterschiede zwischen Personen mit Somatisierungsstörungen und Gesunden nachweisen. Diese Unterschiede waren zum Teil abhängig von der Hirnhemisphäre, so daß auch die Lateralität cerebraler Aktivitäten von Bedeutung ist. Die physiologischen und endokrinologischen Komponenten der veränderten Körperwahrnehmung sowie der Aufmerksamkeitsfokussierung können Anhaltspunkte geben, wie pharmakologisches Vorgehen noch besser auf die spezifischen organischen Prozesse einwirken kann.

Behandlungsmöglichkeiten somatoformer Störungen

Der bisherige Stand der Pharmakotherapie-Forschung spricht dafür, daß am ehesten durch Antidepressiva eine positive Beeinflussung bei Personen mit somatoformen Symptomen zu erwarten ist. Daneben zeichnet sich auch die Möglichkeit ab, daß niedrig dosierte Depot-Neuroleptika sich bei Patienten mit somatoformen Störungen positiv auswirken. Diese Vermutung stützt sich im wesentlichen auf die bisherigen wissenschaftlichen Ergebnisse bei Patienten mit "larvierter" oder "somatisierter Depression" bzw. mit in der Regel nicht näher spezifizierten "funktionellen körperlichen Syndromen". Es ist zu hoffen, daß künftig auch kontrollierte Therapiestudien bei genau diagnostizierten Personen mit somatoformen Störungen durchgeführt werden.

Behandlungsansätze im psychiatrischen Bereich konzentrierten sich bislang in der Regel entweder auf Psychopharmakotherapie oder auf differenzierte Psychotherapie. Dies täuscht jedoch über den Klinikalltag hinweg. Weder das einfache Verschreiben von Medikamenten noch das Durchführen von komplizierten Psychotherapieprogrammen stellen die Regelbehandlung dar, sondern das kurze Beratungsgespräch, unter Umständen kombiniert mit Medikamentengabe. Aus diesem Grund wurde ein eigenes Kapitel Arbeiten gewidmet, die sich auf das Vorgehen bei solchen kurzen Beratungsgesprächen konzentrieren. Dieses Kapitel soll dem behandelnden Arzt, der nicht eine ausführliche Psychotherapie durchführen möchte, eine entsprechende Hilfestellung geben.

Neben dem ärztlichen Gespräch sowie der Psychopharmako-Therapie ist auch durch verhaltensmedizinische Ansätze eine therapeutische Beeinflussung zu erwarten. Gängige Methoden sind hierbei "self-monitoring", Verstärkung von selbstverantwortlichem Verhalten, Verstärkerentzug für Krankheitsverhalten, Biofeedback und kognitive Techniken. Jedoch fehlen bislang auch hierzu kontrollierte Studien.

2. Diagnostik somatoformer Störungen - traditionelle und moderne Konzepte

Die heute als somatoform bezeichneten Störungen sind in der Vergangenheit in wechselnder und sehr unterschiedlicher Form beschrieben worden. Dies hat sich in einer Vielzahl von diagnostischen Ansätzen widergespiegelt, die eine klinische Beschreibung der Symptomatik und Annahmen über ihre Entstehungsbedingungen enthielten. Einige dieser Konzepte sind später in psychiatrischen Klassifikationssystemen berücksichtigt worden. Dadurch liegt heute eine mehr oder weniger verbindliche Definition somatoformer Störungen vor. Beispiele für derartige Klassifikationssysteme sind die "Internationale Klassifikation der Krankheiten" (ICD) der Weltgesundheitsorganisation (WHO) oder das in den letzten Jahren sehr populär gewordene "Diagnostische und Statistische Manual Psychischer Störungen" (DSM) des amerikanischen Psychiatrieverbands.

Diagnostischen Konzepten kommt bei somatoformen Störungen eine wichtige Bedeutung zu. Zum einen wird festgelegt, durch welche klinischen Charakteristika (z.B. Symptome oder Verlaufsmerkmale) einzelne Störungen typischerweise gekennzeichnet sind. Zum zweiten stellen sie den Versuch einer nosologischen Differenzierung dar, bei der innerhalb der Hauptgruppe somatoformer Störungen unterschiedliche Unterkategorien voneinander abgegrenzt werden. In der heutigen Klassifikation werden beispielsweise die Somatisierungsstörung und die Hypochondrie als diagnostisch unterscheidbare Störungen definiert, obwohl beide Störungen aufgrund ihrer klinischen Ähnlichkeiten unter dem gemeinsamen "Dach" der somatoformen Störungen zusammengefaßt sind.

Sowohl bisherige als auch heute gültige Klassifikationssysteme weisen für somatoforme Störungen z.T. erheblich voneinander abweichende Beschreibungen auf. Gemeinsam ist jedoch allen Ansätzen, daß körperliche Symptome immer dann als psychiatrisch oder psychosomatisch relevant angesehen werden, wenn sie *nicht* durch eine organische Erkrankung oder durch einen klar beschreibbaren pathophysiologischen Mechanismus mit somatischer Ursache erklärt werden können. Es wird dann angenommen, daß die Beschwerden vollständig oder partiell Ausdruck einer psychischen Störung sind oder im wesentlichen durch psychische Prozesse ausgelöst und aufrechterhalten werden.

Im folgenden sollen die wichtigsten Ansätze in der Klassifikation und Differenzierung somatoformer Störungen im Überblick dargestellt werden. Wir werden uns in den weiteren Kapiteln dieses Buchs überwiegend auf die modernen Diagnosensysteme DSM-III-R (American Psychiatric Association, APA, 1987) und ICD-10 (World Health Organization, WHO; vgl. Dilling et al. 1991) beziehen. Aus diesem Grund werden wir auf die Konzeption somatoformer Störungen in diesen Systemen ausführlich eingehen.

Im folgenden soll einleitend anhand traditioneller Ansätze skizziert werden, wie sich die heutigen diagnostischen Ansätze historisch entwickelt haben. Nach einer ausführlichen Darstellung der somatoformen Störungen in DSM-III-R und ICD-10 werden wir auf einige wichtige differentialdiagnostische Fragen sowie Probleme der Abgrenzung somatoformer Störungen untereinander und gegenüber anderen Störungen eingehen. Des weiteren wird sich dieses Kapitel mit einer Erweiterung des derzeitigen Konzepts der Somatisierungsstörung beschäftigen - dem von Escobar und Mitarbeitern entwickelten Index SSI. Abschließend soll schließlich anhand entsprechender Untersuchungen aufgezeigt werden, daß bei somatisierenden Patienten oft auch andere psychische Störungen als somatoforme Störungen im Vordergrund stehen können.

2.1. Traditionelle Beschreibungen - Hysterie und Briquet-Syndrom

Ihre Wurzeln haben die heutigen somatoformen Störungen in dem in der griechischen, vermutlich aber auch schon ägyptischen Kultur bekannten Krankheitskonzept der Hysterie (Veith 1965). Gemäß der Wortbedeutung (*Hystera* = griechisch für Gebärmutter) bestand die Vorstellung, daß sich der Kinderwunsch einer Frau durch körperliche Symptome (Bewegungen des Uterus) ausdrücken kann. Offenbar war also die "Somatisierung" ursprünglich für ein Leiden gehalten worden, das nur Frauen betrifft. Diese Ansicht ist später zwar aufgegeben worden, doch haben neuere Untersuchungen zu Somatisierungsstörungen mehrfach eine einseitige Geschlechterverteilung zu Lasten der Frau bestätigt (etwa Robins et al. 1984; Cloninger et al. 1986; Golding et al. 1991).

Als klinischer Begriff ist die Hysterie in der Medizin und Psychologie nie in einheitlicher Form verwendet worden. Hysterie wurde vielmehr als eine Art Sammelbegriff verwendet, unter dem verschiedenartige körperliche Symptome einzeln oder in diversen Kombinationen zusammengefaßt wurden. Meist handelte es sich dabei um Störungen sensorischer und motorischer Funktionen (wie Wahrnehmungsstörungen, Lähmungen, Anfälle), aber auch um Dysfunktionen des vegetativen Systems (beispielsweise mit Störungen des Verdauungssystems oder der Atmungsorgane).

Vielfältig waren auch Annahmen über Ursachen und Auslöser hysterischer Symptome. In der griechischen Medizin wurde die Hysterie unter anderem auf sexuelle Abstinenz zurückgeführt, während sie im Mittelalter häufig als Hinweis für Besessenheit durch Dämonen gedeutet wurde. Psychologische und soziale Aspekte sind erstmals von Carter im Jahre 1853 als mitentscheidend angesehen worden. Carter ging davon aus, daß dem Grad der emotionalen Labilität, psychisch traumatischen Erlebnissen und Anstrengungen zur Verheimlichung unakzeptierter Gedanken und Gefühle bei der Entstehung hysterischer Symptome eine wichtige Bedeutung zukommen.

Die Arbeiten von Paul Briquet

Einige Jahre später (1859) wurde der Krankheitsbegriff der Hysterie durch den französischen Arzt Paul Briquet erstmals in ein deskriptives und auf Symptombeschreibungen beruhendes Störungsbild "übersetzt" (vgl. auch Mai & Merskey 1980). In seinem Buch "Traité clinique et thérapeutique de l'Hystérie" (s. Abbildung 2.1) listete Briquet eine Vielzahl von körperlichen und auch psychischen Beschwerden auf, die nach seinen klinischen Beobachtungen häufig in Kombination miteinander auftraten und als besonders kennzeichnend oder typisch für die Krankheit galten. Er ordnete die Symptome in Gruppen ein und bezeichnete sie als

- *Hyperästhesie*
  (im Sinne von Schmerzzuständen),
- *Anästhesie*
  (der Konjunktiva, Haut, Schleimhäute, spezieller Sinnesorgane, der Muskeln und Knochen),
- *verzerrte Sinneswahrnehmungen*
  (einschließlich Halluzinationen),
- *Krämpfe*
  (des Verdauungs- oder Respirationstrakts, des Kreislauf-, urogenitalen oder Nervensystems),
- *Anfälle*
  (spasmodisch, synkopal oder hysterisch)
- und *hysterische Paralyse*
  (unterschiedlichster Muskeln und Muskelgruppen).

Briquet konzipierte die Hysterie damit als Syndrom, das sich gut von charakterbezogenen Verhaltenszügen wie der später sogenannten hysterischen oder histrionischen Persönlichkeit abgrenzen ließ.

Über einen Zeitraum von zehn Jahren hatte sich Briquet selbst sehr intensiv mit dem später nach ihm benannten Krankheitsbild befaßt und Verläufe bei etwa 430 Patienten im Pariser Hôpital de la Charité verfolgt. Er stellte fest, daß die Symptomatik meist schon in der Kindheit oder Jugendzeit einsetzte und dann häufig lebenslang andauerte. Briquet beschrieb seine Patienten als emotional labil und leicht zu beeindrucken, verbunden mit häufigen ehelichen und familiären Schwierigkeiten. Sie stammten überwiegend aus einfachen sozialen Verhältnissen, viele arbeiteten als Prostituierte und waren unter lieblosen Bedingungen aufgewachsen. Briquet untersuchte auch die Angehörigen hysterischer und nicht-hysterischer Patienten und stellte eine ausgeprägte innerfamiliäre Häufung des Krankheitsbilds in der Verwandschaft ersten Grades fest (Mai & Merskey 1980).

Erscheinungsformen und Behandlungsmöglichkeiten der Hysterie wurden in der Folgezeit lebhaft diskutiert, was u.a. in Schriften von Autoren wie Charcot, Janet und Freud dokumentiert ist (vgl. Veith 1965). Die Vorstellungen der Hysterie reichten von neurophysiologischen Modellen (Janet beispielsweise ging von dissoziierten oder "abgespaltenen" Aufmerksamkeits- und Bewußtseinsprozessen aus) bis hin zu psychoanalytischen Interpretationen (für Freud symbolisierten hysterische Symptome verdrängte sexuelle Impulse).

Die Arbeiten von Briquet wurden 1909 von

TRAITÉ

CLINIQUE ET THÉRAPEUTIQUE

DE L'HYSTÉRIE

PAR

LE DOCTEUR P. BRIQUET,

MÉDECIN A L'HÔPITAL DE LA CHARITÉ,
Agrégé honoraire de la Faculté de médecine de Paris,
Membre de la Société de médecine du département de la Seine,
de la Société d'agriculture, sciences et arts de la Marne,
de l'Académie royale de médecine de Madrid,
de la Société des sciences physiques et médicales de Florence,
Chevalier de la Légion d'honneur.

PARIS,
J.-B. BAILLIÈRE ET FILS,
LIBRAIRES DE L'ACADÉMIE IMPÉRIALE DE MÉDECINE,
Rue Hautefeuille, 19.

LONDRES, Hippolyte Baillière, 219, Regent street.
NEW-YORK, Hipp. et Ch. Baillière brothers, 440, Broadway.

MADRID, C. BAILLY-BAILLIÈRE, CALLE DEL PRINCIPE, 11.

1859

L'auteur et les éditeurs se réservent le droit de traduction.

Abbildung 2.1 Titelseite des 1859 erschienenen Buchs "Traité clinique et thérapeutique de l'Hystérie" von Paul Briquet.

Savill und 1951 von Purtell und Mitarbeitern aufgegriffen, ohne daß es dabei jedoch zu systematischen Weiterentwicklungen kam. Gegenüber den vielfältigen und zunehmend unübersichtlichen theoretischen Bedeutungen, die vor allem durch psychoanalytische Interpretationen mit dem traditionellen Begriff der Hysterie verknüpft waren (vgl. etwa Miller 1987), setzte sich in der psychiatrischen Forschung der von Briquet entworfene deskriptive Ansatz immer mehr durch. Eine der wichtigsten Weiterentwicklungen erfolgte etwa hundert Jahre nach Briquets Arbeiten, nämlich Anfang der 60er Jahre durch ausgiebige Studien einer Arbeitsgruppe um Samuel B. Guze an der Washington University in St. Louis (USA). Guze und Mitarbeiter prägten dabei den Begriff des Briquet-Syndroms und führten es durch zahlreiche Publikationen in die Fachliteratur ein.

St. Louis-Kriterien des Briquet-Syndroms

Perley & Guze (1962) entwickelten auf Grundlage statistischer Analysen die sogenannten St. Louis-Kriterien des Briquet-Syndroms, die 59 unterschiedliche körperliche Symptome aus den verschiedensten Organsystemen enthielten (z.B. gastrointestinale Symptome, pseudoneurologische Konversionssymptome, sexuelle und menstruelle Beschwerden). Insgesamt waren die 59 Symptome zehn Kategorien zugeteilt. Guze und Mitarbeiter legten fest, daß das Briquet-Syndrom diagnostiziert werden konnte, wenn bei einem Patienten mindestens 20 der vorgegebenen Symptome in mindestens neun der zehn Kategorien bestanden. In Anlehnung an die Befunde von Briquet mußte ferner sichergestellt sein, daß die Störung vor dem 30. Lebensjahr begonnen hatte und einen chronischen Verlauf aufwies.

Die Neukonzeption des Briquet-Syndroms regte eine Vielzahl von Studien an, in denen soziodemographische und klinische Aspekte des Störungsbildes sowie Fragen seiner nosologischen Validität untersucht wurden (etwa Guze 1967, 1975; Guze & Perley 1963; Arkonac & Guze 1963; Woerner & Guze 1968; Woodruff 1968; Guze et al. 1971; Woodruff et al. 1971, 1973; Bibb & Guze 1972; Martin et al. 1979; Coryell 1980; Cloninger & Guze 1975; Cloninger et al. 1986). In Übereinstimmung mit den Beobachtungen von Briquet wurde unter anderem gezeigt, daß das klinische Bild des Briquet-Syndroms bei Nachuntersuchungen (follow-up) bei den meisten Patienten ausreichend stabil blieb und eine deutliche Häufung für die gleiche Störung bei Verwandten ersten Grades bestand (Cloninger et al. 1986; vgl. auch Kapitel 7.1).

Trotz dieser Arbeiten war das Briquet-Syndrom in den 60er und 70er Jahren in klinisch verbindliche Klassifikationssysteme noch nicht als eigenständige Kategorie aufgenommen worden. Dies änderte sich erst mit Einführung des DSM-III (APA 1980), wobei das Briquet-Syndrom als Gerüst des Prototyps somatoformer Störungen, nämlich der Somatisierungsstörung, diente.

2.2. Diagnostische Gruppen und Kriterien nach DSM-III-R und ICD-10

Im Gegensatz zu dem noch traditionellen Ansatz von ICD-9 (Degkwitz et al. 1980) sieht das nach wissenschaftlichen Gesichtspunkten entwickelte amerikanische System DSM-III bzw. DSM-III-R eine neuartige Einteilung funktioneller oder somatoformer Störungen vor. Bei DSM-III handelt es sich um die dritte Revision des "Diagnostischen und Statistischen Manuals Psychischer Störungen", die 1980 eingeführt und 1987 durch eine revidierte Fassung (DSM-III-R) ersetzt worden ist (APA 1980, 1987; deutsche Übersetzungen: Koehler & Saß 1984; Wittchen et al. 1989).

Das in DSM-III/ DSM-III-R realisierte Konzept hat weltweit richtungsweisenden Einfluß auf die psychiatrische Diagnostik gehabt und sich in den vergangenen Jahren vor allem wissenschaftlich, zunehmend aber auch im klinischen Bereich durchgesetzt. In seinen Grundzügen wird es durch die WHO bei der Fortschreibung von ICD-9 in ICD-10 übernommen. ICD-10 soll 1993 international für die meisten WHO-Mitgliedstaaten verbindlich als klinisches Diagnosensystem eingeführt werden. Die beiden Hauptkomponenten des ICD-10-Systems sind die hauptsächlich für den klinischen Gebrauch bestimmten "Klinischen diagnostischen Leitlinien" (Dilling et al. 1991 - "Clinical descriptions and diagnostic guidelines", WHO 1991) sowie die mehr auf wissenschaftliche Anforderungen zugeschnittenen "Forschungskriterien" (Dilling et al., in Vorbereitung - "Diagnostic criteria for research", WHO 1990).

In DSM-III-R werden somatoforme Störungen innerhalb eines eigenen Abschnittes (im Sinne eines Hauptkapitels) aufgeführt. Zur Definition heißt es (Wittchen et al. 1989, p. 313): "Hauptmerkmale dieser Gruppe von Störungen sind körperliche Symptome, die eine körperliche Störung (daher somatoform) nahelegen. Es lassen sich für diese Symptome jedoch keine organischen Befunde oder bekannte pathophysiologische Mechanismen nachweisen, und es ist evident bzw. liegt der Verdacht nahe, daß psychischen Faktoren oder Konflikten Bedeutung zukommt. [...] Sie sind am klarsten mittels psychologischer Konstrukte faßbar". Als weiteres zentrales Kriterium wird angeführt, daß die Symptomentstehung anders als bei vorgetäuschten Störungen oder Simulation nicht der willentlichen Kontrolle des Betroffenen unterliegt.

Sieben diagnostische Kategorien

In der Gruppe der somatoformen Störungen differenziert DSM-III-R insgesamt sieben diagnostische Kategorien: (1) körperdysmorphe Störung (Dysmorphophobie); (2) Konversionsstörung (oder hysterische Neurose, Konversionstyp); (3) Hypochondrie (oder hypochondrische Neurose); (4) Somatisierungsstörung; (5) somatoforme Schmerzstörung; (6) undifferenzierte somatoforme Störung; (7) nicht näher bezeichnete somatoforme Störung.

Somatisierungsstörung

Als wichtigste Diagnose gilt die *Somatisierungsstörung*, eine konsequente Weiterentwicklung des Briquet-Syndroms und seiner Überarbeitung durch die St. Louis-Gruppe (Perley & Guze 1963). Modifikationen des Briquet-Syndroms liegen auch im Rahmen der Anfang der 70er Jahre entwickelten sog. Feighner-Kriterien (Feighner et al. 1972) und der späteren "Research Diagnostic Criteria" (RDC; Spitzer et al. 1978) vor. 1980 wurde das Störungsbild unter der streng deskriptiven Bezeichnung "Somatisierungsstörung" in DSM-III aufgenommen und gegenüber Konversion, psychogenem Schmerz und Hypochondrie abgegrenzt. Das Briquet-Syndrom war somit fast zwei Jahrzehnte weitgehend nur im Rahmen wissenschaftlicher Arbeiten entwickelt und eingesetzt worden, da erst durch DSM-III seine verbindliche Einführung in die klinische Praxis erfolgte.

Zur Vereinfachung der Diagnosenstellung wurde die Zahl der möglichen Symptome gegenüber den ursprünglichen Kriterien des Briquet-Syndroms von 59 auf 35 und die der Kategorien (Syndrome oder Organsysteme) von zehn auf sechs reduziert. Insbesondere wurden Panikattacken sowie vegetative Symptome, die als besonders charakteristische Bestandteile depressiver Syndrome galten, herausgenommen. Damit sollte eine klarere Differenzierung zwischen somatischen und affektiven Merkmalen des Störungsbildes sowie eine bessere Abgrenzung gegenüber anderen psychischen Störungen erreicht werden.

Diagnostische Kriterien der Somatisierungsstörung (DSM-III-R)

Die diagnostischen Kriterien der Somatisierungsstörung nach DSM-III-R sind in Kasten 2.1 wiedergegeben (Wittchen et al. 1989). Die Diagnose kann gestellt werden, wenn mindestens 13 organisch nicht begründbare Symptome bei einer Person im bisherigen Gesamtverlauf der Störung aufgetreten sind. Eine Mindestzahl der betroffenen Kategorien (Organsysteme) ist nicht mehr erforderlich, da sich beim ursprünglichen Briquet-Syndrom herausgestellt hatte, daß die Zahl der Symptome hoch mit der der Kategorien korreliert (somit also redundante Informationen vorliegen). In DSM-III-R werden sechs gastrointestinale Symptome, fünf Schmerzsymptome, vier kardiopulmonale Symptome, zwölf Konversions- oder pseudoneurologische Symptome, vier psychosexuelle Symptome und vier gynäkologische Symptome aufgeführt. Die Störung muß vor dem 30. Lebensjahr begonnen und längerfristig bestanden haben. Symptome dürfen nur dann berücksichtigt werden, wenn sie einen festgelegten Mindestschweregrad erreicht haben (definiert durch Medikamenteneinnahme, Arztkonsultationen aufgrund der einzelnen Symptome oder Veränderungen der Lebensführung infolge des Symptoms). Ferner ist festgelegt, daß es sich nicht um Symptome handeln darf, die ausschließlich auf Panikattacken begrenzt sind.

Operationalisierte Diagnostik

Ähnlich wie bei der Somatisierungsstörung wird in DSM-III/ DSM-III-R grundsätzlich jede Diagnose definiert durch eine Auflistung von Merkmalen, die das Störungsbild mit Hilfe charakteristischer Beschwerden (Symptome und Syndrome) sowie Zeit- und Verlaufsmustern umfassend beschreiben. In der praktischen Diagnostik müssen diese Merkmale im Sinne von Entscheidungskriterien berücksichtigt werden. Das bedeutet, daß der Diagnostiker eine bestimmte Diagnose nur dann stellen darf, wenn die für eine diagnostische Kategorie relevanten Kriterien überprüft und bei der untersuchten Person festgestellt wurden. Dieses Vorgehen wird auch als *operationalisierte* und *kriterienbezogene Diagnostik* bezeichnet. Es stellt die entscheidende Neuerung des Ansatzes von DSM-III/ DSM-III-R dar und soll eine präzisere, objektivere und zuverlässigere Diagnosenstellung ermöglichen (vgl. auch Blashfield 1984; Robins & Helzer 1986; Spitzer 1987; Wittchen & Schulte 1988; Wittchen et al. 1989).

Kasten 2.1
Diagnostische Kriterien der Somatisierungsstörung nach DSM-III-R

A. Eine Anamnese vielfältiger körperlicher Beschwerden oder die Überzeugung, krank zu sein. Die Störung beginnt vor dem 30. Lebensjahr und dauert über mehrere Jahre an.

B. Mindestens 13 Symptome aus der untenstehenden Liste treffen zu. Um ein Symptom als bedeutsam zu werten, müssen die folgenden Kriterien erfüllt sein:

(1) Für die Symptome können keine organischen Krankheiten bzw. pathophysiologische Mechanismen (z.B. eine körperliche Störung oder Auswirkungen von Verletzung, Medikamenten, Drogen oder Alkohol) verantwortlich gemacht werden. Sollte eine organische Erkrankung damit in Beziehung stehen, gehen die Beschwerden bzw. die daraus resultierenden sozialen oder beruflichen Beeinträchtigungen weit über das aufgrund des körperlichen Befundes erwartete Ausmaß hinaus.

(2) Tritt nicht nur während einer Panikattacke auf.

(3) Veranlaßte den Betroffenen, verschreibungspflichtige Medikamente einzunehmen, einen Arzt aufzusuchen oder die Lebensführung zu verändern.

Symptomliste:

Gastrointestinale Symptome

(1) Erbrechen (außer während einer Schwangerschaft)
(2) Unterleibsschmerzen (außer während der Menstruation)
(3) Übelkeit (außer im Rahmen einer Reisekrankheit)
(4) Blähungen
(5) Diarrhoe
(6) Unverträglichkeit (Krankwerden) von verschiedenen Speisen

Schmerzsymptome:

(7) Schmerzen in den Extremitäten
(8) Rückenschmerzen
(9) Gelenkschmerzen
(10) Miktionsschmerzen
(11) Andere Schmerzen (außer Kopfschmerzen)

Kardiopulmonale Symptome:

(12) Kurzatmigkeit (außer bei Anstrengung)
(13) Herzklopfen (Palpitationen)
(14) Brustschmerzen
(15) Schwindel/ Benommenheit

Konversions- oder Pseudoneurologische Symptome:

(16) Amnesie
(17) Schluckbeschwerden
(18) Verlust der Stimme
(19) Taubheit
(20) Doppelbilder
(21) Verschwommenes Sehen
(22) Blindheit
(23) Ohnmacht oder Bewußtlosigkeit
(24) Anfall oder Krampf
(25) Gehbeschwerden
(26) Lähmung oder Muskelschwäche
(27) Harnverhaltung oder Miktionsschwierigkeiten

Psychosexuelle Symptome während des größten Teils des Lebens seit Beginn sexueller Aktivitäten:

(28) Gefühl des Brennens in den Geschlechtsorganen oder dem Rektum (außer beim Geschlechtsverkehr)
(29) Sexuelle Gleichgültigkeit
(30) Schmerzen beim Geschlechtsverkehr
(31) Impotenz

Gynäkologische Symptome, die aufgrund einer Selbstbeurteilung im Vergleich zu anderen Frauen als häufiger bzw. schwerwiegender beurteilt werden:

(32) Schmerzhafte Menstruation
(33) Unregelmäßige Menstruation
(34) Verstärkte Menstruationsblutungen
(35) Erbrechen während der gesamten Schwangerschaft

Weitere Diagnosen im Kapitel der somatoformen Störungen

Die neben der Somatisierungsstörung weiteren somatoformen Störungen nach DSM-III-R sind durch folgende Merkmale gekennzeichnet (vgl. Barsky 1988; Wittchen et al. 1989):

• Bei der *körperdysmorphen Störung* besteht übertriebene Beschäftigung mit einem eingebildeten, nicht vorhandenen oder nur geringfügigen körperlichen Mangel. Es kann sich um angebliche "Schönheitsfehler" im Gesicht (z.B. Falten, Hautflecken, Form von Nase, Mund oder Kiefer), an den Extremitäten, Brust, Rücken oder anderen Körperteilen handeln. Bei den auf den körperlichen Mangel bezogenen Gedanken darf es sich allerdings nicht um wahnhafte Überzeugungen oder um assoziierte Merkmale von Anorexia nervosa oder Transsexualismus handeln.

• Die Diagnose einer *Konversionsstörung* setzt eine Veränderung oder einen Verlust körperlicher Funktionen voraus, die ganz offensichtlich Ausdruck eines psychischen Konflikts oder Bedürfnisses sind. Typischerweise handelt es sich um eine Symptomatik, die zunächst eine neurologische Grunderkrankung vermuten läßt (z.B. Stimmverlust, Lähmung, Bewegungsunfähigkeit, Koordinationsstörungen, Blindheit oder Sehstörungen). Die Konversionssymptomatik kann einen psychischen Konflikt symbolisch ausdrücken (z.B. Blindheit nach Ansehen eines traumatisierenden Ereignisses) oder zu vorteilhaften Konsequenzen für den Betreffenden führen (z.B. Einsatzunfähigkeit eines Soldaten, der wegen einer Lähmung der Hand nicht mehr mit dem Gewehr schießen kann). Eine Konversionsstörung ist nach DSM-III-R ausgeschlossen, wenn die Symptomatik willentlich hervorgerufen wird, ein kulturell sanktioniertes Reaktionsmuster darstellt oder auf Schmerzen oder Sexualfunktionen beschränkt ist.

• Hauptmerkmal der *Hypochondrie* ist eine nahezu unkorrigierbare, aber nicht durch organische Befunde gestützte Krankheitsangst. Körperliche Zeichen oder Empfindungen werden als "Krankheitsbeweis" fehlgedeutet (auch nach ausdrücklicher ärztlicher Rückversicherung, daß keine Krankheit bestehe) und führen zu einer übermäßigen Beschäftigung mit den eigenen Ängsten und Befürchtungen. Beispielsweise kann sich das hypochondrische Denken auf Herzklopfen, Schwitzen, Peristaltik, gelegentliches Husten oder kleine Wunden beziehen. Für eine Diagnose muß die Symptomatik über mindestens sechs Monate bestanden und darf nicht wahnhaftes Ausmaß angenommen haben.

• Leitsymptom der *somatoformen Schmerzstörung* ist eine übermäßige Beschäftigung mit Schmerzbeschwerden jeglicher Art, wobei der Schmerz oder seine Intensität auch nach gründlichen Untersuchungen nicht adäquat durch körperliche Befunde erklärt werden können. Auch dürfen bekannte pathophysiologische Schmerzmechanismen (wie z.B. Muskelspasmen bei Spannungskopfschmerzen) nicht vorhanden sein. Zur Diagnosenstellung wird ebenfalls eine Mindestdauer von sechs Monaten vorausgesetzt.

• Die Kategorie der *undifferenzierten somatoformen Störung* ist als Ergänzung zur Somatisierungsstörung konzipiert. Es können darunter alle klinischen Bilder verschlüsselt werden, bei denen eine oder mehrere körperliche Beschwerden, nicht jedoch das volle Symptombild der Somatisierungsstörung bestehen (also eine Symptomatik unterhalb der

Diagnosenschwelle der Somatisierungsstörung, d.h. mit weniger als 13 Symptomen). Die undifferenzierte somatoforme Störung ist nicht auf die im "Katalog" der Somatisierungsstörung aufgelisteten Symptome beschränkt, da auch andere körperliche Beschwerden wie Müdigkeit und Appetitlosigkeit hier als relevant angesehen werden können. Voraussetzung für die Diagnosenstellung ist, daß die Symptomatik mindestens sechs Monate bestanden hat und nicht ausschließlich während einer anderen somatoformen Störung oder einer sexuellen, affektiven, Schlaf-, Angst- oder psychotischen Störung aufgetreten ist.

- Eine Restkategorie stellt die Diagnose der *nicht näher bezeichneten somatoformen Störung* dar. Darunter können Störungsbilder klassifiziert werden, die weder die Kriterien für eine der spezifischen somatoformen Störungen noch für eine Anpassungsstörung mit körperlichen Beschwerden erfüllen. Im DSM-III-R-Manual sind als Beispiele hypochondrische Symptome von weniger als sechs Monaten Dauer oder eine Krankheit mit nicht-streßbezogenen körperlichen Beschwerden von ebenfalls nur kurzfristiger Ausprägung aufgeführt. Zeit-, Verlaufs- oder spezielle Ausschlußkriterien sind für diese Restkategorie somatoformer Störungen nicht vorgesehen.

Somatoforme Störungen in ICD-10

In ICD-10 sind somatoforme Störungen ebenfalls in einem eigenen Abschnitt zusammengefaßt (Dilling et al. 1991). Allerdings handelt es sich nicht (wie in DSM-III-R) um ein eigenständiges Hauptkapitel, sondern um einen Unterabschnitt im Kapitel "Neurotische-, Belastungs- und somatoforme Störungen" (F4). Anders als in DSM-III-R werden Konversionsstörungen nicht den somatoformen Störungen zugerechnet, sondern in einem ebenfalls abgegrenzten Abschnitt des Kapitels F4 "dissoziative Störungen (Konversionsstörungen)" aufgeführt. Für diese Diagnosen werden u.a. Störungen des Identitätsbewußtseins, der unmittelbaren Empfindungen und der Kontrolle von Körperbewegungen vorausgesetzt. Ferner ist in ICD-10 noch die traditionelle Diagnose der Neurasthenie vorgesehen, für die neben Ermüdbarkeit und körperlicher Schwäche auch somatische Symptome charakteristisch sind. Die Abgrenzung zwischen diesem Störungsbild sowie Angst- und depressiven Störungen erscheint jedoch nicht unproblematisch (Dilling et al. 1991).

Als somatoforme Störungen faßt ICD-10 folgende Kategorien zusammen: (1) Somatisierungsstörung; (2) undifferenzierte somatoforme Störung; (3) hypochondrische Störung; (4) somatoforme autonome Funktionsstörung; (5) anhaltende somatoforme Schmerzstörung; (6) andere und nicht näher bezeichnete somatoforme Störungen.

Unterschiede der Somatisierungsstörung zwischen DSM-III-R und ICD-10

Auch in ICD-10 stellt die *Somatisierungsstörung*, deren diagnostische Kriterien (nach den sog. ICD-10-Forschungskriterien) in Kasten 2.2 aufgeführt sind, eine zentrale Kategorie dar. Im grundlegenden Konzept (d.h. im Aufbau der diagnostischen Kategorien) sind sich die Diagnosen beider Systeme sehr ähnlich, obwohl im Detail einige Unterschiede bestehen. So sind in ICD-10 nur sechs aus einer Liste von insgesamt 14 Symptomen erforderlich. Aufgeführt sind sechs gastrointestinale Symptome, zwei kardiovaskuläre Symptome,

Kasten 2.2
Diagnostische Kriterien der Somatisierungsstörung nach ICD-10

A. Eine Vorgeschichte von *mindestens zwei Jahre* anhaltenden Klagen über multiple und wechselnde körperliche Symptome, die nicht durch eine feststellbare körperliche Erkrankung erklärt werden können. Eine eventuell vorliegende bekannte körperliche Erkrankung erklärt nicht die Schwere, das Ausmaß, die Vielfalt und die Dauer der körperlichen Beschwerden oder der damit verbundenen sozialen Behinderungen. Wenn einige vegetative Symptome vorliegen, bilden sie nicht das Hauptmerkmal der Störung, d.h. sie sind nicht besonders anhaltend oder belastend.

B. Die ständige Sorge um die Symptome führt zu andauerndem Leiden und dazu, daß der Patient mehrfach *(drei- oder mehrmals)* um Konsultationen oder Untersuchungen in der Primärversorgung oder beim Spezialisten nachsucht. Wenn aus finanziellen oder körperlichen Gründen medizinische Einrichtungen nicht erreichbar sind, liegen eine andauernde Selbstmedikation oder mehrfache Konsultationen bei örtlichen Laien vor.

C. Hartnäckige Weigerung, die medizinische Versicherung zu akzeptieren, daß keine angemessene körperliche Ursache für die körperlichen Symptome vorliegt, allenfalls für kurze Zeiträume bis zu einigen Wochen unmittelbar nach einer medizinischen Untersuchung.

D. Insgesamt *sechs oder mehr Symptome* aus der folgenden Liste, mit Symptomen aus mindestens zwei verschiedenen Gruppen:

Gastro-intestinale Beschwerden:

(1) Bauchschmerzen
(2) Übelkeit
(3) Gefühl von Überblähung
(4) schlechter Geschmack im Mund oder extrem belegte Zunge
(5) Klagen über Erbrechen oder Reflux von Speisen
(6) Klagen über häufigen Durchfall oder Austreten von Flüssigkeit aus dem Anus

Kardio-vaskuläre Symptome:

(7) Atemlos ohne Anstrengung
(8) Brustschmerzen

Urogenitale Symptome:

(9) Dysurie oder Klagen über die Miktionshäufigkeit
(10) unangenehme Empfindungen in oder um den Genitalbereich
(11) Beschwerden über ungewöhnlichen oder verstärkten vaginalen Ausfluß

Haut- und Schmerzsymptome:

(12) Beschwerden über Fleckigkeit oder Farbveränderungen der Haut
(13) Schmerzen in den Gliedern, Extremitäten oder Gelenken
(14) unangenehme Taubheit oder Empfindungen

E. Die Störung tritt nicht während einer Schizophrenie oder einer verwandten Störung (F20 bis F29) oder einer affektiven Störung (F30 bis F39) auf, und steht nicht im Zusammenhang mit einer Panikstörung (s. F41.0).

drei urogenitale Symptome, drei Haut- und Schmerzsymptome, während die in DSM-III-R berücksichtigten pseudoneurologischen Symptome fehlen und in ICD-10 ausschließlich der Gruppe der dissoziativen und Konversionsstörungen vorbehalten sind.

Für die Praxis nicht unerhebliche Diskrepanzen zwischen ICD-10 und DSM-III-R bestehen für die Somatisierungsstörung auch bei Zeit- und Verlaufskriterien (vgl. Kasten 2.2). In der Definition von ICD-10 muß die Störung über mindestens zwei Jahre durchgehend bestanden haben, kann jedoch in jedem Lebensalter beginnen (DSM-III-R: Beginn vor dem 30. Lebensjahr). Ferner darf die Diagnose nach ICD-10 nur gestellt werden, wenn der Betroffene sich weigert, die ärztliche Feststellung anzunehmen, daß keine angemessenen körperlichen Ursachen für seine Beschwerden vorliegen (eine vergleichbare Formulierung existiert in DSM-III-R nur für die Hypochondrie).

Anders als in DSM-III-R sind in ICD-10 einige Hierarchieregeln als Kriterien aufgenommen worden. So wurde festgelegt, daß die Somatisierung nicht im Verlauf einer Schizophrenie oder verwandten Störung oder während einer affektiven Störung aufgetreten sein darf. Dies bedeutet, daß die Diagnose einer Somatisierungsstörung nicht gestellt werden darf, wenn beispielsweise somatoforme und depressive Symptome im gleichen Zeitraum aufgetreten sind und wenn in diesem Zeitraum die Kriterien einer affektiven (depressiven) Störung nach ICD-10 erfüllt waren. Nach einer Vielzahl empirischer Studien sind somatoforme und depressive Störungen jedoch bei vielen Patienten miteinander verbunden (vgl. Kapitel 4). ICD-10 sieht für diese Fälle keine Möglichkeit vor, selbst schwerwiegende somatoforme Symptome auch durch die Diagnosenstellung auszudrücken. Dies ist unserer Ansicht nach aus praktisch-klinischen Erwägungen heraus problematisch, da somatoforme Symptome oft spezielle therapeutische Interventionen erfordern. Zudem liegen bislang keine Studien vor, die Hierarchieregeln wie die in ICD-10 ausreichend begründen.

Über die Vor- und Nachteile der in DSM-III-R und ICD-10 unterschiedlich konzipierten Somatisierungsstörung werden künftige Studien zur Validität und klinischen Brauchbarkeit der diagnostischen Kriterien Aufschluß geben müssen. Für die Somatisierungsstörung nach DSM-III-R liegt bereits eine Validierungsstudie von Swartz et al. (1986 b) vor, deren Ergebnisse in Kasten 2.3 zusammengefaßt sind. Vergleichbare Untersuchungen für die Somatisierungsstörung nach ICD-10 existieren unseres Wissens noch nicht.

Definition der weiteren somatoformen Störungen in ICD-10

Die weiteren in ICD-10 vorgesehenen und definierten somatoformen Störungen weisen folgende Charakteristika auf:

- Für die *undifferenzierte somatoforme Störung* gelten ähnliche, aber weniger restriktive Kriterien wie für die Somatisierungsstörung. So müssen zwar die Kriterien A (bis auf die geforderte Dauer von zwei Jahren), C und E erfüllt sein, eines der beiden Kriterien B und D jedoch nur unvollständig (vgl. Kasten 2.2). Die Kategorie kann somit wie in DSM-III-R als Erweiterung der Somatisierungsstörung angesehen werden.

- Bei der *hypochondrischen Störung* muß eine mindestens sechs Monate bestehende inadäquate Sorge über das Vorliegen von nicht mehr als zwei schweren körperlichen Krankheiten vorhanden sein. Ebenso wie bei Somatisierungs- und undifferenzierter somatoformer Störung sind Schizophrenie und affektive Störungen diesem Krankheitsbild hierarchisch übergeordnet.

- Eine eigene Kategorie der *somatoformen autonomen Funktionsstörung* umfaßt klinische Bilder, die hauptsächlich durch vegetative Symptome charakterisiert sind (d.h. Beschwerden im kardiovaskulären System, Ösophagus und Magen, im unteren Gastrointestinaltrakt, im respiratorischen System oder im urogenitalen System). Allerdings fehlen unseres Wissens bislang wissenschaftliche

Kasten 2.3
Die Studie von Swartz et al. zur Validität der Somatisierungsstörung

Die Validität der in DSM-III/ DSM-III-R definierten diagnostischen Kategorien ist von Swartz et al. (1986 b; vgl. auch Swartz et al. 1987 a) untersucht worden, indem statistisch ermittelte Somatisierungssyndrome mit den in DSM-III definierten Störungsbildern verglichen wurden. Swartz et al. (1986 b) zogen dazu eine 1626 Personen umfassende Stichprobe heran, die im Rahmen einer epidemiologischen Studie mit Hilfe eines strukturierten Interviews untersucht worden waren und drei oder mehr Symptome aus der Liste der Somatisierungsstörung nach DSM-III aufwiesen. Zur Analyse wurde ein multivariates Verfahren eingesetzt, das eng zusammenhängende Merkmale als sogenannte "cluster" identifiziert und den typologischen Zugehörigkeitsgrad einzelner Symptome bestimmt (grade of membership).

Swartz et al. (1986 b) differenzierten mit dieser Methode sieben Syndrome (oder "cluster"), von denen eines der *Somatisierungsstörung* nach DSM-III hochgradig entsprach. Statistisch wurde dieses Syndrom durch 24 Items aus dem Katalog der Somatisierungsstörung in starker und durch vier weitere Items in mittelgradiger Ausprägung definiert. Im Vordergrund der Beschwerden standen u. a. Kopfschmerzen, Schmerzen beim Wasserlassen, Erbrechen, Übelkeit, Durchfall, schlechter allgemeiner Gesundheitszustand sowie Schwächegefühle. In ihren soziodemographischen Merkmalen setzte sich die Personengruppe mit diesem Störungsbild sehr ähnlich wie Personen mit der Diagnose einer Somatisierungsstörung zusammen. Es handelte sich vor allem um unverheiratete Frauen mit geringem Schul- und Ausbildungsniveau aus ländlichen Gebieten. Swartz et al. (1986 b) bewerteten die Ähnlichkeit des ermittelten "cluster" mit der von DSM-III definierten Somatisierungsstörung als entscheidenden Beleg für die Validität dieser diagnostischen Kategorie.

Die weiteren von den Autoren ermittelten Syndrome oder "cluster" wiesen auf folgende klinische Bilder hin:

- *Sexuelle Gleichgültigkeit* und *Kopfschmerzen* erwiesen sich als typologisch zusammenhängend und traten in dieser Kombination überwiegend bei Frauen auf, wobei keine weitere somatoforme Zusatzsymptomatik in vergleichbarem Ausprägungsgrad bestand. In dieser Gruppe lag der niedrigste Index für die Inanspruchnahme medizinischer Dienste aufgrund der vorliegenden Symptomatik vor.

- Eine weitere abgrenzbare Typologie somatoformer Beschwerden war durch *menstruelle Beschwerden* (d.h. unregelmäßige oder übermäßig schmerzhafte Menstruationen und besonders starke Blutungen) gekennzeichnet. Ein gehäuftes Auftreten dieses Syndroms wurde ermittelt für jüngere Frauen zwischen 18 und 30 Jahren, die meist verheiratet waren und eine bessere Schulausbildung genossen hatten.

- *Depressive Symptome* wie Appetitlosigkeit, Gewichtsverlust, Nervosität, Hoffnungslosigkeit, Kopfschmerzen und vermindertes sexuelles Verlangen kennzeichnen einen anderen Typus somatoformer Beschwerden. In der Studie von Swartz et al. (1986 b) war diese Symptomkonstellation ausschließlich auf Frauen beschränkt. Ein durch depressive Beschwerden definierter Typus konnte hier gefunden werden, weil Swartz et al. (1986 b) über die Somatisierungssymptome im engeren Sinne hinaus auch andere, für Depressionen typische Items in ihre Analyse einbezogen hatten.

- Männer höheren Lebensalters wiesen dagegen häufig unterschiedliche und multiple *Schmerzen* in Verbindung mit allgemeiner körperlicher Schwäche, Schwierigkeiten beim Gehen und einigen pseudoneurologischen Symptomen auf (etwa Kloßgefühl im Hals, Verlust der Stimme, Sensibilitätsstörungen). Bei dieser Gruppe wurde eine ausgesprochen starke Inanspruchnahme medizinischer Dienste ermittelt.

• *Gastrointestinale Symptome* (Blähungen, Darmfunktionsstörungen) bildeten den typologisch abgrenzbaren Bestandteil einer weiteren Gruppe, wobei auch Bewußtlosigkeit/ Ohnmacht, Nervosität sowie ein auf psychotisches Erleben bezogenes Item (Wahn oder Halluzinationen) damit in Verbindung standen. Das "cluster" war vor allem bei farbigen Patienten zu finden, was von den Autoren als Hinweis für eine mögliche kulturspezifische Besonderheit dieser Symptomkombination bewertet wurde.

• Ein letzter Typus war schließlich primär durch *kardiopulmonale Symptome* gekennzeichnet (Brustschmerzen, Kurzatmigkeit, Palpitationen). Es handelte sich bei dieser Gruppe vorwiegend um ältere und verheiratete Männer, die sich charakteristischerweise häufig in Arztpraxen und öffentlichen medizinischen Einrichtungen vorstellten.

Swartz et al. (1986 b) wiesen darauf hin, daß sich keines der ermittelten Syndrome nur aus der Gruppe der pseudoneurologischen Symptome zusammensetzte und somit die Kategorie der Konversionsstörung typologisch nicht repräsentiert war. Die im Symptomkatalog enthaltenen einzelnen pseudoneurologischen Symptome waren stattdessen über unterschiedliche Syndrome ohne erkennbare Schwerpunktbildung verteilt. Nach Ansicht der Autoren spricht dies zunächst gegen eine klare Abgrenzung von Konversionssyndromen, wobei jedoch offengelassen wird, ob Konversionsstörungen nicht häufig auf ein einzelnes Symptom beschränkt sind und daher ein statistisch erkennbares "Symptomcluster" gar nicht zustande kommen kann. Ähnliches gilt für die Kategorie der somatoformen Schmerzstörung, die in den von Swartz und Mitarbeitern ermittelten Gruppen ebenfalls nicht als abgrenzbares Syndrom vertreten war.

Belege dafür, derartige Syndrome nosologisch anders als Somatisierungsstörungen oder undifferenzierte somatoforme Störungen einzuordnen.

• Für die Diagnose einer *anhaltenden somatoformen Schmerzstörung* wird ein über sechs Monate kontinuierlich bestehender Schmerz vorausgesetzt, der an den meisten Tagen anhält, als schwer und belastend erlebt wird und nicht adäquat durch physiologische Prozesse oder eine körperliche Störung erklärt werden kann.

Trotz der aus den obigen Beschreibungen erkennbaren Unterschiede in der Zusammensetzung und operationalen Definition einzelner Störungen liegt den beiden Klassifikationssystemen DSM-III-R und ICD-10 ein gleiches, nämlich vorwiegend deskriptives und atheoretisches Grundkonzept zugrunde. Für somatoforme Störungen werden durch die diagnostischen Kriterien keine ätiologischen Annahmen einbezogen. Beispielsweise ist es bewußt vermieden worden, eine psychogene Verursachung der Störung als diagnostisches Kriterium einzubeziehen, da möglicherweise auch andere ätiologische Bedingungen relevant sind und deren Wechselwirkungen bislang allenfalls bruchstückhaft bekannt sind.

Die Kriterien von ICD-10 lagen beim Schreiben dieses Textes erst seit kurzer Zeit vor. Es waren daher noch keine systematischen Forschungsarbeiten über diesen Klassifikationsansatz verfügbar. Wir beziehen uns aus diesem Grund in den weiteren Kapiteln vorwiegend auf Arbeiten, die auf der Grund-

Klassifikationssystem	*Beginn der Störung*	*Zahl der Symptom-gruppen*	*Symptomverteilung*	*Zahl der erforderlichen Symptome*
DSM-III-R	vor 30. Lj.	6 (Frauen) 5 (Männer)	keine Spezifizierung	13
DSM-III	vor 30. Lj.	keine	keine Spezifizierung	14 (Frauen) 12 (Männer)
ICD-10	keine Vorgabe	5	Symptome aus mind. 2 Gruppen	6
RDC	vor 25. Lj.	6 (Frauen) 5 (Männer)	Symptome aus mind. 5 (Frauen) bzw. 4 (Männer) Gruppen	5 (Frauen) 4 (Männer)
Feighner-Kriterien	vor 30. Lj.	10	Symptome aus mind. 9 Gruppen	25
Briquet-Syndrom (Perley & Guze 1963)	vor 30. Lj.	10	Symptome aus mind. 9 Gruppen	20

Tabelle 2.1 Übersicht über Definitionen und diagnostische Kriterien der Somatisierungsstörung in unterschiedlichen Klassifikationssystemen.

lage der Klassifikation nach DSM-III/ DSM-III-R entstanden sind (falls nicht ausdrücklich anders vermerkt).

Das Schwergewicht unserer Darstellungen wird ferner auf dem Störungsbild der Somatisierungsstörung liegen, das aufgrund der hochgradigen Äquivalenz mit dem früheren Briquet-Syndrom als die bestuntersuchte Störung aus dem Bereich der somatoformen Störungen gilt. Zudem ist eine ausreichende Reliabilität und Validität der anderen als somatoform bezeichneten Störungen mehrfach bezweifelt worden. Beispielsweise bemängeln Escobar et al. (1987 a), daß die Kategorien Konversionsstörung, Hypochondrie und psychogene Schmerzstörung (seit DSM-III-R als somatoforme Schmerzstörung umbenannt) auf recht willkürlichen diagnostischen Beschreibungen beruhten, stark von subjektiven Wertungen und dem klinischen Eindruck des Diagnostikers abhingen und eine klare Grenzziehung anderen Störungen gegenüber oft schwierig sei. Die Validität dieser Diagnosen sei daher fraglich.

Zur besseren Übersicht über die bislang entwickelten Konzepte der Somatisierungsstörung bzw. des Briquet-Syndroms sind die diagnostischen Kriterien der wichtigsten Diagnosensysteme in Tabelle 2.1 zusammengefaßt. Die bereits zu Beginn dieses Kapitels erwähnten "Research Diagnostic Criteria" (RDC) stellen eine wissenschaftliche Vorläuferversion von DSM-III dar, die über viele Jahre intensiv in Forschungsprojekten eingesetzt wurde.

Wie aus Tabelle 2.1 hervorgeht, ist ein Höchstalter für den Beginn der Störung in allen Systemen außer ICD-10 vorgesehen, wobei bis auf eine Ausnahme (RDC) immer das 30. Lebensjahr vorgegeben ist. Die Zahl der Symptomgruppen ist bei den älteren Systemen am größten (Feighner-Kriterien: zehn Gruppen), bei neueren Entwicklungen jedoch immer mehr reduziert worden. Während Briquet-Syndrom, Feighner-Kriterien und RDC noch vorsahen, daß die Symptome aus unterschiedlichen Gruppen stammen mußten, ist eine derartige Spezifizierung in dem neuen DSM-III-R-System aufgegeben worden. Erhebliche Unterschiede bestehen in der Zahl der erforderlichen Symptome. Während im ursprünglichen Briquet-Syndrom 20 und in den Feighner-Kriterien sogar eine Mindestzahl von 25 Symptomen verlangt worden ist, sind in ICD-10 bereits sechs und in RDC bereits vier bzw. fünf Symptome für eine Diagnosenstellung ausreichend.

Bei den mittlerweile vielfältigen diagnostischen Ansätzen für somatoforme Störungen hat sich die Frage gestellt, inwieweit Patienten in den unterschiedlichen Klassifikationssystemen ähnlich eingeordnet werden und Diagnosen somit vergleichbar sind. Weichen diagnostische Einteilungen voneinander ab, so sind Nützlichkeit, Reliabilität und Validität der einzelnen Zuteilungskriterien zu überprüfen. Die bislang vorliegenden empirischen Studien zur Übereinstimmung der Somatisierungsstörung in unterschiedlichen Systemen sind in Kasten 2.4 zusammengefaßt.

Kasten 2.4
Überlappung zwischen DSM-III, RDC und Feighner-Kriterien

Empirische Untersuchungen zum unmittelbaren Vergleich verschiedener Diagnosensysteme für somatoforme Störungen (d.h. polydiagnostische Studien) wurden von Singerman et al. (1981), DeSouza & Othmer (1984), Cloninger et al. (1986), Swartz et al. (1987 b) und Brown & Smith (1991) vorgelegt. Es sollen hier nur Arbeiten mit der neueren Klassifikation nach DSM-III/ DSM-III-R berücksichtigt werden.

Einen direkten Vergleich zwischen Briquet-Syndrom (St. Louis-Kriterien) und Somatisierungsstörung (DSM-III) nahmen Cloninger et al. (1986) an 500 ambulanten psychiatrischen Patienten vor. Zwischen beiden Diagnosen wurde eine hohe Übereinstimmung mit Kappa (κ) = 0,77 ermittelt (κ-Werte zwischen 0,70 und dem Maximalwert von 1 gelten als Indikator für hervorragende Kongruenz). Von 90 Patienten, die mindestens eine der beiden (konkurrierenden) Diagnosen erhielten, wurden beide Diagnosen (übereinstimmend) bei einem Anteil von immerhin 71% gestellt. Wurde die Diagnose des Briquet-Syndroms als Kriterium angesehen, so erreichte die DSM-III-Diagnose eine Sensibilität von 85% und eine Spezifität von 93%. Bei einer follow-up-Untersuchung einige Jahre später ergab sich allerdings für beide Diagnosen eine nur mäßige Reproduzierbarkeit bzw. Stabilität (Briquet-Syndrom: κ = 0,34; Somatisierungsstörung: κ = 0,35).

Cloninger et al. (1986) überprüften darüber hinaus, inwieweit in den Familien der Patienten (Verwandtschaft ersten Grades) ebenfalls somatoforme Störungen zu finden waren (vgl. auch Kapitel 7.1 zu genetischen Aspekten). Bei Frauen mit der Diagnose des Briquet-Syndroms beobachteten die Autoren eine fast dreimal so hohe familiäre Belastung mit der gleichen Störung als bei Frauen mit anderen Diagnosen. Der entsprechende Zusammenhang für Patientinnen mit der Diagnose Somatisierungsstörung war deutlich geringer und statistisch insignifikant. Cloninger et al. (1986) leiteten daraus die Empfehlung ab, das vollständige Briquet-Syndrom den DSM-III-Kriterien vorzuziehen.

Weniger skeptisch wurde die Diagnose der Somatisierungsstörung (DSM-III) von DeSouza & Othmer (1984) beurteilt, die eine ebenfalls große Gruppe von 794 ambulanten psychiatrischen Patienten polydiagnostisch mit Hilfe eines strukturierten Interviews untersuchten. Verglichen wurde die Somatisierungsstörung mit der Diagnose des von Feighner et al. (1972) überarbeiteten Briquet-Syndroms. Von 85 Patientinnen mit einer mehrjährigen Vorgeschichte medizinisch unklarer Symptome wurde in 41

Fällen sowohl die Somatisierungsstörung als auch das Briquet-Syndrom diagnostiziert, während bei 36 Patientinnen übereinstimmend keine der beiden Diagnosen gestellt wurde. Die Kongruenz beider Diagnosen lag somit bei 90% (Übereinstimmungskoeffizient Phi = 0,81). Jeweils vier Patientinnen erhielten lediglich eine der beiden Diagnosen. DeSouza & Othmer (1984) folgerten, daß die Somatisierungsstörung nach DSM-III ähnlich valide wie das Briquet-Syndrom sei und aufgrund der nur etwa halb so langen Symptomliste erhebliche praktische Vorteile aufweise.

Einen simultanen Vergleich von gleich drei Klassifikationssystemen unternahmen Singerman et al. (1981) und Swartz et al. (1987 b). Es handelte sich um DSM-III, die wissenschaftliche Vorgängerversion RDC (Research Diagnostic Criteria) und die von Feighner et al. (1972) entwickelten Kriterien. In beiden Studien wurde ein strukturiertes Interview eingesetzt. Bei der Arbeit von Singerman et al. (1981) handelte es sich um eine breiter angelegte Untersuchung, in der insgesamt 216 Personen nach dem gesamten Spektrum der wichtigsten psychiatrischen Störungen untersucht wurden (z.B. affektive Störungen, Schizophrenie, Angststörungen, Störungen durch Einnahme psychotroper Substanzen). Dagegen beschränkten sich Swartz et al. (1987 b) auf 100 Patienten mit einem ausgeprägten Somatisierungssyndrom, die nach mindestens einem der drei Diagnosensysteme die Diagnose der Somatisierungsstörung (bzw. des Briquet-Syndroms) erhalten hatten.

Singerman et al. (1981) fanden eine Konkordanz von 90,3% für die Diagnose der Somatisierungsstörung zwischen allen drei Klassifikationssystemen. Nach DSM-III wurde in 15 Fällen, nach RDC und Feighner-Kriterien in jeweils 14 Fällen die Diagnose gestellt. Die errechneten κ-Werte betrugen 0,81 für RDC vs. Feighner-Kriterien, 0,76 für DSM-III vs. Feighner-Kriterien und 0,67 für DSM-III vs. RDC. Diskrepante Zuordnungen gingen nur zu einem geringen Teil auf Altersunterschiede beim Beginn der Störung zurück, sondern waren im wesentlichen durch die Art der im jeweiligen Sy-

Abbildung 2.2 Überlappungen zwischen Diagnosen der Somatisierungsstörung aus unterschiedlichen Diagnosensystemen (nach Swartz et al. 1987 b).

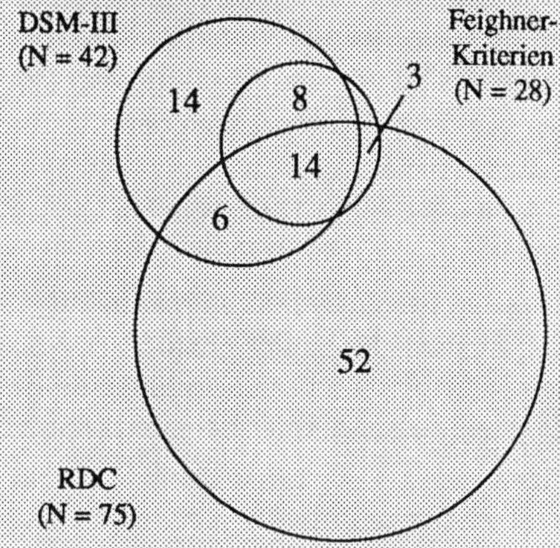

stem erforderlichen Symptome und ihre Zugehörigkeit zu Symptomgruppen (Organsystemen) begründet.

In der Studie von Swartz et al. (1987 b) erhielten 75 der untersuchten 100 somatisierenden Patienten die RDC-Diagnose, 42 die Diagnose nach DSM-III und 28 die Diagnose nach den Feighner-Kriterien. Die Überschneidungen gehen aus Abbildung 2.2 hervor. Nur 14 Personen erhielten die Diagnose nach allen drei Systemen. Die 42 DSM-III-Diagnosen wurden in 22 Fällen durch die Feighner-Kriterien und in 20 Fällen durch RDC bestätigt. Die diagnostische Übereinstimmung lag zwischen 79% (DSM-III und Feighner-Kriterien) und 23% (RDC und Feighner-Kriterien). Allerdings waren soziodemographische Merkmale und Angaben über zusätzliche Symptome in allen drei Diagnosegruppen sehr ähnlich, so daß stets eine klare Abgrenzung gegenüber nicht gestörten Personen bestand und Unterschiede der diagnostischen Kriterien nach Auffassung der Autoren eher unerheblich erschienen. Swartz et al. (1987 b) meinen, daß sich die drei Gruppen hauptsächlich im Schweregrad der Somatisierung unterscheiden, da die diagnostischen Einschlußkriterien im wesentlichen identisch, allerdings unterschiedlich restriktiv seien.

2.3. Diagnostische Abgrenzung und Differentialdiagnostik

Die neuen Klassifikationssysteme DSM-III-R und ICD-10 sind unter anderem mit der Zielsetzung entwickelt worden, klarer abgrenzbare diagnostische Kategorien zur Verfügung zu stellen und somit eine objektivere Diagnosenstellung zu ermöglichen. Dies setzt voraus, daß einzelne Störungsbilder möglichst trennscharf voneinander unterschieden werden können und daß bei Überschneidungen differentialdiagnostische Entscheidungskriterien vorliegen.

Im folgenden soll die Abgrenzung somatoformer Störungen untereinander und gegenüber anderen psychischen und körperlichen Störungen dargestellt werden. In Abbildung 2.3 ist zusammengefaßt, welche wichtigen differentialdiagnostischen Abgrenzungen nach DSM-III-R berücksichtigt werden müssen. Wir werden auf einige zentrale Merkmale eingehen, die als Anhaltspunkte und diagnostische Leitlinien in der klinischen Praxis dienen können.

Somatisierungsstörung

gegen
- somatoforme Schmerzstörung
- Konversionsstörung
- körperdysmorphe Störung
- Hypochondrie
- undiff. somatoforme Störung

Konversionsstörung

gegen
- somatoforme Schmerzstörung
- Hypochondrie
- sexuelle Funktionsstörungen

Somatoforme Störungen (allgemein)

gegen
- körperliche Erkrankungen
- pathophysiologisch begründbare körperliche Symptome
- vorgetäuschte oder simulierte Störungen
- Schizophrenie und wahnhafte Störungen
- Angststörungen
- depressive Störungen

Abbildung 2.3 Wichtige differentialdiagnostische Abgrenzungen somatoformer Störungen.

Somatisierungsstörung vs. andere somatoforme Störungen

In DSM-III-R ist die Somatisierungsstörung als sehr umfassende Kategorie konzipiert, die eine Vielzahl unterschiedlicher Symptome umfaßt und somit unter Umständen die Diagnosen anderer somatoformer Störungen ausschließen kann. So können Konversions- oder Schmerzsymptome Bestandteile einer Somatisierungsstörung sein. Eine Konversions- oder somatoforme Schmerzstörung sollte nur dann diagnostiziert werden, wenn sich das Beschwerdebild auf konversions- oder pseudoneurologische Symptome bzw. auf Schmerzen beschränkt und das komplette und vielfältige klinische Bild der Somatisierungsstörung fehlt. Andernfalls ist die Diagnose der Somatisierungsstörung (oder die der undifferenzierten somatoformen Störung) vorzuziehen.

Gegenüber körperdysmorpher Störung und Hypochondrie kann die Somatisierungsstörung mit Hilfe der diagnostischen Leitsymptome gut abgegrenzt werden. Während bei der Somatisierungsstörung körperliche *Funktionsstörungen* vorliegen müssen, ist bei der körperdysmorphen Störung die Beschäftigung einer Person mit ihrem *Aussehen* und bei der Hypochondrie die abnorme *Befürchtung* einer schweren körperlichen Krankheit differentialdiagnostisch entscheidend. Streng genommen schließen sich die drei genannten Diagnosen daher gegenseitig nicht aus, so daß bei einzelnen Personen die Kriterien für mehr als eine der Störungen erfüllt sein können. Dies dürfte in der Praxis aber selten vorkommen.

Gegenüber der undifferenzierten somatoformen Störung ist die Somatisierungsstörung eindeutig durch die Anzahl der vorliegenden Symptome abgegrenzt (Somatisierungsstörung erst ab einer Mindestzahl von 13 Symptomen). Die undifferenzierte somatoforme Störung kann jedoch als "Ausweichdiagnose" auch dann gewählt werden, wenn zwar 13 oder mehr Symptome vorliegen, andere Kriterien der Somatisierungsstörung jedoch nicht zutreffen (z.B. wenn die Störung noch nicht über mehrere Jahre angedauert oder erst nach dem 30. Lebensjahr begonnen hat).

Differenzierung innerhalb der Gruppe somatoformer Störungen

Differentialdiagnostische Probleme können sich bei der Differenzierung zwischen Konversionsstörung und somatoformer Schmerzstörung ergeben, da Schmerzsyndrome manchmal in engem Zusammenhang zu psychosozialen Belastungen oder einem bestimmten psychischen Konflikt stehen. Im Manual für DSM-III-R wird für diese Fälle grundsätzlich vorgeschlagen, aus Gründen der Einheitlichkeit von Störungsverlauf und Behandlung stets eine Schmerzstörung zu kodieren (Wittchen et al. 1989, p. 317).

Bei der Unterscheidung zwischen Konversionsstörung und Hypochondrie sollte beachtet werden, daß hypochondrische Beschwerden typischerweise durch einfache körperliche Zeichen oder Empfindungen charakterisiert sind (z.B. Herzklopfen, Schwitzen, Husten), während bei der Konversionsstörung dagegen meist Ausfälle oder Veränderungen von Körperfunktionen vorliegen (z.B. Taubheit, Blindheit, Lähmung). Die Differenzierung zwischen Symptomen und Funktionsveränderung dürfte in Grenzfällen nicht immer unproblematisch sein, doch sollte das hypochondrische Leitsymptom der Krankheitsangst in den meisten Fällen eine valide diagnostische Entscheidung ermöglichen.

Somatoforme Störungen vs. körperliche Erkrankungen

Zur Diagnose somatoformer Störungen müssen körperliche Erkrankungen oder bekannte pathophysiologische Mechanismen stets ausgeschlossen werden. Häufig ist dies jedoch nicht mit ausreichender Sicherheit oder nur bei weiterer Verlaufsbeobachtung möglich, so daß der differentialdiagnostischen Abgrenzung zwischen somatoformen und körperlichen Erkrankungen eine große Bedeutung zukommt. Grundsätzlich ist immer daran zu denken, daß es sich bei einer unklaren somatischen Symptomatik immer auch um eine Krankheit handeln kann, die noch nicht diagnostiziert worden ist oder deren Pathophysiologie nach dem gegenwärtigen Wissensstand noch nicht ausreichend bekannt ist.

Problematisch kann die Differentialdiagnose insbesondere bei Konversionssymptomen sein (Konversionsstörung oder als Teil einer Somatisierungsstörung), da ähnliche Symptome in frühen Stadien neurologischer Erkrankungen vorkommen können (z.B. multiple Sklerose, Lupus erythematodes). Nach den Empfehlungen von DSM-III-R (vgl. Wittchen et al. 1989, p. 317) ist eine Konversionssymptomatik naheliegend, wenn Symptome und körperliche Befunde nicht übereinstimmen (z.B. Nachweis guter motorischer Funktion in einem scheinbar gelähmten Körperteil oder "Blindheit" bei normalen Pupillenreaktionen und unauffälligen visuell evozierten Potentialen) oder die Beschwerden nicht der Anatomie des Nervensystems entsprechen (z.B. "Gefühllosigkeit", die nicht funktional durch einen Teil des Nervensystems erklärbar ist). Auch sprechen markante Therapieerfolge mit suggestiven Methoden häufig für das Vorliegen einer Konversionsstörung.

Bei der somatoformen Schmerzstörung ist eine organische Grunderkrankung durchaus möglich, doch die Beschwerden sowie daraus resultierende soziale und berufliche Beeinträchtigungen müssen weit über das durch den körperlichen Befund erklärbare Ausmaß hinausgehen. Nicht ausreichend für die Diagnose einer somatoformen Schmerzstörung ist die bloße dramatische Darstellung eines organischen Schmerzes (Wittchen et al. 1989, p. 325). Spannungskopfschmerzen dürfen nicht als somatoforme Schmerzstörung klassifiziert werden, da Muskelkontraktionen als pathophysiologisch relevante Auslöser bekannt sind.

Das Risiko von Fehldiagnosen

Beim Ausschluß einer organischen Pathogenese somatischer Symptome spielen die medizinische Kompetenz und Erfahrung des untersuchenden Arztes sowie die Verfügbarkeit technischer und apparativer diagnostischer Möglichkeiten eine wichtige Rolle. Liegt eine körperliche Krankheit oder Funktionsstörung vor, so muß der Arzt ermessen, inwieweit die berichteten Symptome tatsächlich darauf zurückgeführt werden können. Nicht selten wird eine adäquate diagnostische Beurteilung dadurch erschwert, daß bei Patienten mit somatoformen Störungen in der Vorgeschichte auch ernste körperliche Krankheiten bestanden haben (Barsky 1988).

Mit dem Risiko von Fehldiagnosen und nicht erkannten körperlichen Erkrankungen beschäftigten sich Slater & Glithero (1965) in einer Studie am National Hospital in London. Bei 85 Patienten, die die Diagnose Hysterie erhalten hatten, wurde den Daten dieser Studie zufolge in immerhin 28 Fällen (33%) bei einer follow-up-Untersuchung neun Jahre später doch ein relevanter organischer Befund zur Erklärung der Symptomatik ermittelt. Sogenannte hysterische Schmerzzustände mußten als Trigeminusneuralgie oder Basilaris-Migräne umdiagnostiziert werden, vermeintlich psychogene Anfälle als Epilepsie und klinische Bilder mit bizarren Parästhesien sowie Schwächezuständen als Takayasu-Syndrom (Entzündung von Arterien). Drei Patienten waren an Krankheiten gestorben, die nachträglich die ursprünglich als somatoform angesehene Symptomatik gut erklären konnten.

Zu der Arbeit von Slater & Glithero (1965) kann jedoch kritisch angemerkt werden, daß die Resultate auch Ausdruck einer geringen Validität der Diagnose "Hysterie" sein könnten, da nicht mit deskriptiven und präzise formulierten diagnostischen Kriterien gearbeitet wurde. Die Gefahr von Fehldiagnosen ist bei einzelnen umschriebenen Konversionssymptomen vermutlich weiterhin beträchtlich, während sie bei Störungen, die durch eine Vielzahl von Symptomen definiert sind (wie beim Briquet-Syndrom), deutlich geringer sein dürfte. Coryell (1981) fand bei Patienten mit Briquet-Syndrom in einem follow-up 40 Jahre später *keine* erhöhte Mortalität bezüglich somatischer Erkrankungen. Deskription und Symptomvielfalt bei der in den heutigen Diagnosensystemen definierten Somatisierungsstörung scheinen weniger das Risiko zu bergen, eine die Symptome erklärende somatische Grunderkrankung zu übersehen.

Klassifikation	*Symptomatik wird durch physiologische Mechanismen erklärt*	*Symptome sind im Zusammenhang mit psychologischen Faktoren*	*Symptomentstehung ist unter willentlicher Kontrolle*	*Offensichtlich erkennbares Ziel in der Umgebung des Betreffenden*
Somatoforme Störungen	Nein	Ja	Nein	Unterschiedlich
Vorgetäuschte Störungen	Unterschiedlich	Ja	Ja	Nein
Simulation	Unterschiedlich	Unterschiedlich	Ja	Ja
Körperlicher Zustand, bei dem psychische Faktoren eine Rolle spielen	Ja	Ja	Nein	Unterschiedlich
Undiagnostizierte körperliche Störung	Unterschiedlich	Unterschiedlich	Nein	Nein

Tabelle 2.2 Ein- und Ausschlußkriterien zur Differentialdiagnose von Störungen mit körperlicher Symptomatik (nach Hyler & Spitzer 1978).

Somatoforme Störungen vs. psychisch beeinflußte körperliche Erkrankungen

Von somatoformen Störungen abzugrenzen sind auch psychosomatische Erkrankungen im engeren Sinne (d.h. mit Gewebe- oder Organschädigung), die in DSM-III-R in der Gruppe "Körperlicher Zustand, bei dem psychische Faktoren eine Rolle spielen" klassifiziert werden (vgl. auch Looney et al. 1978). DSM-III-R zählt dazu beispielsweise Spannungskopfschmerz, Migräne, Angina pectoris, Menorrhagie (verlängerte Genitalblutung), Sacroiliacalschmerz (Schmerz in bestimmten Gelenken des Beckens), Neurodermitis, rheumatoide Arthritis, Asthma, Ulcus ventriculi, Ulcus duodeni, Kardiospasmus (Krampf des Mageneingangs), Pylorospasmus (Krampf des Magenausgangs), regionale Enteritis (chronische entzündliche Darmerkrankung), Colitis ulcerosa (chronische Entzündung des Dickdarms) und Pollakisurie (abnorm häufiger Harndrang).

Somatoforme Störungen vs. vorgetäuschte Störungen oder Simulation

Bei allen somatoformen Störungen ist als Grundbedingung spezifiziert, daß die Symptomatik nicht unter der willentlichen Kontrolle des betreffenden Patienten steht, sondern sich als Ausdruck einer psychischen Problematik entwickelt. Dagegen sollte bei absichtlicher Erzeugung oder reiner Erfindung der Symptome eine vorgetäuschte Störung mit körperlicher Symptomatik diagnostiziert werden (vgl. Wittchen et al. 1989, p. 384). Bei erfundenen Symptomen kann es sich beispielsweise um Bauchschmerzen handeln (die der Betreffende angibt, obwohl er in Wirklichkeit gar keine Schmerzen empfindet), bei selbsterzeugten Symptomen z.B. um durch Speichelinjektionen in die Haut hervorgerufene Abszesse. In ihrer chronischen Form wird die vorgetäuschte Störung auch als "Münchhausen-Syndrom" bezeichnet.

Entscheidend für die Diagnose einer vorgetäuschten Störung ist ein inneres Bedürfnis des Betreffenden, die "Patientenrolle" zu übernehmen. Bei der Simulation werden Symptome ebenfalls willentlich erzeugt, wobei der Betreffende jedoch anders als bei vorgetäuschten Störungen eine bestimmte Absicht oder ein Ziel damit verfolgt (z.B. um der Einberufung zum Wehrdienst zu entgehen, eine Entschädigung zu erhalten oder einfach in der Klinik "ein Bett für die Nacht" zu haben).

Die differentialdiagnostischen Überlegungen zu Störungen mit körperlicher Symptomatik können mit Hilfe eines Schemas zusammengefaßt werden, das Hyler & Spitzer (1978) im Rahmen der Einführung von DSM-III entwickelt haben (Tabelle 2.2). Es stellt die wichtigsten Ein- und Ausschlußkriterien gegenüber und kann vom Diagnostiker gut zu einer groben und raschen Orientierung herangezogen werden. Es ist grundsätzlich auf DSM-III-R übertragbar. Hauptkriterien sind: (1) Kann das Symptom durch physiologische Mechanismen erklärt werden ? - (2) Besteht ein Zusammenhang zwischen der Symptomatik einerseits und psychologischen Faktoren andererseits ? - (3) Inwieweit unterliegt die Symptomentstehung der willentlichen Kontrolle ? - (4) Wird mit der Symptomatik durch den Betreffenden ein offensichtlich erkennbares Ziel in seiner Umgebung verfolgt ?

Somatoforme Störungen vs. Schizophrenie und wahnhafte Störungen

Somatoforme Symptome können auch Bestandteil einer Schizophrenie oder verwandten Störung sein, erhalten dabei aber meist eine bizarre, durch wahnhafte Vorstellungen oder Körperhalluzinationen geprägte Ausgestaltung. In der Regel bestimmen körperliche Symptome nicht das klinische Bild der Schizophrenie, sondern massive Beeinträchtigungen von Denken, Wahrnehmung, Affekt, Umweltbeziehungen oder psychomotorischem Verhalten. Körperdysmorphe Störung und Hypochondrie sind durch ihre diagnostischen Kriterien explizit von wahnhaften Störungen abgegrenzt, da die Beschäftigung mit eigenen Körpermängeln oder Krankheitsangst bei der Stellung dieser Diagnosen kein wahnhaftes Ausmaß erreicht haben dürfen (der Betroffene sich also z.T. noch distanzieren kann). Dagegen ist bei Vorliegen eines sogenannten körperbezogenen Wahns an eine Schizophrenie, eine wahnhafte Störung oder an eine andere psychotische Störung zu denken.

Somatoforme Störungen vs. Angststörungen

Angststörungen sind meistens mit einer Vielzahl körperlicher Symptome verbunden, die als körperliches Angstäquivalent sowie als Ausdruck von motorischer Spannung, vegetativer Übererregbarkeit oder übermäßig erhöhter Aufmerksamkeit bzw. Reaktionsbereitschaft angesehen werden. Zur diagnostischen Abgrenzung zwischen Somatisierungsstörung und Panikstörung ist in den diagnostischen Kriterien der Somatisierungsstörung klar vorgegeben, daß die jeweiligen körperlichen Symptome nicht auf das Auftreten von Panikattacken (d.h. auf plötzliche und situationsunspezifisch auftretende Angstsymptome) begrenzt sein dürfen. Allerdings ist es nach DSM-III-R nicht ausgeschlossen, daß ein Patient sowohl an einer Somatisierungsstörung als auch an einer Panikstörung leiden kann.

Für die Diagnose einer generalisierten Angststörung muß neben einer Reihe körperlicher Symptome auch eine unrealistische oder übertriebene Angst und Besorgnis (Erwartungsangst) bezüglich zweier oder mehrerer Lebensumstände bestehen (z.B. Sorgen über Angehörige und unbegründete Geldsorgen). Bei Patienten mit generalisierter Angststörung können grundsätzlich auch hypochondrische Beschwerden auftreten, die Diagnose der Hypochondrie sollte aber nur bei einer durchgehenden und mindestens sechsmonatigen Dauer der entsprechenden Krankheitsbefürchtungen gestellt werden.

Somatoforme Störungen vs. depressive Störungen

Nicht selten treten körperliche Symptome auch im Verlauf depressiver Störungen auf oder depressive Syndrome entwickeln sich während einer somatoformen Störung. Sind bei einzelnen Patienten die diagnostischen Kriterien sowohl für eine depressive Störung als auch für eine Somatisierungsstörung erfüllt, so sollten nach DSM-III-R beide Diagnosen gestellt werden. Auf die in der Literatur kontrovers geführte Diskussion über die Abgrenzung zwischen Depressionen und somatoformen Störungen gehen wir in einem getrennten Kapitel ausführlicher ein (vgl. Kapitel 4.4.3).

Konversionsstörung vs. sexuelle Funktionsstörungen

Bei sexuellen Funktionsstörungen (z.B. Impotenz beim Mann oder geringe sexuelle Erregbarkeit bei der Frau) liegen oft direkte und gut erkennbare psychische Konflikte oder Bedürfnisse vor, die durch die Symptomatik ausgedrückt oder in ihren Konsequenzen beeinflußt werden können. Diagnostisch könnten dann die Kriterien der Konversionsstörung erfüllt sein. Nach DSM-III-R gilt jedoch für derartige Fälle die Konvention, alle Störungen mit sexuellen Dysfunktionen aufgrund der gemeinsamen, auf Sexualität bezogenen Symptomatik einheitlich als sexuelle Störung anzusehen und nicht als Konversionsstörung zu kodieren (vgl. Wittchen et al. 1989, p. 317).

Somatoforme Störungen vs. Persönlichkeitsstörungen

Persönlichkeitsstörungen werden nach DSM-III-R grundsätzlich auf einer eigenen Beschreibungsdimension diagnostiziert, der sogenannten Achse II. Im Gegensatz dazu sind alle anderen psychischen Störungen auf Achse I zusammengefaßt, die als Hauptdimension der klinischen Syndrome konzipiert ist. Durch die unterschiedliche Achsenzuteilung soll ausgedrückt werden, daß Störungen beider Achsen völlig oder weitgehend unabhängig voneinander ermittelt und festgestellt werden können. In ICD-10 sind klinische Syndrome und Persönlichkeitsstörungen zwar nicht unterschiedlichen Achsen zugeordnet, sie können jedoch bei einzelnen Personen bis auf wenige spezifizierte Ausnahmen in freier Kombination miteinander diagnostiziert werden.

Bei der Differentialdiagnose zwischen somatoformen Störungen und Persönlichkeitsstörungen sollte beachtet werden, daß Persönlichkeitsstörungen sowohl nach DSM-III-R als auch nach ICD-10 stets durch langandauernde und meist seit Beginn des Erwachsenenalters bestehende Verhaltensweisen oder Erlebensformen charakterisiert sind. Dagegen können die für somatoforme Störungen typischen Symptome akut auftreten, sich wieder vollständig zurückbilden oder im Verlauf erhebliche Unterschiede im Schweregrad aufweisen.

Histrionische Persönlichkeitsstörung

Zu den wichtigsten klinischen Abgrenzungen gehört die Differenzierung zwischen Hysterie

Kasten 2.5
Die Abgrenzung zwischen somatoformen und anderen psychischen Störungen

In mehreren empirischen Arbeiten sind psychopathologische und andere klinische Charakteristika zwischen Patientengruppen mit der Hauptdiagnose einer somatoformen Störung und der Diagnose einer anderen psychischen Störung verglichen worden.

Kaminsky & Slavney (1983) stellten einer Gruppe von 20 Patienten mit der Diagnose des Briquet-Syndroms (Feighner-Kriterien) eine Vergleichsgruppe von ebenfalls 20 Patienten mit hysterischer Persönlichkeitsstörung (nach DSM-II) gegenüber, wobei keiner der Patienten mit hysterischer Persönlichkeitsstörung gleichzeitig auch die Kriterien des Briquet-Syndroms erfüllte. Überraschenderweise zeigten sich in den Daten zur Familien- und Lebensgeschichte beider Gruppen keine bedeutsamen Unterschiede. Alle Patienten waren durch schlechte oder zerrüttete Familienverhältnisse, gehäufte Merkmale sozialer Fehlanpassung (etwa häufiger Stellenwechsel, Alkohol- oder Drogenmißbrauch, gehemmtes oder unkonventionelles Sexualverhalten, unglückliche Ehen) und durch häufige Depressionen in der Vorgeschichte gekennzeichnet. Patienten mit hysterischer Persönlichkeitsstörung wiesen mehr somatoforme Symptome als gesunde Vergleichspersonen auf, jedoch weniger als die Patienten mit Briquet-Syndrom. Allerdings bestanden keine Gruppenunterschiede in wichtigen Aspekten der medizinischen Krankengeschichte einschließlich der bisherigen Anzahl von Operationen und Krankenhausbehandlungen.

Als weiteren wichtigen Befund werteten Kaminsky & Slavney (1983) erhöhte Fragebogenwerte für Zwanghaftigkeit, die bei Patienten mit Briquet-Syndrom zusätzlich zu hysterischen Zügen bestanden. Die Autoren vermuteten, daß zwanghafte Züge die Entstehung einer somatoformen Symptomatik mitbedingen könnten, indem Patienten sich in penibler Form immer wieder mit geringfügigen körperlichen Beschwerden beschäftigten (über die andere Personen eher "hinweggehen" würden) und diese damit überbewerteten.

Eine ähnliche Untersuchung, die sich mit den Zusammenhängen zwischen Somatisierungsstörung und histrionischer Persönlichkeitsstörung befaßt, stammt von Morrison (1989 a). Er differenzierte bei 60 Patientinnen mit der Diagnose einer Somatisierungsstörung, ob sie zusätzlich die Kriterien der histrionischen Persönlichkeits-

(der heutigen Somatisierungs- oder Konversionsstörung) und hysterischer Persönlichkeit (der heutigen histrionischen Persönlichkeitsstörung). Nach DSM-III-R und ICD-10 dürften dabei jedoch meist keine Schwierigkeiten entstehen, da Somatisierungs- und Konversionsstörungen durch körperliche Symptome gekennzeichnet sind, die histrionische Persönlichkeitsstörung jedoch durch ein durchgängiges Muster übersteigerter Emotionalität oder übermäßigen Verlangens nach Aufmerksamkeit durch andere Menschen. DSM-III-R legt acht Kriterien für die Diagnose einer histrionischen Persönlichkeitsstörung fest, unter anderem das andauerende Bedürfnis, im Mittelpunkt zu stehen, rasch wechselnde und oberflächliche Emotionen, eine verführerische Art im Äußeren und im Verhalten sowie ein übertrieben impressionistischer Sprachstil ohne Details (vgl. auch Wittchen et al. 1989, p. 422 f.).

Nicht selten erfüllen Patienten die diagnostischen Kriterien sowohl für eine somatoforme Störung als auch für eine histrionische Persönlichkeitsstörung. Nach Schätzungen von Cloninger (1978) dürfte eine histrioni-

störung nach DSM-III bzw. DSM-III-R erfüllten. Bei 41 (DSM-III) bzw. 48 dieser Patientinnen (DSM-III-R) war dies der Fall. Beide Gruppen, nämlich Patientinnen mit vs. ohne histrionische Persönlichkeitsstörung, wurden dann in 75 psychopathologischen Merkmalen miteinander verglichen. Zu den Merkmalen gehörten die Art vorliegender Somatisierungssymptome, Anzahl und Schwere bisheriger depressiver Episoden, vorangegangene Krankenhausbehandlungen, Operationen, Inanspruchnahme des Gesundheitswesens oder Alkohol- bzw. Medikamentenmißbrauch. Morrison (1989 a) fand zwar Hinweise auf eine erhöhte psychopathologische Belastung bei Patientinnen mit der Kombination Somatisierungsstörung/ histrionische Persönlichkeitsstörung, die Unterschiede konnten jedoch für kein einziges Merkmal als statistisch signifikant ausgewiesen werden. Der Autor folgerte daraus, daß der Komorbidität von Somatisierungsstörung und histrionischer Persönlichkeitsstörung kein klinisch abgrenzbarer bzw. weiterführender Stellenwert zukommt.

Mit der Abgrenzbarkeit zwischen Somatisierungsstörung und Major Depression (DSM-III) haben sich Zoccolillo & Cloninger (1986) befaßt. Die Krankengeschichten von 50 Patientinnen mit der Diagnose einer Somatisierungsstörung wurden mit denen von 25 soziodemographisch vergleichbaren Frauen mit der primären Diagnose einer Major Depression verglichen. Es wurden eine Reihe wichtiger klinischer Unterscheidungsmerkmale ermittelt. Patientinnen mit Somatisierungsstörung wurden häufiger als demonstrativ und histrionisch, aber auch als umständlich und vage in ihren Angaben bezeichnet. Sie hatten mehr antisoziale und manipulative Verhaltenszüge, wiesen eine höhere Suizidgefährdung auf und hatten in der Vorgeschichte signifikant mehr Probleme im sozialen und beruflichen Bereich.

Ein weiterer Beitrag zur Validierung der Diagnosengruppe somatoformer Störungen stammt von Margraf et al. (1991 b). In einer Stichprobe von 172 überwiegend stationären psychosomatischen Patienten wurden somatoforme Störungen mit "anderen psychischen Störungen" und "keinen psychischen Störungen" kontrastiert. Als Kriterien wurden Selbstbeurteilungsverfahren zur globalen Erfassung körperlicher Beschwerden herangezogen, für die Margraf et al. (1991 b) in Übereinstimmung mit ihren Hypothesen erhöhte Scores bei Patienten mit somatoformen Störungen ermittelten. Einschränkend muß jedoch angemerkt werden, daß in dieser Studie nur acht Patienten mit somatoformen Störungen einbezogen waren.

sche Persönlichkeitsstörung bei etwa zwei Dritteln aller Personen mit Somatisierungsstörung vorliegen. Für die praktische Diagnostik könnte eine Beobachtung von Morrison (1989 a) relevant zu sein, wonach die Symptome der Somatisierungsstörung bei Personen mit gleichzeitiger histrionischer Persönlichkeitsstörung infolge dramatischer, aufmerksamkeitssuchender Darstellungsform meist deutlicher hervortreten und damit besser diagnostiziert werden können. Dagegen wird ein Patient, der seine Beschwerden in zurückhaltender Form berichtet, eher zurückgezogen und für andere weniger merklich an seiner somatoformen Symptomatik leiden.

Um den nosologischen Stellenwert somatoformer Störungen als eigenständiger Diagnosengruppe zu überprüfen, haben sich einige Forschungsarbeiten mit der Frage befaßt, inwieweit somatoforme Störungen von anderen psychischen Störungen abgrenzbar bzw. unterscheidbar sind. Diese Arbeiten sind in Kasten 2.5 zusammengefaßt.

2.4. Erweiterung der Somatisierungsstörung: Der Somatisierungsindex SSI

In einer Reihe empirischer Arbeiten wurde der Frage nachgegangen, inwieweit die in DSM-III/ DSM-III-R vorgeschlagene Klassifikation somatoformer Störungen angemessen oder veränderungsbedürftig ist. Große Beachtung hat dabei ein Ansatz einer Arbeitsgruppe um Javier I. Escobar an der University of California in Los Angeles (USA) gefunden, die eine Erweiterung des diagnostischen Konzepts der Somatisierungsstörung vorschlug. Escobar et al. (1987 a und b) analysierten Daten von 3132 Personen aus der Normalbevölkerung, die im Rahmen einer großangelegten epidemiologischen Studie erhoben worden waren (dem sog. "Epidemiologic Catchment Area" - Programm, ECA). Die nur äußerst geringe Auftretenshäufigkeit der Somatisierungsstörung von weniger als 0,1% veranlaßte die Autoren zu der Überlegung, daß die Definition dieser Störung allzu eng und restriktiv gefaßt sei.

Die Gruppe um Escobar schlug ein breiter angelegtes Somatisierungskonzept vor, da oft schon Syndrome weit unterhalb der diagnostischen Schwelle der Somatisierungsstörung als klinisch relevant angesehen werden müßten (Escobar 1987; Escobar et al. 1987 a und b, 1989; Escobar & Canino 1989; vgl. auch Deighton & Nicol 1985; Katon et al. 1991; Margraf et al. 1991 b). Es wurde argumentiert, daß auch bei weniger als den geforderten 13 Symptomen eine Störung mit beträchtlichem Schweregrad vorliegen könne und bei diesen Personen ein erhöhtes Risiko bestehe, daß sich das komplette Bild der Somatisierungsstörung zu einem späteren Zeitpunkt noch entwickle. Zudem wurde auf Familienstudien von Arkonac & Guze (1963) und Coryell (1980) verwiesen, nach denen bei Patienten mit Somatisierungsstörung auch in der Verwandtschaft gehäuft Somatisierungssyndrome auftraten, allerdings vielfach unterhalb des Vollbilds der Somatisierungsstörung. Escobar und Mitarbeiter halten es daher für erforderlich, neben der Somatisierungsstörung auch andere chronische, durch multiple somatoforme Symptome gekennzeichnete Syndrome in Studien zur Evaluierung dieser Störungsgruppe und ihrer gesundheitspolitischen Relevanz einzubeziehen.

Definition des "SSI 4,6" durch die Anzahl somatoformer Symptome

Zur diagnostischen Definition einer erweiterten Somatisierungsstörung entwickelten Escobar et al. (1987 a und b, 1989) den sogenannten "*Somatic Symptom Index" (SSI)*. Ähnlich wie bei der Somatisierungsstörung wird beim SSI eine Störung dadurch definiert, daß Symptome ausgezählt werden und in einer zuvor festgelegten Mindestzahl vorliegen müssen. Die Autoren schlugen vor, bereits bei 4 (bei Männern) bzw. 6 Symptomen (bei Frauen) aus der Liste der Somatisierungsstörung von einem klinisch relevanten Somatisierungssyndrom zu sprechen. Der entsprechende Index wurde als "*SSI 4,6*" bezeichnet. Eine unterschiedliche Symptomzahl für Männer und Frauen entsprach den damaligen Kriterien von DSM-III, wonach für die Somatisierungsstörung bei Frauen mindestens 14, bei Männern aber wegen des nicht anwendbaren gynäkologischen Bereichs nur mindestens zwölf Symptome erforderlich waren (eine einheitliche Anzahl von 13 Symptomen für Männer und Frauen wurde erst 1987 mit DSM-III-R eingeführt).

Für die kritische Zahl von 4 bzw. 6 Symptomen hatten sich Escobar und Mitarbeiter entschieden, weil mit Hilfe dieses "cut-off" in ei-

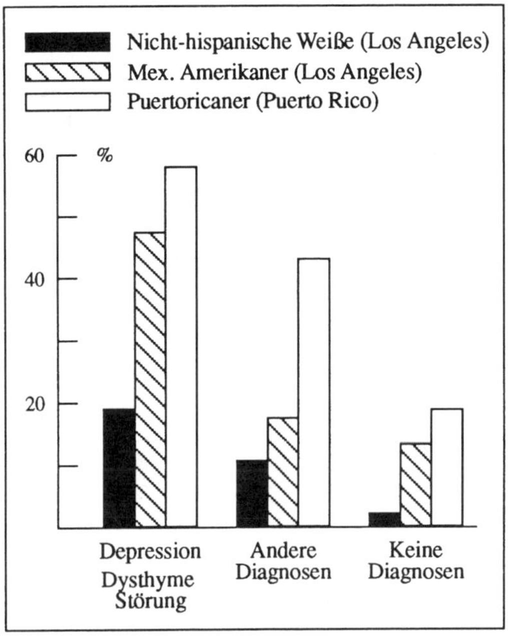

Abbildung 2.4 Anteil von sechs oder mehr somatoformen Symptomen bei drei ethnischen Gruppen mit unterschiedlichen psychiatrischen Diagnosen. Es handelt sich um Frauen mit einem Alter von 40 Jahren oder mehr (nach Escobar & Canino 1989).

ner vorausgegangenen Studie am besten zwischen hispanischen (d.h. lateinamerikanischen) und nicht-hispanischen weißen Schizophrenen unterschieden worden war. Bei hispanischen Patienten waren mit 37,5% etwa 5mal häufiger mehr als 4 bzw. 6 Somatisierungssymptome (lifetime) festgestellt worden als bei nicht-hispanischen Patienten mit einem Anteil von nur etwa 7% (Escobar et al. 1983, 1986). In einer späteren Arbeit räumten die Autoren allerdings ein, daß in Kulturen mit erhöhter Somatisierungsneigung (wie etwa in mittel- und südamerikanischen Entwicklungsländern) ein strengeres Kriterium als 4 bzw. 6 Symptome erwogen werden könnte (Escobar et al. 1989).

Validierung des SSI

Zur Validierung des SSI wurden Daten des ECA-Programms (Escobar et al. 1987 a und b) sowie einer weiteren epidemiologischen Studie mit 1513 befragten Personen aus der Bevölkerung Puerto Ricos (Escobar et al. 1989) ausgewertet. Anhand der ECA-Daten wurde demonstriert, daß der Index signifikant häufiger bei mexikanisch-amerikanischen Frauen als bei weißen Frauen über 40 Jahren auftrat und vermehrt mit Depressionen und anderen psychiatrischen Störungen assoziiert war. Sechs oder mehr Somatisierungssymptome wurden bei fast 50% älterer mexikanisch-amerikanischer Frauen mit einer Depressionsdiagnose gefunden, während der entsprechende Anteil bei gleichaltrigen weißen und ebenfalls depressiven Frauen weniger als 20% betrug. Die insgesamt engste Verbindung zwischen Depressionsdiagnosen und SSI zeigte sich mit 58% bei hispanischen Frauen aus Puerto Rico (vgl. Abbildung 2.4). Diese Befunde weisen auf eine deutliche kulturabhängige Verteilung von Somatisierungssymptomen hin und stimmen daher im Grundsatz mit den Resultaten anderer transkultureller Untersuchungen überein (vgl. auch Kapitel 5.2). Escobar und Mitarbeiter bewerteten ihre Ergebnisse als Bestätigung für die Brauchbarkeit und Relevanz des SSI.

Weitere Ergebnisse zeigten, daß der Somatisierungsindex SSI - ähnlich wie die Somatisierungsstörung - mit einer vermehrten Inanspruchnahme medizinischer Dienste, mit schlechterer Schulausbildung sowie mit einer Verminderung der allgemeinen psychosozialen Leistungsfähigkeit verbunden war. So ermittelten Escobar et al. (1989), daß 15,5% der in Puerto Rico befragten Personen mit der Symptomatik des SSI aufgrund ihrer körperlichen und psychischen Beschwerden arbeitsunfähig waren, während der entsprechende

Anteil bei Personen unterhalb der SSI-Schwelle nur 4% betrug. Die Prävalenz des SSI war in den aus Los Angeles stammenden Daten mit 4,4% etwa 100mal größer als die der Somatisierungsstörung. Bei der in Puerto Rico durchgeführten Untersuchung wurde sogar eine Auftretenshäufigkeit von 18% bei Männern bzw. 20% bei Frauen ermittelt (Escobar et al. 1989).

Bestätigung des SSI durch Arbeiten von Katon

Für eine Erweiterung des DSM-III-R-Konzepts der Somatisierungsstörung plädieren auch Katon et al. (1991) aufgrund einer neueren Untersuchung mit Patienten, die ambulante medizinische Einrichtungen ("primary care clinics") im US-Staat Washington sehr häufig in Anspruch genommen hatten (sog. "high utilizers"). Katon et al. (1991) unterteilten ihre Patienten anhand der Anzahl der in einem strukturierten Interview ermittelten somatoformen Symptome. Patienten oberhalb der Escobar'schen SSI-Schwelle wiesen sehr ähnliche klinische Merkmale auf wie Patienten mit dem kompletten Bild der Somatisierungsstörung. So lagen eine erhöhte Zahl von Krankheitstagen und Tagen mit vermindertem Aktivitätsgrad, ein schlechterer globaler Gesundheitszustand sowie eine vermehrte Inanspruchnahme medizinischer Dienste vor. Ferner wurde bei Patienten oberhalb des SSI-Index eine Häufung zusätzlicher psychiatrischer Diagnosen für depressive und Angststörungen (nach DSM-III-R) ermittelt.

Katon et al. (1991) kommen aufgrund dieser Befunde zu der Schlußfolgerung, daß eine deutliche psychosoziale Beeinträchtigung somatisierender Patienten nicht erst bei der Diagnosenschwelle der Somatisierungsstörung mit 13 Symptomen oder mehr vorliegt. Zweckmäßiger als die gegenwärtige Einteilung in DSM-III-R sei es, Somatisierung als Kontinuum anzusehen und die Zahl somatoformer Symptome als Indikator von Beeinträchtigungsgrad und Krankheitsverhalten heranzuziehen. Für das künftige Klassifikationssystem DSM-IV schlagen die Autoren vor, eine oder mehrere neue Kategorien für Störungsbilder mit weniger stark ausgeprägten Somatisierungssyndromen als bei der Somatisierungsstörung einzuführen.

2.5. Somatisierung bei unterschiedlichen psychischen Störungen

In der praktischen Diagnostik sollte streng zwischen Somatisierung auf Symptom-/ Syndromebene und Somatisierung im Sinne einer somatoformen Störung (auf diagnostischer Ebene) unterschieden werden. Eine spezifische somatoforme Störung nach DSM-III bzw. DSM-III-R darf beispielsweise nur dann diagnostiziert werden, wenn eine Somatisierung in ausreichender Schwere vorliegt (wie bei der Somatisierungsstörung) oder aber mit bestimmten psychopathologischen Zusatzmerkmalen (wie z.B. ängstliche Befürchtungen bei der Hypochondrie) verbunden ist. Leichtere oder andersartige Somatisierungen erfüllen dagegen oft nicht die Kriterien einer spezifischen somatoformen Störung.

In einer Reihe von Arbeiten ist unter unterschiedlichen institutionellen und methodischen Bedingungen gezeigt worden, daß bei somatisierenden Patienten, bei denen keine der in DSM-III/ DSM-III-R definierten somatoformen Störungen diagnostizierbar sind, meistens andere psychische Störungen vorhanden sind. Es können also trotz deutlicher Somatisierungssymptome andere als somatoforme Störungen im klinischen Bild vorherrschen.

In den entsprechenden Studien, deren Ergebnisse in diesem Abschnitt etwas ausführlicher dargestellt werden sollen, wurde methodisch folgendermaßen vorgegangen: Zunächst wurden auffällige, d.h. "somatisierende" Patienten mit organisch unklaren körperlichen Symptomen in Voruntersuchungen ermittelt. In eingehenderen diagnostischen Untersuchungen wurde dann überprüft, ob bei diesen Patienten psychische Störungen bestanden und welche psychiatrischen Diagnosen gestellt werden konnten.

Psychiatrische Diagnosen bei "Somatisierern"

Eine Arbeitsgruppe um Katon (Katon et al. 1984 b; vgl. auch Katon 1984 a) definierte im Rahmen psychiatrischer Konsiliaruntersuchungen an der Universitätsklinik in Seattle (USA) "Somatisierer" als Patienten, bei denen körperliche Beschwerden oder übertriebene Angst vor derartigen Beschwerden im Vordergrund des Beschwerdebilds standen und die Symptomatik nicht hinreichend mit organischen Befunden korrelierte. Alle der insgesamt 100 Patienten dieser Gruppe erhielten die Diagnose für mindestens eine psychische Störung nach DSM-III. Allerdings wurde nur in 33% die Diagnose einer somatoformen Störung festgestellt, darunter Konversionsstörungen (12%), psychogene Schmerzstörungen (11%), Somatisierungsstörungen (6%) sowie vorgetäuschte Störungen mit körperlicher Symptomatik (4%). Am häufigsten war die Diagnose Major Depression (48%), mehr als doppelt so häufig wie in einer Vergleichsgruppe nicht-somatisierender Patienten. Dagegen wurden in der Vergleichsgruppe häufiger hirnorganische Störungen, Anpassungsstörungen und Schizophrenien diagnostiziert. Persönlichkeitsstörungen und auffällige Persönlichkeitseigenschaften waren in der Gruppe der "Somatisierer" fast doppelt so häufig wie in der Vergleichsgruppe (51 vs. 27%), wobei das deutlichste Übergewicht bei histrionischen Persönlichkeitsstörungen bestand (12 vs. 2%).

Slavney & Teitelbaum (1985) führten eine vergleichbare Untersuchung mit ebenfalls 100 Patienten durch, die wegen körperlich unklarer Symptome an den psychiatrischen Konsiliardienst des Johns Hopkins Hospitals in Baltimore (USA) überwiesen worden waren. Auch hier wurde nur bei etwa einem Drittel der Patienten eine somatoforme Störung nach DSM-III diagnostiziert. Weitere Diagnosen für Störungen im Zusammenhang mit körperlichen Symptomen waren dissoziative Störungen (2%), vorgetäuschte Störungen (1%) und Störungen aus dem Bereich "Körperlicher Zustand, bei dem psychische Faktoren eine Rolle spielen" (14%). Affektive Störungen wurden bei Slavney & Teitelbaum (1985) mit nur 9% deutlich seltener diagnostiziert als in der Untersuchung von Katon et al. (1984 b).

Lloyd (1986) verglich die Ergebnisse von Katon et al. (1984 b) und Slavney & Teitelbaum (1985) mit eigenen Befunden, die aus psychiatrischen Untersuchungen an einem britischen Krankenhaus stammten (85 Patienten). Affektive Störungen nach DSM-III fand Lloyd (1986) in 33% der Fälle, was darauf hinweist, daß der geringe Anteil dieser Störungsgruppe in der Untersuchung von Slavney & Teitelbaum (1985) aus methoden- oder stichprobenbedingten Gründen unterschätzt worden sein dürfte. Lloyd (1986) diagnostizierte andererseits somatoforme Störungen mit 11% deutlich seltener als in den anderen beiden Studien. Nach Auffassung des Autors könnte dies auf Unterschiede im medizinischen Versorgungssystem in Großbritannien und den USA zurückzuführen sein, da Patienten in den USA aufgrund der vorwiegend privaten Krankenversicherung einen direkteren Zugang zu Fachärzten hätten als in Großbritannien und die unterschiedlichsten somatischen Symptome somit durch Spezialuntersuchung mehr Beachtung fänden.

Ähnlich wie bei Slavney & Teitelbaum (1985) erfüllten nicht alle somatisierenden Patienten in der Untersuchung von Lloyd (1986) die Kriterien für eine psychische Störung. Nach den berichteten Daten wurde *keine* psychiatrische Diagnose in 15% (Slavney & Teitelbaum) bzw. 18% (Lloyd) gestellt. Jedoch muß bei den Studien von Lloyd sowie Slavney & Teitelbaum berücksichtigt werden, daß Restkategorien (etwa für die undifferenzierte oder nicht näher bezeichnete somatoforme Störung oder für die nicht näher bezeichnete depressive Störung) in die Auswertungen dieser Arbeiten nicht mit einbezogen worden sind. In einer vergleichbaren Untersuchung mit den weniger spezifisch beschriebenen Kategorien des ICD-9-Systems ist in 9% aller Fälle keine psychiatrische Diagnose gestellt worden (Srinivasan et al. 1986). Lloyd (1989) wies darauf hin, daß bei somatisierenden Patienten ohne psychiatrische Diagnose längerfristige Nachuntersuchungen erforderlich seien, da sich psychische Störungen eventuell noch zu einem späteren Zeitpunkt entwickeln könnten oder aber eine derzeit noch nicht diagnostizierbare körperliche Krankheit festgestellt werden könnte.

Eine diagnostische Studie mit somatisierenden Patienten einer indischen Poliklinik (Neu Delhi) führten Saxena et al. (1988) durch. Allerdings wurden Patienten mit der Diagnose "major affective disorders" (also auch Major Depression) genauso wie Patienten mit psychotischen und organisch bedingten psychischen Störungen aus der Datenanalyse ausgeschlossen. Unter diesen, gegenüber den anderen Studien eingeschränkteren Bedingungen diagnostizierten Saxena et al. (1988) am häufigsten dysthyme Störungen (36,6%), gefolgt von generalisierten Angststörungen (11,4%), hypochondrischen Störungen (4,9%), psychogenen Schmerzstörungen (4,1%), Somatisierungsstörungen (1,6%) sowie Panik- und Konversionsstörungen (jeweils 0,8%).

- Affektive Störungen
- Panik- und andere Angststörungen
- Vorgetäuschte Störungen und Simulation
- Psychosexuelle Störungen
- Persönlichkeitsstörungen
- Psychosen
- Anpassungsstörungen (vorübergehende psychische Störungen)

Abbildung 2.5 Psychische Störungen, bei denen auch mit dem Auftreten von Somatisierungssymptomen gerechnet werden sollte.

Auch eine Arbeit aus Spanien (de Leon et al. 1987) bestätigt, daß auf Grundlage von DSM-III sowohl somatoforme als auch affektive Störungen die häufigsten Diagnosen bei psychiatrischen Patienten mit auffälliger Somatisierung sind. In der untersuchten Stichprobe wurden somatoforme Störungen bei 36% und affektive Störungen bei 18% der Patienten ermittelt, während alle anderen psychischen Störungen der Achse I (DSM-III) deutlich seltener vorgefunden wurden. Allerdings ermittelten de Leon et al. (1987) bei den somatisierenden Patienten auch für Persönlichkeitsstörungen (Achse II) mit 32% einen hohen Diagnosenanteil. Es dominierten histrionische und anankastische Persönlichkeitsstörungen.

Insgesamt zeigen die referierten Befunde,

daß Somatisierung als ubiquitäre Symptomatik anzusehen ist und unterhalb der Diagnoseschwelle für eine spezifische somatoforme Störung grundsätzlich bei einer Vielzahl psychischer Störungen anzutreffen ist. In Abbildung 2.5 ist zusammengefaßt, bei welchen psychischen Störungen Somatisierungssymptome erwartet werden müssen (vgl. auch Kaplan et al. 1988).

Zusammenfassung

Bei somatoformen Störungen handelt es sich zwar um einen neuartigen diagnostischen Ansatz, das Störungsbild ist jedoch bereits in der Antike und im Mittelalter unter dem Begriff der Hysterie in unterschiedlichster Form beschrieben worden. Mitte des vergangenen Jahrhunderts hat der französische Arzt Paul Briquet erstmals hysterische Symptome in systematischer Form untersucht und mit seinen Arbeiten die Grundlage für die heutige Kategorie der Somatisierungsstörung gelegt.

Die historischen Hintergründe des Hysterie-Konzepts und die Arbeiten Briquets wurden in diesem Kapitel dargestellt. Insbesondere sind hierbei die Studien von Samuel B. Guze und seiner Arbeitsgruppe an der Washington University in St. Louis (USA) bemerkenswert, die den Forschungsbefunden von Briquet zu einer Art Renaissance verhalfen und den mittlerweile weitverbreiteten Begriff des Briquet-Syndroms prägten.

Das Kapitel beschäftigte sich darüber hinaus detailliert mit den heute gültigen diagnostischen Konzepten somatoformer Störungen, wie sie vor allem im Rahmen der Klassifikationssysteme DSM-III-R (APA 1987) und ICD-10 (WHO; Dilling et al. 1991) vorliegen. Die vermutlich wichtigste diagnostische Kategorie beider Systeme stellt die Somatisierungsstörung dar, die durch multiple und organisch unklare körperliche Symptome gekennzeichnet ist und typischerweise einen chronischen Verlauf aufweist. Weitere somatoforme Störungen sind Hypochondrie, Konversionsstörung, (anhaltende) somatoforme Schmerzstörung, körperdysmorphe Störung und undifferenzierte somatoforme Störung. In ICD-10 ist zusätzlich die Diagnose einer sogenannten somatoformen autonomen Funktionsstörung vorgesehen. Es existieren eine Reihe von wichtigen klinischen Merkmalen, mit deren Hilfe die einzelnen somatoformen Störungen untereinander und gegenüber anderen psychischen Störungen abgegrenzt werden können.

Eine wichtige Bedeutung kommt ferner dem von Escobar und Mitarbeitern entwickelten "Somatic Symptom Index" (SSI) zu. Mit Hilfe des SSI kann eine klinisch relevante Somatisierung bereits bei einer wesentlich geringeren Anzahl somatoformer Symptome als bei der Somatisierungsstörung diagnostiziert werden. Escobar hatte in seinen Arbeiten kritisiert, daß die diagnostischen Kriterien der Somatisierungsstörung allzu eng und restriktiv gefaßt seien und der gesundheitspolitischen Relevanz der Somatisierung damit nicht gerecht würden. In einer epidemiologischen Studie in den USA wurde für die Somatisierungsstörung eine Prävalenz von weniger als 0,1% errechnet, für die nach dem weniger "strengen" SSI definierten Störungen dagegen eine Prävalenz von 4,4%. In der hispanischen Bevölkerung von Puerto Rico lagen die Prävalenzraten nach Daten von Escobar und Mitarbeitern sogar bei bis zu 20%.

Von diagnostischer Bedeutung ist ferner, daß Somatisierungssymptome bei unterschiedlichen psychischen Störungen auftreten können. Aus den hier referierten Studien liegen Hinweise vor, daß depressive Symptome und Störungen am häufigsten mit unklaren körperlichen Symptomen im Sinne der Somatisierung assoziiert sind.

3. Instrumente und diagnostische Vorgehensweisen

*I*m Zusammenhang mit Bestrebungen, diagnostische Beurteilungen auf ein zuverlässigeres und objektiveres Fundament zu stellen (d.h. unabhängiger von subjektiv-willkürlichen Einschätzungen werden zu lassen), sind in den vergangenenen 20 Jahren eine Reihe von Instrumenten als klinische und wissenschaftliche Hilfsmittel entwickelt worden. Sie sollen den Diagnostiker bei seiner Entscheidungsfindung unterstützen, einen Leitfaden für die praktische Untersuchung darstellen und die bei einzelnen Personen ermittelten Symptome, Syndrome und Diagnosen in nachvollziehbarer Form dokumentieren. Neue und kriterienbezogene Diagnosensysteme wie DSM-III-R und ICD-10 sollen mit ihren vielfältigen Kriterien und diagnostischen Algorithmen (Entscheidungsregeln) durch Instrumente in einem breiteren Rahmen anwendbar gemacht werden (vgl. etwa Wittchen et al. 1988; Wittchen & Zaudig 1990).

Die bislang vorliegenden Instrumente können grob in Fremd- und Selbstbeurteilungsverfahren unterteilt werden. Bei der Fremdbeurteilung gibt der Untersucher durch einen im Gespräch in mehr oder weniger standardisierter Form erhobenen diagnostischen Befund ein Expertenurteil ab, während bei Verwendung von Selbstbeurteilungsverfahren die untersuchte Person selbst Angaben über ihre Beschwerden und ihren Gesundheitszustand macht (etwa in Fragebögen). Bei einigen Instrumenten wird die Symptomatik lediglich auf Symptom- und Beschwerdenebene erhoben. Andere Verfahren schließen Diagnosen ein, die entweder aufgrund der erhobenen Daten durch ein Computerprogramm ermittelt oder durch den Diagnostiker nach Überprüfung aller relevanten Kriterien selbst gestellt werden. *Innerhalb* der Gruppe der Fremdbeurteilungsverfahren können strukturierte und/ oder standardisierte Interviews sowie Checklisten-Ansätze unterschieden werden.

Ein weiterer Unterschied zwischen den einzelnen Instrumenten besteht bezüglich des berücksichtigten Zeitraums. Häufig werden aktuelle Beschwerden und Symptome erfaßt, etwa innerhalb der letzten sieben Tage oder innerhalb des vergangenen Monats. In einigen Instrumenten ist darüber hinaus auch die retrospektive (nachträgliche) Erfassung weiter zurückliegender Symptome vorgesehen. Dies ist vor allem bei den zu beschreibenden Interviewverfahren der Fall, die sogenannte "lifetime"-Diagnosen ermöglichen. Damit ist gemeint, daß nicht nur aktuelle Diagnosen (bezogen auf die derzeitige Symptomatik) gestellt werden können, sondern auch Diagnosen für frühere Krankheits- oder Störungsepisoden.

Im folgenden sollen die wichtigsten Instrumente zur diagnostischen Beurteilung von somatoformen Störungen dargestellt werden. Bei vielen der Fremdbeurteilungsverfahren handelt es sich um umfassende Instrumente, die auf sämtliche wichtigen psychiatrischen Störungen bezogen sind und einen Abschnitt für somatoforme Störungen enthalten. Die meisten der auf DSM-III-R oder ICD-10 bezogenen Instrumente berücksichtigen aus dem somatoformen Bereich nur die Diagnose der Somatisierungsstörung. Die Reliabilität und Validität der übrigen somatoformen Störungen ist bislang vielfach als unzureichend beurteilt worden (Escobar et al. 1987 a; vgl. auch Bishop & Torch 1979; Ford & Folks 1985).

In den folgenden Abschnitten werden wir jeweils getrennt strukturierte und standardisierte Interviews, Checklisten sowie Fragebogenverfahren zur Selbstbeurteilung darstellen. Anschließend erfolgt eine Gegenüberstellung von Vor- und Nachteilen der einzelnen Instrumente und Erhebungsmethoden. Ferner werden wir darauf eingehen, mit welcher Reliabilität (d.h. Zuverlässigkeit) somatoforme Störungen und speziell die Somatisierungsstörung diagnostiziert werden können. Mit diagnostischen Screening-Verfahren, bei denen im Sinne einer Vorauswahl nach Hinweisen für eine etwaige somatoforme Störung gesucht wird, beschäftigen wir uns zum Abschluß dieses Kapitels.

3.1. Strukturierte und standardisierte Interviews

Diagnostic Interview Schedule (DIS)

Bei Untersuchungen zu somatoformen Störungen ist bislang am häufigsten das *Diagnostic Interview Schedule (DIS)* eingesetzt worden, das im Auftrag des amerikanischen "National Institute of Mental Health" (NIMH) von Robins et al. (1981) entwickelt und erprobt worden ist. Das DIS kann durch geschulte Laien ausreichend zuverlässig angewandt werden und ist deshalb gut für großangelegte Studien in der Bevölkerung oder in übergreifenden Bereichen des Gesundheitssystems einsetzbar (etwa Myers et al. 1984). Der Untersucher protokolliert die in hochgradig strukturierter und standardisierter Form erfragten Angaben der untersuchten Person, die nach abgeschlossener Untersuchung zur Überprüfung der wichtigsten Diagnosen nach DSM-III/ DSM-III-R herangezogen werden. In deutscher Fassung liegt das DIS in einer Überarbeitung von Wittchen & Rupp (1981) vor.

Composite International Diagnostic Interview (CIDI)

Eine Erweiterung des DIS stellt das *Composite International Diagnostic Interview (CIDI)* dar, das neben DSM-III-R auch das neue Klassifikationssystem der WHO (ICD-10) berücksichtigt und in seiner Basisversion Diagnosen sowohl nach DSM-III-R als auch nach ICD-10 stellen läßt (Robins et al. 1988; deutsche Übersetzung Wittchen & Semler 1991). Ein derartiges diagnostisches Vorgehen, bei dem gleichzeitig zwei Diagnosensysteme berücksichtigt werden, wird als polydiagnostisch bezeichnet. DIS und CIDI erfas-

SEKTION C

C1	Nun möchte ich Ihnen einige Fragen über Ihre Gesundheit stellen. Hatten Sie jemals erhebliche Probleme mit Schmerzen im oberen oder unteren Bauchbereich (außer Menstruationsbeschwerden)? DR.: .... PB.:	PRB: 1 3 4 5
C2	Hatten Sie schon einmal erhebliche Probleme mit Rückenschmerzen? DR.: .... PB.:	PRB: 1 2 3 4 5
C3	Hatten Sie jemals Gelenkschmerzen? DR.: .... PB.:	PRB: 1 2 3 4 5
C4	Hatten Sie jemals Schmerzen in Armen oder Beinen, mit Ausnahme der Gelenke? DR.: .... PB.:	PRB: 1 2 3 4 5
C5	Hatten Sie jemals Schmerzen im Brustkorb? DR.: .... PB.:	PRB: 1 2 3 4 5
C6	Hatten Sie jemals erhebliche Probleme mit Kopfschmerzen? DR.: .... PB.: .... *WURDE IN BOX A NUR DIE PRÜFFRAGE NACH DER EINNAHME VON MEDIKAMENTEN BEJAHT, FRAGE:* Haben Sie jemals wegen der Kopfschmerzen innerhalb einer Woche mehr als dreimal rezeptfreie Medikamente eingenommen? *WENN NEIN, FRAGE:* Haben Sie wegen der Kopfschmerzen irgendwann einmal rezeptpflichtige Medikamente eingenommen? *WENN BEIDE NEIN, KODIERE PRB 2.*	PRB: 1 2 3 4 5
C7	*NUR BEI FRAUEN:* Hatten Sie jemals erhebliche Probleme mit außergewöhnlich schmerzvollen Menstruationsphasen? *WURDE IN BOX A NUR DIE PRÜFFRAGE NACH DER EINNAHME VON MEDIKAMENTEN BEJAHT, FRAGE:* Haben Sie rezeptpflichtige Medikamente eingenommen? *WENN NEIN, KODIERE PRB 2; WENN JA, STELLE DIE PRÜFFRAGEN.* DR.: .... PB.:	PRB: 1 2 4 5
C8	Hatten Sie jemals Schmerzen beim Wasserlassen? DR.: .... PB.:	PRB: 1 2 4 5

Abbildung 3.1 Composite International Diagnostic Interview (CIDI): Ausschnitt aus dem Abschnitt für somatoforme Störungen (Sektion C) in der deutschen Version von Wittchen & Semler (1991).

sen nicht nur gegenwärtige Beschwerden und Diagnosen, sondern lassen auch eine retrospektive Befunderhebung mit der Möglichkeit zur Evaluation von lifetime-Diagnosen zu. Aus der Gruppe der somatoformen Störungen berücksichtigen beide Instrumente die Diagnosen Somatisierungsstörung, somatoforme Schmerzstörung und Hypochondrie.

In beiden Instrumenten beginnt der Diagnostiker den Abschnitt für somatoforme Störungen mit der einleitenden Bemerkung, er werde nun einige Fragen zur Gesundheit stellen. Dann erfolgt die systematische Erfragung der in DSM-III-R und ICD-10 vorgesehenen somatoformen Symptome in vorgegebenem Wortlaut und in festgelegter Reihenfolge - "Hatten Sie jemals erhebliche Probleme mit Schmerzen im oberen oder unteren Bauchbereich (außer Menstruationsbeschwerden) ?" ... - "Hatten Sie schon einmal erhebliche Probleme mit Rückenschmerzen ?" ... usw.

Abbildung 3.1 zeigt den entsprechenden Abschnitt des CIDI für den Bereich der somatoformen Störungen. Die festgelegten Fragen in der Mitte sind vom Interviewer vorzulesen. Die Antworten des Patienten können in der rechten Spalte kodiert werden, wozu allerdings bei Vorliegen des jeweiligen Symptoms noch einige festgelegte sogenannte Prüffragen (PRB) gestellt werden müssen. Eine "1" wird angekreuzt (kodiert), wenn das Symptom nie auftrat, während eine "2" für ein vom Patienten angegebenes, aber klinisch nicht ausreichend bedeutendes Symptom markiert wird. Die Ziffern "3" bis "5" sind klinisch bedeutsamen Symptomen vorbehalten, wobei "3" bei medikamenten-, drogen- oder alkoholbedingten Symptomen, "4" bei körperlich bedingten (etwa durch Krankheiten oder Verletzungen) und "5" bei psychiatrisch relevanten Symptomen kodiert wird. Unter "DR" kann der Interviewer kodieren, was der Patient über bereits erfolgte ärztliche Untersuchungen (bzw. bereits gestellte Diagnosen) zu dem jeweiligen Symptom berichtet. Unter "PB" können Notizen darüber gemacht werden, wie der Patient selbst seine Symptome interpretiert. In der linken Spalte sind die einzelnen Fragen mit Kennziffern bezeichnet, die bei der Zuordnung zu Algorithmen des Computer-Diagnosenprogramms berücksichtigt werden. Bei einigen Items ist zusätzlich zu der jeweiligen Hauptfrage angegeben, welche weiteren Fragen gestellt werden müssen, falls der Patient bestimmte Antworten gibt (vgl. die Zusatzfragen unter C6 und C7).

Strukturiertes Klinisches Interview für DSM-III-R (SKID)

In ähnlicher Form wird im *Strukturierten Klinischen Interview für DSM-III-R (SKID)* verfahren, das seit 1984 in den USA von Spitzer und Williams entwickelt und als deutschsprachige Version von einer Arbeitsgruppe um Wittchen am Max-Planck-Institut für Psychiatrie in München herausgegeben wurde (Wittchen et al. 1990; vgl. auch Wittchen et al. 1991). Im SKID (englisches Kürzel: SCID) werden allerdings nicht die Angaben der untersuchten Person übernommen, sondern der Diagnostiker gibt für sämtliche Kriterien eine diagnostische Einschätzung ab, die auf den erhaltenen Angaben und ihrer klinischen Bewertung sowie auf Verhaltensbeobachtungen und etwaigen Vorinformationen beruht. Das SKID kann daher nur durch psychopathologisch erfahrene oder fachlich entsprechend ausgebildete Diagnostiker eingesetzt werden. Es umfaßt die wichtigsten Diagnosen nach DSM-III-R. Für den Bereich der somatoformen Störungen sind die Kategorien Somatisierungsstörung, Hypochondrie und undifferenzierte somatoforme Störung berücksichtigt worden.

Schedules for Clinical Assessment in Neuropsychiatry (SCAN)

Ein weiteres, international wichtiges Interviewverfahren sind die *Schedules for Clinical Assessment in Neuropsychiatry (SCAN)*, die derzeit im Rahmen der Vorbereitungen für die Einführung von ICD-10 von Wing und Mitarbeitern in Zusammenarbeit mit der WHO entwickelt werden (Wing et al. 1990). Das SCAN ist als komplexes Instrument für die wichtigsten psychischen Störungen nach ICD-10 und anderen diagnostischen Systemen konzipiert und soll die zehnte Revision des bereits seit den 70er Jahren vielfach benutzten *Present State Examination (PSE)* einschließen.

Die bislang aufgeführten Interviews haben gemeinsam, daß sie für das gesamte Spektrum der wichtigsten psychischen Störungen entwickelt worden sind. Der Schwerpunkt der Verfahren liegt auf der Erfassung von Störungen, die in stationären psychiatrischen Einrichtungen bzw. psychiatrischen Universitätskliniken am häufigsten vorkommen (d.h. affektive und psychotische Störungen, alkohol- und drogenbedingte Störungen sowie Angststörungen). Somatoforme Störungen stellen dabei einen weniger zentralen Bestandteil dar, so daß in den Verfahren nicht sämtliche in den Klassifikationssystemen verfügbare Kategorien für somatoforme Störungen berücksichtigt worden sind.

Diagnostisches Interview für Psychische Störungen (DIPS)

Eine gewisse Ausnahme ist das erst später eingeführte *Diagnostische Interview für psychische Störungen (DIPS)*, das von Margraf et al. (1991 a) als therapiebezogenes Instrument konzipiert und bislang auch in einer psychosomatischen Klinik eingesetzt worden ist (Margraf et al. 1991 b). Das DIPS enthält Abschnitte für alle somatoformen Störungen (DSM-III-R) außer für die körperdysmorphe Störung. Die Diagnose der undifferenzierten somatoformen Störung ist zwar nicht explizit aufgeführt, kann jedoch über die Symptomliste der Somatisierungsstörung zusätzlich beurteilt werden. Darüber hinaus enthält das DIPS aber auch die diagnostischen Kriterien für alle anderen wichtigen psychischen Störungen. Es handelt sich bei diesem Instrument um die deutsche Adaptation eines an der State University of New York in Albany (USA) entwickelten Interviews (Di Nardo et al. 1983).

3.2. Checklisten

Münchner Diagnosen Checklisten (MDCL)

Als Alternative zu den oft zeitaufwendigen und in der klinischen Routine unpraktischen Interviewverfahren haben Hiller et al. (1990 b, 1992) die *Münchner Diagnosen Checklisten (MDCL)* entwickelt. Sie sollen psychopathologisch und diagnostisch geschulte Ärzte und Psychologen dabei unterstützen, auch in ambulanten und regulären stationären Settings Diagnosen nach den neuartigen Systemen DSM-III-R und/ oder ICD-10 zu stellen. Die MDCL bestehen aus 30 einzelnen, taschenformatgroßen und farblich gut unterscheidbaren Listen, die bei Bedarf einzeln oder in Kombination miteinander zur Beurteilung von diagnostischen Kriterien und Diagnosen herangezogen werden können.

Die Abbildungen 3.2 und 3.3 zeigen die MDCL für Somatisierungsstörung (DSM-III-R), die aus einem einzigen Blatt (DIN-A-5) mit bedruckter Vor- und Rückseite besteht. Der Diagnostiker kann Name und Alter der

Abbildung 3.2 Vorderseite der MDCL "Somatisierungsstörung" (DSM-III-R). Für den untersuchten Patienten können die Kriterien A sowie einzelne Symptome aus der von DSM-III-R vorgegebenen Liste (Kriterium B) beurteilt werden (Hiller et al. 1992).

MDCL *Münchner Diagnosen Checkliste für DSM-III-R*

Somatisierungsstörung

Name: ______

Alter: ___ *Datum:* ______

Beachten Sie: Diese Störung kommt nur für solche körperlichen Beschwerden in Frage, die *nicht* durch eine körperliche Krankheit erklärt werden können und *auch nicht* durch Verletzungen, Drogen/ Medikamente, Alkohol oder ähnliches.

	Nein	Verdacht	Ja
A Es besteht eine Vorgeschichte mit *vielen körperlichen Beschwerden,* oder der Überzeugung, seit einigen Jahren *kränklich* zu sein. Beginn vor dem 30. Lebensjahr	Ende ← ☐	☐	☐

B Ermitteln Sie die körperlichen Beschwerden. Jedes Symptom ist *nur dann* relevant,
- wenn es *nicht nur* bei einer Panikattacke auftritt,
- wenn es den Betroffenen veranlaßt, (verschreibungspflichtige) Medikamente einzunehmen, einen Arzt aufzusuchen, oder den Lebensstil zu ändern.

Gastrointestinal	Verdacht	Ja
Erbrechen (außer während einer Schwangerschaft)	☐	☐
Leibschmerzen (außer während Menstruation)	☐	☐
Übelkeit (außer wegen Seekrankheit oder ähnlichem)	☐	☐
Blähungen	☐	☐
Diarrhoe	☐	☐
Unverträglichkeit von verschiedenen Speisen	☐	☐
Schmerzen		
Schmerzen in den *Extremitäten*	☐	☐
Rückenschmerzen	☐	☐
Gelenkschmerzen	☐	☐
Miktionsschmerzen	☐	☐
Andere Schmerzen (außer Kopfschmerzen)	☐	☐

Konversions- oder pseudoneurologische Symptome	Verdacht	Ja
Amnesie	☐	☐
Schwierigkeiten beim *Schlucken*	☐	☐
Verlust der Stimme	☐	☐
Taubheit	☐	☐
Doppelbilder	☐	☐
Verschwommenes Sehen	☐	☐
Blindheit	☐	☐
Ohnmacht oder *Bewußtlosigkeit*	☐	☐
Anfall oder *Krampf*	☐	☐
Beschwerden beim *Gehen*	☐	☐
Lähmungen oder *Muskelschwäche*	☐	☐
Harnverhalten oder *Miktionsschwierigkeiten*	☐	☐

untersuchten Person sowie das Untersuchungsdatum eintragen und danach die diagnostischen Kriterien A und B sowie einzelne Symptome beurteilen (für die Kriterien mit "Nein", "Verdacht" oder "Ja", während berichtete Symptome als sicher oder verdachtsweise vorhanden eingetragen werden können). Bei der Beurteilung der einzelnen Symptome wird der Diagnostiker daran erinnert, daß es sich nicht um auf Panikattacken beschränkte Symptome handeln darf und ein Symptom den Betroffenen veranlaßt haben muß, (verschreibungspflichtige) Medikamente einzunehmen, einen Arzt aufzusuchen oder den Lebensstil zu ändern.

Durch Zusammenzählen der festgestellten Symptome kann auf der zweiten Seite der Checkliste ermittelt und eingetragen werden,

Somatisierungsstörung *Seite 2*

	Verdacht	Ja
Kardiopulmonale Symptome		
Kurzatmigkeit/ Atemnot (nicht bei Anstrengung)	☐	☐
Palpitationen	☐	☐
Brustschmerzen	☐	☐
Schwindel/ Benommenheit	☐	☐
Psychosexuelle Symptome (im Verlauf des größten Teils des Lebens seit dem Beginn sexueller Aktivitäten)		
Gefühl des Brennens in den Geschlechtsorganen oder im Rektum (außer beim Verkehr)	☐	☐
Sexuelle Gleichgültigkeit	☐	☐
Schmerzen beim Verkehr	☐	☐
Impotenz	☐	☐
Gynäkologische Symtome (die aufgrund einer Selbstbeurteilung im Vergleich zu anderen Frauen als häufiger bzw. schwerwiegender beurteilt werden)		
Schmerzhafte Menstruation	☐	☐
Unregelmäßige Menstruation	☐	☐
Verstärkte/ übermäßige *Blutungen*	☐	☐
Erbrechen während der *gesamten Schwangerschaft*	☐	☐

Mindestens 13 der aufgelisteten Symptome — Nein: Ende ← ☐ Verdacht ☐ Ja ☐

Falls Kriterien A und B erfüllt: Diagnose:

Somatisierungs-störung **300.81**

☐ erfüllt ☐ Verdacht nicht erfüllt ☐

Falls *gegenwärtig* Symtome bestehen:
- Bestimmen Sie den Schweregrad

☐ leichte Symptomatik
☐ mittelschwere Symptomatik
☐ schwere Symptomatik
☐ in partieller Remission
☐ in vollständiger Remission

Falls die berichtete Symptomatik keiner anderen spezifischen somatoformen Störung entspricht und dennoch *klinisch bedeutsam* ist, diagnostizieren Sie eine *nicht näher bezeichnete somatoforme Störung* (Restkategorie):
- Somatoforme Störung NNB

300.70 Verdacht ☐ Ja ☐

Abbildung 3.3 Rückseite der MDCL "Somatisierungsstörung" (DSM-III-R). Hier können die übrigen Einzelsymptome beurteilt werden. Liegen die erforderlichen 13 Symptome vor und ist zusätzlich Kriterium A erfüllt, so kann der Diagnostiker die Diagnose der Somatisierungsstörung stellen (Hiller et al. 1992).

ob Kriterium B der Somatisierungsstörung mit mindestens 13 vorliegenden Symptomen erfüllt ist. Im Anschluß daran kann eine Somatisierungsstörung diagnostiziert und der gegenwärtige Schweregrad der Symptomatik bestimmt werden (falls Kriterien A und B erfüllt sind). Andernfalls steht dem Diagnostiker die Kategorie einer Undifferenzierten Somatoformen Störung zur Verfügung (wenn beispielsweise weniger als 13 Symptome vorliegen, die Störung aber dennoch von klinischer Relevanz ist).

Die Anwendung der MDCL ist nicht auf die verbale Exploration beschränkt, obwohl dies bei somatoformen Störungen die wichtigste Form der Informationsgewinnung sein dürfte. Der Diagnostiker kann jedoch beim Ausfüllen von Checklisten auch Angaben dritter Personen (z.B. Angehörige, Freunde), frühere Befunde (z.B. Krankengeschichten) oder eigene Verhaltensbeobachtungen mit einbeziehen. Bei der verbalen Exploration dienen die MDCL als Leitfaden, so daß der Diagnostiker sicherstellen kann, alle für die Diagnosenstellung relevanten Befunde eingeholt zu haben. Anders als in strukturierten und standardisierten Interviews bleibt es dem mit Checklisten arbeitenden Kliniker grundsätzlich frei überlassen, wann und in welcher Reihenfolge er die einzelnen Symptome und Kriterien gegenüber dem Patienten anspricht.

Die MDCL sind hauptsächlich auf die Anforderungen der praktischen Alltagsdiagnostik zugeschnitten, können aber auch zu Ausbildungs- und Forschungszwecken eingesetzt werden (Hiller et al. 1990 b, 1992). Die Listen liegen für die wichtigsten und häufigsten psychiatrischen Störungen, im somatoformen Bereich aber bislang nur für die Kategorie der Somatisierungsstörung vor. Checklisten für andere somatoforme Störungen nach DSM-III-R und ICD-10 sind aber in Vorbereitung.

3.3. Fragebogenverfahren

Eine weitere Möglichkeit zur diagnostischen Erfassung somatoformer Symptome besteht im Einsatz von Fragebögen, bei denen die untersuchte Person bzw. der Patient selbst Auskunft über Art und Schweregrad eventuell vorhandener körperlicher Beschwerden macht. Es liegen bereits mehrere Ansätze für derartige Selbstbeurteilungsverfahren vor.

Screening für Somatoforme Störungen (SOMS)

Die größte Nähe zum Konzept der Somatisierungsstörung nach DSM-III-R weist ein von Rief et al. (1992 a) entwickelter Fragebogen auf, der als *"Screening für somatoforme Störungen" (SOMS)* bezeichnet wurde. Das Instrument enthält alle nach DSM-III-R relevanten Somatisierungssymptome sowie weitere Items, die den übrigen Ein- und Ausschlußkriterien der DSM-III-R-Diagnose Somatisierungsstörung entsprechen. Auch sind körperliche Beschwerden enthalten, die zwar nicht zur Symptomliste der Somatisierungsstörung zählen, jedoch für undifferenzierte somatoforme Störungen und für Panikstörungen von Relevanz sein können (Items 36 bis 42). Der SOMS umfaßt insgesamt 53 Items und erfragt in seiner erweiterten Form Symptome sowohl aktuell für die letzten sieben Tage als auch für den gesamten Zeitraum der vergangenen zwei Jahre. Abbildung 3.4 zeigt einen Ausschnitt des Instruments.

Der SOMS kann ausgewertet werden, indem der Diagnostiker alle als vorhanden angekreuzten Symptome addiert und anschließend zu einem Summenwert zusammenfaßt. Durch die Art der angegebenen Symptome erhält er Hinweise darauf, ob bei dem untersuchten Patienten möglicherweise eine Somatisierungsstörung, eine Hypochondrie, eine somatoforme Schmerzstörung oder eine körperdysmorphe Störung vorliegt. Aufgrund des SOMS-Befundes kann also nicht eindeutig auf das Vorliegen einer somatoformen Störung geschlossen werden, sondern es wird der Verdacht auf eine derartige Störung angezeigt. Daher handelt es sich um ein Screening- (oder Such-) Instrument. Rief et al. (1992 a) konnten in einer klinischen Untersuchung zeigen, daß bei 73% von Patienten mit einem Verdachtsbefund auch tatsächlich eine somatoforme Störung vorlag (dies wurde mit Hilfe des SKID-Interviews überprüft). Patienten mit somatoformen Störungen hatten gegenüber Patienten ohne eine solche Diagnose einen signifikant erhöhten SOMS-Gesamtsymptomscore.

KLINIK ROSENECK
Prien a.Ch.

SOMS-ST : Screening für somatoforme Störungen

Name : .... Geburtsdatum : ....

Geschlecht : weiblich ... O
männlich ... O
Heutiges Datum : ....

Im folgenden finden Sie eine Liste von körperlichen Beschwerden. Bitte geben Sie an, ob Sie im Laufe der vergangenen zwei Jahre unter diesen Beschwerden vorübergehend oder längere Zeit ***leiden oder gelitten*** haben. Geben Sie nur solche Beschwerden an, für die von Ärzten keine genauen Ursachen gefunden wurden und die Ihr Wohlbefinden stark beeinflußt haben.

Ich habe ***in den vergangenen 2 Jahren*** unter folgenden Beschwerden gelitten :

	ja	nein
1. Erbrechen (außer während einer Schwangerschaft)	☐	☐
2. Bauch- und Unterleibsschmerzen (bei Frauen: außer während der Regelblutung)	☐	☐
3. Übelkeit (außer wegen Seekrankheit oder ähnlichem)	☐	☐
4. Blähungen	☐	☐
5. Durchfall	☐	☐
6. Unverträglichkeit verschiedener Speisen	☐	☐
7. Schmerzen in Armen oder Beinen	☐	☐
8. Rückenschmerzen	☐	☐
9. Gelenkschmerzen	☐	☐
10. Schmerzen beim Wasserlassen	☐	☐
11. Andere Schmerzen (außer Kopfschmerzen)	☐	☐
12. Kurzatmigkeit / Atemnot (außer bei Anstrengung)	☐	☐
13. Herzrasen, Herzstolpern	☐	☐
14. Brustschmerzen	☐	☐
15. Schwindel / Benommenheit	☐	☐
16. Gedächtnisverlust	☐	☐
17. Schwierigkeiten beim Schlucken	☐	☐
18. Verlust der Stimme	☐	☐
19. Verlust des Hörvermögens (Taubheit)	☐	☐
20. Sehen von Doppelbildern	☐	☐

Abbildung 3.4 Ausschnitt aus dem "Screening für somatoforme Störungen" (SOMS) von Rief et al. (1992 a), bei dem der Patient selbst Angaben über körperliche und somatoforme Beschwerden macht.

Zur Validierung des SOMS ermittelten Rief et al. (1992 a), daß die Zahl der angegebenen Symptome signifikant mit der Skala "Körperliche Beschwerden" des Freiburger Persönlichkeitsinventars (FPI-R; Fahrenberg et al. 1989) korrelierte, nicht jedoch mit der FPI-R-Skala "Gesundheitssorgen". Eine signifikant positive Korrelation bestand auch zwischen dem SOMS und der Skala "Somatisierung" der Symptom Check List (SCL-90R; Derogatis et al. 1973, 1974). Für die interne Konsistenz des SOMS wurde ein Wert von 0,87 (Cronbach's Alpha) berechnet.

Self-Report Inventory for Somatic Symptoms (SISS)

Ein im Konzept ähnliches Fragebogen-Verfahren, das *Self-Report Inventory for Somatic Symptoms (SISS)*, setzten King et al. (1986) im Rahmen von Studien zur Behandlung von Patienten mit Angststörungen ein. Eine Subskala des Verfahrens *(TSDS = Total Somatization Disorder Scale)* enthält die zur Diagnose der Somatisierungsstörung nach DSM-III relevanten körperlichen Symptome. Die Patienten wurden darüber hinaus ebenfalls aufgefordert, für jedes berichtete Symptom Angaben zur Schweregradsbestimmung zu machen (entsprechend den DSM-III-Kriterien über Arztbesuche, Veränderungen des Lebensstils oder Medikamenteneinnahme infolge des betreffenden Symptoms).

King et al. (1986) geben für die interne Konsistenz des TSDS einen Wert von 0,88 (Cronbach's Alpha) und für die Reliabilität einen Wert von 0,78 an (Test-Retest-Korrelation über einen Sechs-Wochen-Zeitraum). In der von den Autoren vorgestellten Version des Verfahrens ist eine Differenzierung von körperlichen Symptomen in und außerhalb von Panikattacken jedoch nicht möglich. Die vom Patienten angegebenen Symptome müssen daher nicht unbedingt eine Somatisierung ausdrücken, sondern können charakteristische Bestandteile einer Angststörung sein.

Whiteley-Index (WI)

Als kurzes Screening-Instrument für hypochondrische und somatoforme Beschwerden ist der sogenannte *Whiteley-Index (WI)* von Pilowsky (1967) eingeführt worden. Allerdings werden damit nicht einzelne Symptome erfragt, sondern hypochondrische und ängstliche Einstellungen gegenüber den eigenen Körperfunktionen und etwaigen körperlichen Krankheiten. Der WI besteht aus nur 14 Items, für die der Patient je eine Ja-Nein-Antwortalternative hat. Der Fragebogen konnte bei Pilowsky (1967) gut zwischen hypochondrischen und nicht-hypochondrischen Patienten unterscheiden. Die Test-Retest-Reliabilität wurde mit 0,81 angegeben. Die an der Klinik Roseneck (Prien) vorgenommene Übersetzung des WI (Rief & Hiller 1992) ist in Abbildung 3.5 wiedergegeben.

Symptom Check List (SCL-90R)

Eine weitere Möglichkeit zur Selbstbeurteilung somatoformer Symptome bietet die bereits erwähnte, von Derogatis et al. (1973, 1974) überarbeitete und herausgegebene *Symptom Check List (SCL-90R)*, die unter insgesamt neun Skalen auch eine als *Somatisierung (SOM)* bezeichnete Skala enthält. Das Verfahren liegt in deutscher Fassung vor (CIPS 1986). Die SCL-90R enthält 90 Items und erfragt für die vergangenenen sieben Tage ein breites Spektrum psychiatrischer Symptome, darunter depressive, angstbezogene, zwanghafte, aggressive und auf psychotisches Erleben bezogene Beschwerden. In der SOM-Skala werden Items zusammengefaßt, die unterschiedliche körperliche Sym-

1. *Machen Sie sich oft Sorgen, möglicherweise eine ernsthafte Krankheit zu haben ?*
2. *Werden Sie durch eine Vielzahl von Schmerzen geplagt ?*
3. *Sind Sie sich oftmals der verschiedenen Vorgänge bewußt, die in Ihrem Körper vor sich gehen ?*
4. *Machen Sie sich viele Sorgen über Ihre Gesundheit ?*
5. *Haben Sie oftmals die Symptome einer sehr ernsthaften Krankheit ?*
6. *Wenn Sie auf eine Krankheit aufmerksam gemacht werden (durch Radio, Fernsehen, Zeitung oder einen Bekannten), machen Sie sich dann Sorgen, daß Sie diese Krankheit auch bekommen könnten ?*
7. *Wenn Sie sich krank fühlen und jemand sagt Ihnen, daß Sie bereits wieder besser aussehen - ärgert Sie das ?*
8. *Finden Sie, daß Sie von einer Vielzahl unterschiedlicher Symptome geplagt werden ?*
9. *Ist es schwer für Sie, einmal nicht an sich zu denken, sondern an alle möglichen anderen Dinge ?*
10. *Können Sie dem Arzt nur schwer glauben, wenn er Ihnen sagt, daß kein Grund zur Besorgnis besteht ?*
11. *Bekommen Sie das Gefühl, daß die Leute Ihre Krankheit nicht ernstnehmen ?*
12. *Denken Sie, daß Sie sich mehr Sorgen über Ihre Gesundheit machen als die meisten anderen Leute ?*
13. *Denken Sie, daß mit Ihrem Körper ernsthaft etwas nicht in Ordnung ist ?*
14. *Haben Sie Angst, krank zu werden ?*

Abbildung 3.5 Der Whiteley-Index von Pilowsky (1967) in der deutschen Übersetzung von Rief & Hiller (1992). Der Patient wird aufgefordert, für jede der 14 Fragen (Items) entweder "Ja" oder "Nein" anzukreuzen.

ptome wie Kopfschmerzen, Schwindelgefühle, Herzschmerzen, Rückenschmerzen oder Übelkeit beschreiben. Allerdings wird dabei nicht zwischen körperlich erklärbaren und funktionellen somatischen Symptomen differenziert. Die Schwere der Symptomatik (von 0 bis 4) geht jedoch in die Auswertung mit ein.

Die Skalenstruktur der SCL-90R basiert auf einer Studie von Derogatis & Cleary (1977). In einer deutschen Replikationsstudie konnten Rief et al. (1991) die faktorielle Differenzierung der einzelnen Skalen im wesentlichen bestätigen. Allerdings ergaben sich etwas veränderte Item-Zuordnungen gegenüber der Originalfassung. In Abbildung 3.6 sind die SOM-Items der SCL-90R-Standardfassung (CIPS 1986) der für Somatisierung relevanten Items aus der Untersuchung von Rief et al. (1991) gegenübergestellt. Rief et al. (1991) errechneten für die einzelnen Skalen des SCL-90R Konsistenzkoeffizienten (Cronbach's Alpha) zwischen 0,77 und 0,90 und publizierten sämtliche Skalen-Interkorrelationen.

Bradford Somatic Inventory (BSI)

Erst in den letzten Jahren haben Mumford et al. (1991) das *Bradford Somatic Inventory*

SCL-90R-Standard–skala	Itemzuordnung nach Rief et al. (1991)	**Items des SCL-90R** (jeweils mit Item-Nummer)
●	●	*1. Kopfschmerzen*
●	●	*4. Ohnmachts- oder Schwindelgefühle*
●	●	*12. Herz- oder Brustschmerzen*
●	●	*27. Kreuzschmerzen*
●	●	*40. Übelkeit oder Magenverstimmung*
●	●	*42. Muskelschmerzen (Muskelkater, Gliederreißen)*
●	●	*48. Schwierigkeiten beim Atmen*
●	●	*49. Hitzewallungen oder Kälteschauer*
●	●	*52. Taubheit oder Kribbeln in einzelnen Körperteilen*
●	●	*53. Gefühl, einen Klumpen (Kloß) im Hals zu haben*
●	●	*56. Schwächegefühl in einzelnen Körperteilen*
●	●	*58. Schweregefühl in Armen und Beinen*
	●	*2. Nervosität oder inneres Zittern*
	●	*17. Zittern*
	●	*23. plötzliches Erschrecken ohne Grund*
	●	*39. Herzklopfen, Herzjagen*
	●	*87. Sorgen über körperlichen Zustand*

Abbildung 3.6 Items der Skala “Somatisierung” (SOM) des SCL-90R. Die schwarzen Punkte geben jeweils die Zugehörigkeit der Items zur Standardskala (CIPS 1986) bzw. zu einer von Rief et al. (1991) faktorenanalytisch ermittelten Skalenstruktur an.

(BSI) entwickelt, das 46 Items zur Erfassung psychiatrisch relevanter somatischer Symptome enthält. Erhoben werden aktuelle Beschwerden, da der Befragte bei jedem Symptom angibt, ob es (a) nicht vorhanden ist, oder (b) innerhalb des letzten Monats weniger als 15 Tage oder (c) mehr als 15 Tage bestanden hat. Die Autoren räumen ein, daß das BSI bislang nur in Forschungsprojekten eingesetzt wurde und bei klinischen Anwendungen grundsätzlich um Schweregrad-Einschätzungen für jedes einzelne Symptom erweitert werden könnte. Das Instrument wurde von Mumford et al. (1991) vorwiegend als Selbstbeurteilungsverfahren eingesetzt, läßt sich jedoch grundsätzlich auch durch einen dafür trainierten Beurteiler anwenden (vgl. auch Mumford 1989).

Das BSI wurde im Rahmen einer transkulturellen Vergleichsstudie parallel in den Sprachen Englisch und Urdu (indisch-nepalesisch-pakistanischer Sprachraum) entwikkelt. Mumford et al. (1991) setzten das Verfahren zum Zweck einer Itemanalyse bei 252 Patienten in Großbritannien und 259 Patienten der Mayo-Poliklinik in Lahore (Pakistan) ein. Bei Faktorenanalysen erwiesen sich vier Faktoren, die gemäß den betroffenen Körperregionen als “Kopf”, “Brust” und “Abdomen” sowie als “Erschöpftheit” bezeichnet wurden, als am konsistentesten. Weitere vier Faktoren kennzeichneten “Hitzeempfindungen”, “Schluckbeschwerden”, “Beschwerden beim Wasserlassen” sowie “Panik”. Aus der Ähnlichkeit der Teststruktur in den ethnisch so unterschiedlichen Stichproben wurde gefolgert, daß das BSI weitgehend universelle, d.h. von kulturspezifischen Besonderheiten unabhängige Somatisierungssymptome erfaßt.

3.4. Vor- und Nachteile der Verfahren

Selbst- vs. Fremdbeurteilungsverfahren

Der Einsatz von Fremd- und Selbstbeurteilungsverfahren zur Erfassung somatoformer Störungen bringt unterschiedliche Vor- und Nachteile mit sich, die unter anderem von Intentionen und Zielsetzungen des Diagnostikers, der Art der zu untersuchenden Personen, aber auch von speziellen klinischen und wissenschaftlichen Fragestellungen abhängen.

Es liegen Befunde vor, wonach bei Selbstbeurteilungen mit einer Überschätzung somatoformer Beschwerden gerechnet werden muß. Mumford (1989) ließ Medizinstudenten das Bradford Somatic Inventory (BSI) ausfüllen, zusätzlich aber auch ein Interview mit trainierten Beurteilern auf der Grundlage des gleichen Verfahrens durchführen. Die Anzahl der ermittelten Somatisierungssymptome war im Interview um etwa 30% geringer. Möglicherweise werden die gestellten Fragen von den befragten Personen im Interview kritischer geprüft als beim raschen Ausfüllen eines Fragebogens. Es ist nicht auszuschließen, daß die Diskrepanz zwischen Fremd- und Selbsteinschätzungen bei psychisch gestörten Patienten noch krasser ist als bei den von Mumford (1989) untersuchten Medizinstudenten.

In transkulturellen Studien dürften Fragebogenmethoden den häufig entscheidenden Nachteil haben, daß sie bei Analphabeten nicht einsetzbar sind. Werden sie dennoch in Kulturen mit einem hohen analphabetischen Bevölkerungsanteil eingesetzt, so muß mit selektionsbedingten Verzerrungen der Befunde gerechnet werden.

Alle bislang vorliegenden Fragebogenverfahren haben gegenüber Interviews oder Checklisten zwei gravierende Nachteile. Zum einen kann aus den von Patienten ausgefüllten Fragebögen nicht ersehen werden, ob angegebene Symptome tatsächlich “funktionell” sind und nicht doch auf einer körperlichen Erkrankung beruhen. Dies kann im Dialog der Fremdexploration meist wesentlich besser geklärt werden. Zum zweiten erlauben die bislang vorliegenden Fragebogenansätze keine Diagnosenstellung (entsprechend den Kriterien eines Klassifikationssystems). Andererseits sind sie einfacher und weniger aufwendig einsetzbar, so daß sie gut (wie der oben erwähnte SOMS) zu einem Vorab-“Screening” eingesetzt werden könnten. Dabei wird geprüft, ob überhaupt Anhaltspunkte für eine etwaige somatoforme Störung vorliegen.

Nachteile von Interviews

Hochstrukturierte und -standardisierte Interviews, die bereits in einer Reihe von großangelegten Studien mit einer großen Zahl von Patienten oder befragten Personen eingesetzt wurden, sind aufgrund ihres Umfangs und zeitlichen Aufwands nicht unkritisiert geblieben. Dies gilt vor allem für den Abschnitt der Somatisierungsstörung, in dem sämtliche 37 Symptome des Störungsbilds einzeln und nacheinander abgefragt werden müssen. Swartz et al. (1986 c) beklagen aufgrund ihrer Erfahrungen mit dem DIS, daß der entsprechende Interviewteil sowohl für den Befragten als auch für den Untersucher anstrengend und oft kaum zumutbar mühsam und langweilig sei. Vor allem bei Patienten mit einer Reihe vorliegender körperlicher Beschwerden werde die Geduld aller Beteiligten strapaziert, da bei jedem angegebenen körperlichen Symptom in schematischer Form der Schweregrad, eine etwaige organische Ursache und der Zeitpunkt des erstmaligen Auftretens abgeklärt werden müßten. Swartz et al. (1986 c) vermuten, daß Patienten im Interviewverlauf weitere Symptome eher verschweigen, da sie lernen und gelernt haben, daß jede positive Antwort das Verfahren beträchtlich verlängert.

Über ähnliche Erfahrungen mit dem CIDI berichten auch Semler et al. (1987). Nach Einschätzung von Margraf et al. (1991 b) leiden strukturierte Interviews in klinischen Anwendungsfeldern unter mangelnder Akzeptanz, was zum Teil auf das starke Ausmaß der Formalisierung und Strukturierung zurückzuführen sei.

Laien- vs. Klinikerdiagnosen

Eine Arbeit von Burnam et al. (1983) enthält direkte Hinweise dafür, daß für die Diagnose der Somatisierungsstörung (DSM-III) mit gravierenden Beeinträchtigungen der Validität gerechnet werden muß, wenn der dafür relevante Befund durch Laien mit Hilfe eines hochstandardisierten Interviews erhoben wird. Die Autoren verglichen DIS-Diagnosen (Laien-Interviews) mit den Diagnosen erfahrener Kliniker, die sich an den Kriterien von DSM-III orientierten und dabei eine Checkliste benutzten. Bei 135 von 143 untersuchten Patienten lag nach dem übereinstimmenden Befund von Laien und Klinikern keine Somatisierungsstörung vor. In sechs Fällen hatten die Kliniker eine Somatisierungsstörung diagnostiziert, die Laien jedoch nicht. In zwei Fällen dagegen war aufgrund des DIS-Interviews diese Diagnose gestellt worden, ohne daß dies durch die Kliniker bestätigt werden konnte. Die errechnete Übereinstimmung zwischen DIS- und Klinikerdiagnosen lag mit einem Kappa-Wert (κ) von -0,02 im Zufallsbereich.

Wird davon ausgegangen, daß das Urteil des erfahrenen Klinikers valider ist als der Befund der eingearbeiteten Laien, so dürfte es aufgrund der Ergebnisse von Burnam et al. (1983) bei der Anwendung von Instrumenten wie dem DIS durch "antrainierte" Untersucher tendenziell zu einer Verzerrung im Sinne falsch negativer Diagnosen der Somatisierungsstörung kommen (oder, anders ausgedrückt, zu einer Unterschätzung der Auftretenshäufigkeit dieser Diagnose). Zu einem ähnlichen Resultat kommen in einer vergleichbaren Studie Helzer et al. (1985) bei zwölf falsch negativen und nur vier falsch positiven Diagnosen (Somatisierungsstörung nach DSM-III) durch Laien-Beurteilung mit Hilfe des DIS. Als Kriterium diente der durch einen Arzt unter Einsatz einer Checkliste ermittelte diagnostische Befund. Für die Übereinstimmung zwischen Laien- und Arztdiagnose errechneten Helzer et al. (1985) für die Diagnose Somatisierungsstörung einen ebenfalls nur unzureichenden κ-Wert von 0,25.

Skepsis gegenüber "Begründungen" von Patienten

Zweifel an der Validität von DIS-Diagnosen der Somatisierungsstörung werden auch von Kirmayer et al. (1988) geäußert, die das Instrument zur Untersuchung von Patienten mit Fibromyalgie-Syndrom und rheumatoider

Arthritis einsetzten. Sie weisen darauf hin, daß trainierte Laien als Untersucher oft nicht in der Lage sind, die medizinische Begründbarkeit eines berichteten körperlichen Symptoms angemessen zu beurteilen. Kirmayer et al. (1988) ließen daher bei allen fraglichen DIS-Patientenangaben durch einen ausgebildeten Psychiater prüfen, inwieweit die vom Patienten angebotene medizinische Erklärung seines Symptoms als zutreffend angesehen werden konnte. Die Autoren berichten jedoch nicht, in welchem Ausmaß die Befunde der DIS-Untersucher ergänzt oder revidiert werden mußten.

Nähere Angaben dazu liegen durch eine Untersuchung von Robins et al. (1981) vor, die bei einer Validierungsstudie für das DIS ihre Laien-Interviewer instruiert hatten, die von den Patienten geäußerten "medizinischen Erklärungen" für ihre Symptome einfach zu akzeptieren und ihre Plausibilität nicht weiter zu hinterfragen. Es kam daraufhin zu einer krassen Fehleinschätzung der Somatisierungsstörung (DSM-III) durch die Laien-Interviews. Aufgrund der Laien-Befunde wurde bei nur 15 von 216 Patienten eine Somatisierungsstörung diagnostiziert, während erfahrene Kliniker in der gleichen Stichprobe ebenfalls mit Hilfe des DIS in 32 Fällen diese Diagnose stellten (Übereinstimmung: $\kappa = 0{,}50$). Dies stellte in der Untersuchung von Robins et al. (1981) die massivste Verzerrung (bzw. stärkste Diskrepanz zwischen Laien und Klinikern) unter allen untersuchten DIS-Diagnosen dar. Die Autoren schlagen daher das auch von Kirmayer et al. (1988) angewendete Verfahren vor, die in einem Laien-Interview angegebenen "medizinischen Begründungen" des Patienten grundsätzlich durch einen Arzt überprüfen zu lassen.

3.5. Reliabilität der Diagnosen

Die Reliabilität (Zuverlässigkeit) von Diagnosen oder Testbefunden gilt als eines der wichtigsten Kriterien zur Beurteilung von Instrumenten und diagnostischen Vorgehensweisen. Es liegen mittlerweile eine Reihe empirischer Ergebnisse vor, die darauf hinweisen, daß sowohl durch die Operationalisierung von Diagnosen als auch durch die Entwicklung diagnosenbezogener Instrumente die Reliabilität von Diagnosen beträchtlich verbessert worden ist (Spitzer et al. 1978; Spitzer & Williams 1985; Burnam et al. 1983; Semler et al. 1987; Hiller et al. 1990 a; Wittchen et al. 1991).

Methodische Voraussetzungen

Bei den hier referierten Reliabilitätsstudien ist überprüft worden, wie gut die Übereinstimmung von zwei (oder mehreren) Beurteilern für einzelne Diagnosenkategorien ist. Jeder Diagnostiker entschied für jeden untersuchten Patienten im Sinne einer kategorialen Zuordnung, ob eine bestimmte Diagnose gestellt wird oder nicht. Übereinstimmung liegt im Einzelfall dann vor, wenn beide Diagnostiker die Diagnose stellen oder wenn beide sie nicht stellen. Dagegen wird es als Diskrepanz gewertet, wenn die Diagnose nur durch einen der Beurteiler gestellt wird, nicht jedoch auch durch seinen Kollegen.

Reliabilitätsstudien sind üblicherweise im Inter-Rater-Design (wo beide Diagnostiker in der gleichen Untersuchung anwesend sind und danach getrennt jeweils eine diagnostische Beurteilung abgeben) oder im Test-Retest-Design (bei dem beide Diagnostiker den gleichen Patienten getrennt und unabhängig voneinander untersuchen) durchgeführt worden. Als gebräuchliches Maß der diagnostischen Übereinstimmung gilt auch hier der κ-

Koeffizient, der Werte zwischen +1 und -1 annehmen kann. Ein κ von +1 indiziert perfekte Übereinstimmung, während ein κ von 0 einer Zufallsübereinstimmung entspricht. κ-Werte über 0,70 werden konventionell als ausgezeichnet, zwischen 0,40 und 0,70 als befriedigend und unter 0,40 als unzureichend bewertet. Bei geringer Auftretenshäufigkeit einer bestimmten Störung (z.B. unter 10%) sollte der sog. Yule-Koeffizient interpretiert werden, der gleiche Werte wie κ annehmen kann, aber anders als κ in seiner Berechnung nicht von der Anzahl der in einer Stichprobe gestellten einzelnen Diagnosen abhängt (Spitznagel & Helzer 1985).

Feldstudie

Erste Befunde zur Reliabilität der Diagnose einer somatoformen Störung liegen aus Feldstudien vor, die im Zuge der Entwicklung und Evaluation von DSM-III Ende der 70er Jahre in den USA durchgeführt worden sind (Spitzer et al. 1979). In großangelegten Untersuchungen wurden insgesamt 670 Patienten durch jeweils zwei Diagnostiker in freien Interviews beurteilt. Dies geschah in gemeinsamen Untersuchungen oder im Test-Retest-Verfahren mit zwei sukzessiven Untersuchungen. Etwa 300 Kliniker beteiligten sich. Somatoforme Störungen wurden in insgesamt 3,3 bis 3,8% der durchgeführten Explorationen diagnostiziert und es wurden dafür Reliabilitätskoeffizienten von κ = 0,54 und 0,42 berechnet (vgl. Koehler & Saß 1984). In einer weiteren Auswertung mit dem gleichen Datensatz, bei der für 46 ausgewählte Patienten auch die Reliabilität auf der Basis nachträglich ausgewerteter Krankengeschichten ermittelt werden konnte, berechneten Hyler et al. (1982) für somatoforme Störungen κ-Werte von 0,64 (direkte Interviews) und 0,53 (Krankengeschichtsauswertungen).

Studien mit der Erprobung von Instrumenten

In weiteren Studien ist die Reliabilität von Diagnosen untersucht worden, die unter Einsatz bestimmter Instrumente gestellt worden waren. In einer vielbeachteten Reliabilitätsstudie mit dem DIS (Burnam et al. 1983) wurden für somatoforme Störungen allerdings keine Werte mitgeteilt, da diese Diagnosen in der betreffenden Stichprobe nur äußerst selten gestellt worden waren.

Für die CIDI-Diagnose einer Somatisierungsstörung ermittelten Semler et al. (1987) eine Test-Retest-Reliabilität von κ = 0,66 (Yule = 0,72). Dieser Befund muß jedoch mit Vorbehalt interpretiert werden, da eine Somatisierungsstörung auch in dieser Studie nur sehr selten diagnostiziert worden war, nämlich bei nicht mehr als zwei von insgesamt 60 untersuchten psychiatrischen Patienten. Bei nur einem dieser beiden Fälle waren sich die beiden Diagnostiker über das Vorliegen einer Somatisierungsstörung einig. Im anderen Fall stellte nur einer der beiden Kliniker die Diagnose, nicht jedoch sein Kollege. Aus einer weitergehenden Analyse von Wittchen et al. (1991) über den gleichen Datensatz geht hervor, daß für die Reliabilität von einzelnen Somatisierungssymptomen allenfalls ein mittleres Niveau erreicht werden kann. Bei der Beurteilung der Frage, wann einzelne Symptome zum letzten Mal aufgetreten sind (sog. "recency"-Fragen im CIDI), scheint die erreichbare Zuverlässigkeit bei Anwendung des CIDI sogar völlig unzureichend zu sein.

Bei einer neueren Reliabilitätsstudie (Test-Retest) mit dem SKID ermittelten Wittchen et al. (1991) für lifetime-Diagnosen somatoformer Störungen einen κ-Koeffizienten von 0,22, wobei jedoch immerhin eine prozentuale Übereinstimmung von 94,2% erreicht wurde. Auch in dieser Stichprobe war nur bei vier von 102 untersuchten Patienten eine somatoforme Störung diagnostiziert worden, was auf die Auswahlkriterien der Studie von hauptsächlich schwer psychotischen und suizidgefährdeten Patienten zurückzuführen sein dürfte. Der von Wittchen et al. (1991) berechnete Yule-Wert von 0,67 für somatoforme Störungen läßt jedoch den Schluß zu, daß in Studien mit einer größeren Häufigkeit von somatoformen Störungen eventuell bessere κ-Koeffizienten zu erwarten sind.

3.6. Vereinfachte Diagnostik mit Screening-Methoden

Wegen der hohen Komplexität strukturierter und standardisierter Verfahren, aber auch wegen der sehr langen Symptomliste für die Diagnose der Somatisierungsstörung ist wiederholt der Wunsch nach kürzeren und vereinfachten diagnostischen Verfahren zur Identifizierung der betreffenden Patientengruppe geäußert worden, die dennoch Somatisierungsstörungen mit einem hohen Sicherheitsgrad zu identifizieren vermögen. Solche Verfahren werden auch als "Such-" oder "Screening-Verfahren" bezeichnet. Ein gutes Screening-Instrument sollte möglichst viele Personen mit der betreffenden Störung "erkennen". Umgekehrt sollten bei Personen ohne entsprechende Symptomatik keine fälschlich positiven Zeichen auftreten.

Der Screening-Index von Swartz et al. (1986 c)

Für die Diagnose der Somatisierungsstörung sind bislang zwei Screening-Methoden vorgeschlagen worden. Swartz et al. (1986 c) ermittelten in einer mit dem DIS untersuchten epidemiologischen Stichprobe, welche Somatisierungssymptome am deutlichsten zwischen Patienten mit und ohne Diagnose einer Somatisierungsstörung differenzierten. Es wurden elf Symptome ermittelt, bei denen die Auftretenshäufigkeit bei Patienten mit Somatisierungsstörung um mehr als 50% höher war als bei Patienten ohne Somatisierungsstörung. Beispielsweise wurden Blähungen bei Vorliegen der Diagnose in 90,9% angegeben, bei Fehlen der Diagnose aber nur in 13,4%. Swartz et al. (1986 c) definierten als kritischen Screening-Index das Vorhandensein von mindestens fünf der elf trennschärfsten Symptome. Damit konnten 97,6% aller Personen mit Somatisierungsstörung und 99,0% aller Personen ohne Somatisierungsstörung korrekt klassifiziert werden. Die elf relevanten Symptome zum Einsatz des Screening-Verfahrens sind in Abbildung 3.7 wiedergegeben.

Der "Seven-Symptom Screening Test" von Othmer & DeSouza (1985)

Ein weiterer, sogenannter *Seven-Symptom Screening Test* ist von Othmer & DeSouza (1985) bei einer Untersuchung von ambulanten Patientinnen einer psychiatrischen Poliklinik entwickelt worden. Berücksichtigt werden hier sieben trennscharfe Symptome aus allen in DSM-III-R aufgeführten Organsystemen - nämlich Kurzatmigkeit, menstruelle Beschwerden, Gefühl des Brennens in den Geschlechtsorganen, Beschwerden beim Schlucken, Amnesie, Erbrechen und Schmerzen in den Extremitäten (vgl. Abbildung 3.7).

Für die Diagnose einer Somatisierungsstörung bestehen nach den Analysen von Othmer & DeSouza (1985) bereits dann ausreichende Anhaltspunkte, wenn mindestens drei der sieben Symptome bei einer Person festgestellt werden können. Die Autoren konnten an zwei

Screening-Index von Swartz et al. (1986 c)

Elf relevante Symptome:

- Blähungen
- Übelkeit
- Durchfall
- Kränkeln
- Abdominelle Schmerzen
- Schwindelgefühle
- Brustschmerzen
- Ohnmachtsanfälle
- Schmerzen in den Extremitäten
- Erbrechen
- Schwächegefühl

Screening-Index:
Vorliegen von mind. 5 Symptomen

Screening-Test von Othmer & DeSouza (1985)

Sieben relevante Symptome:

- Somatization = Shortness of breath (Kurzatmigkeit)
- Disorder = Dysmenorrhea (Menstruationsbeschwerden)
- Besets = Burning in sex organs (Gefühl des Brennens in den Geschlechtsorganen)
- Ladies = Lump in throat (Schluckbeschwerden)
- And = Amnesia (Amnesie)
- Vexes = Vomiting (Erbrechen)
- Physicians = Painful extremities (Schmerzen in den Extremitäten)

Screening-Test:
Vorliegen von mindestens 3 Symptomen

Abbildung 3.7 Gegenüberstellung der Screening-Verfahren von Swartz et al. (1986 c) und Othmer & DeSouza (1985).

unabhängigen Stichproben zeigen, daß ihr Screening-Verfahren eine Genauigkeit zwischen 73 und 87% zur Identifizierung von Somatisierungsstörungen (Sensibilität) und zwischen 94 und 95% zur richtigen Vorhersage des Fehlens einer Somatisierungsstörung (Spezifität) aufweist. Sie wiesen darauf hin, daß Somatisierungsstörungen unter Verwendung des Screening-Verfahrens früher erkannt und damit Fehldiagnosen und unangemessene Behandlungen vermieden werden könnten.

Zur leichteren praktischen Anwendbarkeit des "Seven-Symptom Screening Test" erfanden Othmer & DeSouza (1985) die in Abbildung 3.7 wiedergegebene "Gedächtnisstütze", bei der den Wort-Anfangsbuchstaben des Satzes "Somatization Disorder Besets Ladies And Vexes Physicians" je eines der sieben Symptome zugeordnet wurde.

Vor- und Nachteile der Screening-Methoden

Die von Swartz et al. (1986 c) und Othmer & DeSouza (1985) vorgeschlagenen Methoden weisen unterschiedliche Vor- und Nachteile auf und sollten vor dem Hintergrund der jeweils zugrundeliegenden Stichproben bewertet werden. Während es sich bei den von Othmer & DeSouza untersuchten Personen um eine kleine und ausgewählte Gruppe ambulanter Patienten handelte, lag den Auswertungen von Swartz und Mitarbeitern eine gewaltige Stichprobe von 14792 Personen zugrunde, die im Rahmen des epidemiologischen ECA-Programms in den USA durch trainierte Laien untersucht worden waren.

Unter den Befragten der ECA-Studie befanden sich nur 42 Personen, bei denen aufgrund der vorliegenden Befunde eine Somatisierungsstörung diagnostiziert werden konnte. Von den übrigen 14750 Personen ohne diese Diagnose hatten immerhin 150 einen positiven Befund im Screening-Index, was in der immens großen Stichprobe zwar nur einer falsch positiven Fehlerrate von 1,0% entspricht, bei der geringen Zahl von 42 Patienten mit der tatsächlichen Diagnose einer Somatisierungsstörung aber zu einer nicht unerheblichen Überschätzung der Diagnosenhäufigkeit führen würde. Insgesamt hatten aufgrund des Swartz'schen Index 191 Personen einen positiven "Screening"-Befund erhalten, was somit eine fast fünffache Überschätzung der tatsächlichen Anzahl darstellt.

Swartz et al. (1986 c) wendeten auf ihre ECA-Daten auch den Seven-Symptom Screening Test von Othmer & DeSouza an und ermittelten eine gegenüber ihren eigenen Befunden verminderte Zuordnungsgenauigkeit bei Patienten mit Somatisierungsstörung (statt 41 von 42 Patienten wurden nur 31 von 42 Patienten korrekt zugeordnet). Allerdings verminderten sich die fälschlich positiven Screening-Befunde von 150 auf 122 Fälle. Der Test von Othmer & DeSouza erscheint daher gegenüber der Methode von Swartz und Mitarbeitern aufgrund einer höheren Zahl von falsch negativen Zuordnungen weniger sensibel zu sein, weist dafür aber durch eine geringere Zahl falsch positiver Zuordnung eine bessere Spezifität auf.

Zu beiden Screening-Verfahren muß noch einschränkend angemerkt werden, daß sie *nachträglich* nach Anwendung kompletter Interviews abgeleitet wurden. Die Kurzverfahren müßten zu einer besseren diagnostischen Validierung unabhängig von der kompletten Erhebung der für die Somatisierungsstörung relevanten Symptomatik eingesetzt werden, da nicht ausgeschlossen werden kann, daß die Art des Vorgehens und der Gesamtablauf des vollständigen Interviews Auswirkungen auf die von Patienten angegebene Symptomatik hat. Auf diese Problematik ist auch von Swartz et al. (1986 c) und Othmer & DeSouza (1985) ausdrücklich hingewiesen worden.

Zusammenfassung

Dieses Kapitel beschäftigte sich mit diagnostischen Instrumenten, die entweder zur Einzelerfassung organisch unklarer körperlicher Symptome oder aber zur Diagnose somatoformer Störungen eingesetzt werden können. Viele Interviewverfahren verfügen über separate Abschnitte für somatoforme Störungen. Es existieren jedoch bislang keine Verfahren, in denen sämtliche Kategorien der Klassifikationssysteme DSM-III-R und/ oder ICD-10 berücksichtigt sind. Die größte Anzahl von Kategorien aus der Gruppe der somatoformen Störungen kann derzeit mit Hilfe des "Diagnostischen Interviews für Psychische Störungen" (DIPS) erfragt werden. Auf diagnostischen Interviews und einer anschließenden Fremdbeurteilung durch den Diagnostiker basieren auch die "Münchner Diagnosen Checklisten" (MDCL) von Hiller et al. (1990 b, 1992), die weniger aufwendig in der Anwendung und somit auch in der klinischen Routinediagnostik einsetzbar sind.

Darüber hinaus existieren eine Reihe von Fragebogenverfahren. Sie sehen allerdings eine eher dimensionale Erfassung somatoformer Beschwerden und keine eigentliche Diagnosenstellung vor. Eine gewisse Zwischenposition nimmt das von Rief et al. (1992 a) entwickelte "Screening für somatoforme Störungen" (SOMS) ein, da es alle nach DSM-III-R relevanten somatoformen Symptome sowie weitere diagnostische Kriterien in Form von Fragebogenitems enthält.

Ein Vergleich der einzelnen diagnostischen Ansätze zeigt, daß Auftreten und Häufigkeit somatoformer Beschwerden bei Selbstbeurteilungen (d.h. in Fragebögen) eher überschätzt werden. Diese Verfahren dürften daher weniger valide sein als klinische Fremdbeurteilungen, in die das Expertenurteil des Diagnostikers mit eingeht. Ferner liegen Hinweise vor, daß psychiatrisch relevante körperliche Beschwerden in ihrer Auftretenshäufigkeit eher unterschätzt werden, wenn sie ausschließlich durch trainierte Laien (mit Hilfe eines standardisierten Interviews) erhoben werden. In solchen Interviews bieten Patienten oft "medizinische Ursachen" für ihre Symptome an, die einer fachlichen Beurteilung durch einen Arzt häufig nicht standhalten und eher als funktionell (d.h. ohne adäquate somatische Begründung) anzusehen sind.

Einen weiteren diagnostischen Ansatz stellen sogenannte Screening-Verfahren dar, die zu einer Vorauswahl von Personen mit einer vermuteten somatoformen Störungen herangezogen werden sollen. Ein Screening-Verfahren gilt dann als brauchbar, wenn es möglichst viele Personen mit einer Störung korrekt identifizieren kann und andererseits auch zu einer möglichst geringen Zahl von fälschlich positiven Diagnosen führt. Zwei bislang vorliegende Screening-Verfahren von Swartz et al. (1986 c) und Othmer & DeSouza (1985) stellen ermutigende Ansätze dar. Die tatsächliche prognostische Validität beider Verfahren muß jedoch noch unter klinischen Bedingungen überprüft werden.

4. Zusammenhang somatoformer Störungen mit anderen psychischen Störungen (Komorbidität)

Bereits seit längerem ist bekannt, daß einzelne oder multiple körperliche Symptome nicht-organischen Ursprungs bei betroffenen Personen häufig nicht die einzigen Beschwerden darstellen, sondern mit anderen psychischen Störungen wie Depressionen oder Angststörungen verbunden sein können (vgl. zusammenfassend etwa Katon et al. 1982 a und b; Lipowski 1990). Die Vielfalt der bei somatoformen Störungen auftretenden klinischen Erscheinungsbilder kann unterschiedliche zeitliche Muster aufweisen. So können einzelne unterscheidbare Störungsbilder (oder Syndrome) im gleichen Zeitraum koexistieren oder sich im Verlauf der Krankengeschichte abwechseln (z.B. allmählicher Übergang von einer somatoformen in eine depressive Störung oder vice versa). Das intraindividuelle Auftreten unterscheidbarer psychischer Syndrome oder Störungen wird im neueren klinisch-psychiatrischen Sprachgebrauch als *Komorbidität* bezeichnet (Boyd et al. 1984; Spitzer & Williams, 1985; Wittchen & Schulte, 1988; vgl. auch Hiller et al. 1989; Hecht et al. 1989, 1990; Wittchen & Essau 1989; Bronisch & Hecht 1990; Maser & Cloninger 1990).

Multiple psychische Störungen und unterschiedliche Kombinationen der Komorbidität sind auch im Bereich somatoformer Störungen in den letzten Jahren mit zunehmendem Interesse untersucht worden. Insbesondere wurde die Frage gestellt, inwieweit bei Patienten mit multiplen Störungen veränderte klinische Charakteristika oder Verlaufs- bzw. Behandlungsbedingungen vorliegen.

Im nachfolgenden Abschnitt werden wir kurz auf die wichtigsten Grundsätze des Komorbiditäts-Konzepts und seiner diagnostischen Handhabung eingehen. Anschließend sollen Arbeiten dargestellt werden, in denen das Spektrum zusätzlicher psychischer Störungen bei Patienten mit somatoformen Störungen empirisch untersucht worden ist. Ein

Schwerpunkt unserer Darstellungen wird dabei der enge Zusammenhang zwischen Somatisierung und Depression darstellen, der bereits seit längerem zu kontroversen Auseinandersetzungen und interessanten Modellvorstellungen geführt hat. In diesem Kontext soll ausführlich auf das Modell der somatisierten bzw. maskierten Depression sowie auf alternative theoretische Modelle eingegangen werden. In den abschließenden Abschnitten dieses Kapitels werden Untersuchungen über den Zusammenhang zwischen Somatisierung und anderen als depressiven Störungen zusammengefaßt - insbesondere Angststörungen, multiple Persönlichkeit und Persönlichkeitsstörungen.

4.1. Multiple Diagnosen für psychische Störungen

Das gleichzeitige oder sukzessive Auftreten unterschiedlicher Syndrome ist in der Vergangenheit zwar häufig gesehen worden, hat sich aber in der Praxis der psychiatrischen Diagnosenstellung kaum widergespiegelt. Grund ist das bislang übliche hierarchische Modell der Klassifikation, nach dem verschiedenartige Symptome unter möglichst *einer einzigen Hauptdiagnose* subsumiert und verschlüsselt werden sollten (z.B. Foulds 1976). Dabei wurde angenommen, daß eine zugrundeliegende Störung sich in unterschiedlichen und oft auch abwechselnden Beschwerdebildern äußern kann. Unklare körperliche Symptome wurden dabei nicht selten als Bestandteil depressiver Störungen angesehen und nicht mehr getrennt diagnostisch ausgewiesen.

Nachteile dieser diagnostischen Praxis bestanden hauptsächlich in einer beträchtlichen Ungenauigkeit und Unzuverlässigkeit (Spitzer & Fleiss 1974). Bei Patienten, die multiple Syndrome berichten, kann die Wahl der Hauptdiagnose stark von der subjektiven Bewertung des Diagnostikers (oder der Art der zufällig aktuell dominierenden Symptomatik) abhängen. Daher können sich nicht nur somatoforme Symptome hinter Depressions- oder Angstdiagnosen "verbergen", sondern beispielsweise auch depressive Symptome hinter diagnostischen Bezeichnungen wie "funktionelle Störung" oder "psychovegetativer Erschöpfungszustand". Hiller et al. (1988, 1989) haben in Studien mit ambulanten psychiatrischen Patienten gezeigt, daß bei hierarchischer Klassifikation sowohl depressive Störungen als auch klinisch relevante Angststörungen nicht selten unter völlig anderen psychiatrischen Diagnosen subsumiert werden (z.B. hatten 63% von Patienten mit dysthymer Störung die klinische Hauptdiagnose einer nicht auf Depressionen bezogenen Störung).

Das Prinzip der hierarchischen Klassifikation wurde von den neuen Diagnosensystemen DSM-III/ DSM-III-R bzw. ICD-10 nicht mehr übernommen und großteils durch das Komorbiditäts-Konzept ersetzt. Damit ist gemeint, daß für einen Patienten mehr als eine psychiatrische Diagnose gestellt werden sollte, wann immer eine klinisch relevante psychische Symptomatik in mehr als einem Störungsbereich vorliegt. Berichtet ein Patient beispielsweise sowohl über somatoforme Symptome als auch über depressive Symptome in diagnostisch bedeutsamem Ausmaß, so sollten Diagnosen für beide Störungen gestellt werden.

Gewichtung von Diagnosen

Die Erhebung mehrerer psychiatrischer Diagnosen für einzelne Patienten schließt nicht aus, daß die jeweiligen Syndrome oder Störungen bezüglich ihres Ausprägungsgrads oder ihrer aktuellen Relevanz gewichtet werden können. Ein derartiges Vorgehen wird beispielsweise am Western Psychiatric Institute and Clinic (WPIC) der University of Pittsburgh (USA) praktiziert, wo Diagnostiker standardmäßig zwischen *primären Diagnosen* (sog. Hauptdiagnosen, die mit einem hohen Sicherheitsgrad gestellt werden können), *zusätzlichen Diagnosen* (die nicht als primär angesehen werden) und weniger sicheren *Verdachtsdiagnosen* ("rule-out diagnoses") unterscheiden (vgl. Mezzich et al. 1982). Fabrega et al. (1988) ermittelten im Rahmen dieser Systematik, daß somatoforme Störungen am häufigsten als Verdachtsdiagnosen gestellt werden (zu fast 70%), seltener dagegen als primäre Diagnosen (etwa 18%) oder als zusätzliche Diagnosen (etwa 12%). Im Gegensatz dazu wurden spezifische affektive oder Angststörungen deutlich häufiger als primäre Diagnosen angegeben (in etwa 35 bis 75% aller Fälle, in denen eine derartige Diagnose überhaupt gestellt worden ist).

4.2. Empirische Untersuchungen zur Komorbidität somatoformer Störungen

Seit der Einführung operationalisierter Diagnosen sind eine Reihe von empirischen Studien zur Analyse der Komorbidität bei Patienten mit somatoformen Störungen vorgelegt worden (Liskow et al. 1986; Swartz et al. 1986 a; Zoccolillo & Cloninger 1986 b; Brown et al. 1990; Golding et al. 1991; Rief et al. 1992 b). Die meisten dieser Arbeiten beschränkten sich auf Patienten mit der Diagnose einer Somatisierungsstörung. Das Vorgehen bestand darin, die Diagnose Somatisierungsstörung zunächst abzuklären und anschließend systematisch zu überprüfen, welche anderen psychischen Störungen zusätzlich vorlagen. Im folgenden werden wir nur auf DSM-III/ DSM-III-R bezogene Untersuchungen referieren. Ein Vergleich mit Diagnosen anhand der Feighner-Kriterien wie in der Arbeit von Liskow et al. (1986) ist nur eingeschränkt möglich, da im Briquet-Syndrom der Feighner-Kriterien auch depressive und angstbezogene Einzelsymptome enthalten sind und somit vermutlich ein höherer Anteil von Patienten mit depressiven Störungen und Angststörungen einbezogen wird (d.h. die Komorbidität dieser Störungen wird mutmaßlich überschätzt).

Derzeitige und "lifetime"-Diagnosen bei 30 stationären Patienten

In einer von uns durchgeführten Studie zur Analyse der Komorbidität somatoformer Störungen (Rief et al. 1992 b, vgl. Tabelle 4.1) wurden 30 Patienten, die wir im Rahmen eines verhaltensmedizinisch ausgerichteten Programms stationär behandelten, mit Hilfe des SKID systematisch nach gegenwärtigen und früheren psychischen Störungen untersucht (lifetime-Diagnosen). Bei fünf Patienten diagnostizierten wir nach DSM-III-R eine Somatisierungsstörung, siebenmal eine somatoforme Schmerzstörung, einmal eine Konversionsstörung und in 17 Fällen eine undifferenzierte somatoforme Störung. Komorbidität von somatoformen und depressiven Störungen wurde in 63% (aktuelle Diagnosen) bzw. 87% (lifetime-Diagnosen) ermittelt. Wie Tabelle 4.1 weiter zeigt, bestanden Panikstörungen bei 13% der Patienten, Agoraphobie ohne Panikstörung bei 17%, Zwangsstörungen bei 10%, Eßstörungen bei 17% und Alkoholmißbrauch bei 20% (jeweils lifetime-Befunde). Die Summe der Prozentangaben übersteigt 100, da nach dem Komorbiditäts-Konzept Mehrfachdiagnosen für einzelne Personen möglich (und sogar erwünscht) sind.

Diagnose	*derzeit*	*lifetime*
Major Depression	13%	47%
Dysthyme Störung	27%	40%
Depression NNB	23%	13%
Panikstörung	13%	13%
Agoraphobie ohne Panik	13%	17%
Zwangsstörung	10%	10%
Bulimia nervosa und Eßstörung NNB	13%	17%
Alkoholabusus	10%	20%
Keine andere Diagnose nach DSM-III-R	23%	7%

NNB = nicht näher bezeichnet

Tabelle 4.1 Komorbidität psychischer Störungen bei Patienten mit somatoformen Störungen nach DSM-III-R (aus Rief et al. 1992 b).

Komorbidität in einer epidemiologischen Studie

In einer epidemiologischen Untersuchung fanden Swartz et al. (1986 a) bei Patienten mit der Diagnose einer Somatisierungsstörung nach DSM-III, daß die Wahrscheinlichkeit für mehr als eine zusätzliche Diagnose signifikant größer war als bei Vergleichspersonen mit anderen und keinen psychischen Störungen. Bei 77,9% der Personen mit einer Somatisierungsstörung bestand mindestens eine weitere Diagnose, während es in der Vergleichsgruppe nur 9,7% waren. 70,2% der Patienten mit einer Somatisierungsstörung hatten zusätzlich eine einfache Phobie, 64,8% eine Major Depression, 64,0% eine Agoraphobie, 51,6% eine Zwangsstörung, 42,5% eine Panikstörung, 38,1% eine Schizophrenie, 35,1% eine atypische bipolare Störung, 29,6% eine soziale Phobie, je 17,7% Mißbrauch und Abhängigkeit von Alkohol und 15,5% eine dysthyme Störung. Einzuschränken ist, daß in der Stichprobe von Swartz et al. (1986 a) nur 15 Personen die Kriterien einer Somatisierungsstörung erfüllten (die von den Autoren angegebenen Prozentwerte waren aufgrund soziodemographischer Merkmale gewichtet worden).

Auswertung von Krankenakten

Eine weitere Arbeit zur Komorbidität der Somatisierungsstörung stammt von Zoccolillo & Cloninger (1986 b), die für eine Stichprobe von 50 Patientinnen systematisch die Krankengeschichten nach weiteren Diagnosen (DSM-III) überprüften. In 60% waren die Kriterien für mindestens eine zusätzliche psychische Störung erfüllt. Die Auftretenshäufigkeiten für einzelne Diagnosen waren 52% für Major Depression und 24% für andere psychiatrische Diagnosen als Major Depression, darunter 12% Mißbrauch und Abhängigkeit von Drogen bzw. Medikamenten, 10% Alkoholmißbrauch und -abhängigkeit, ebenfalls 10% Panikstörung, 6% antisoziale Persönlichkeitsstörung, 2% Agoraphobie und 2% Anorexia nervosa. Die Anteile liegen insgesamt etwas niedriger als in den Studien von Rief et al. (1992 b) und Swartz et al. (1986 a). Dies ist möglicherweise darauf zurückzuführen, daß Zoccolillo & Cloninger (1986 b) mit ihrer Methode der Krankengeschichtsauswertung (im Gegensatz zu der direkteren Methode des Interviews) die tatsächliche Diagnosenhäufigkeit eher unterschätzten, da in diagnostischen Routineuntersuchungen erfahrungsgemäß oft weniger systematisch nach zusätzlichen bzw. sekundären Störungsbildern gesucht wird.

Weitere Arbeiten

Hinweise auf eine möglicherweise geschlechtsspezifische Verteilung von Komorbiditäts-Diagnosen enthält eine Arbeit von

Golding et al. (1991), die Befunde für zwölf Männer und 68 Frauen mit einer Somatisierungsstörung (DSM-III) getrennt mitteilten. Während Frauen am häufigsten affektive Störungen aufwiesen (70,6 vs. 41,7% bei Männern), dominierten bei Männern vor allem alkohol- und drogen- oder medikamentenbezogene Diagnosen im Sinne zusätzlicher Störungen (50,0 vs. 23,5% bei Frauen). In ähnlicher Häufigkeit ermittelten Golding et al. (1991) Komorbiditätsdiagnosen für Schizophrenie (16,7% bei Männern, 11,8% bei Frauen) und Angststörungen (83,3% bei Männern, 75,0% bei Frauen).

Die referierten Befunde zeigen insgesamt, daß somatoforme Störungen grundsätzlich mit einer Vielzahl anderer Störungen assoziiert und somit in ein vielfältiges psychopathologisches Bild "eingebettet" sein können. Beim Vergleich der einzelnen Ergebnisse sollte berücksichtigt werden, daß einige wenige Störungen wie Schizophrenie oder organisch bedingte psychische Syndrome in den Arbeiten von Rief et al. (1992 b) und Zoccolillo & Cloninger (1986 b) ausgeschlossen waren. Hinweise auf eine nicht unerhebliche Assoziation zwischen Schizophrenie und Somatisierungsstörung liegen in der Arbeit von Liskow et al. (1986) vor, wobei die Autoren allerdings ihre Diagnosen nur nach den Feighner-Kriterien gestellt hatten. In dieser Arbeit erfüllten 21 von 78 Frauen mit der Diagnose des Briquet-Syndroms auch die Schizophrenie-Kriterien (was einem Komorbiditätsanteil von 26,9% entspricht). Liskow et al. (1986) geben zu bedenken, daß gerade bei dem schweren und dominierenden Bild der Schizophrenie in der diagnostischen Praxis selten *zusätzlich* noch eine Somatisierungsstörung diagnostiziert wird (selbst wenn die diagnostischen Kriterien dafür erfüllt sind).

Gründe für unterschiedliche Komorbiditätsprofile

Abweichungen zwischen den in den einzelnen Studien ermittelten Komorbiditätsraten können ganz unterschiedliche Gründe haben. Zum einen gibt es sicherlich nicht ein "richtiges" Komorbiditätsprofil für somatoforme Störungen, sondern die beobachtbaren Raten dürften erheblich vom jeweiligen klinischen Setting abhängen. Patientenkollektive, die in ambulanten Praxen, Allgemeinkrankenhäusern, Fachkliniken oder speziellen psychiatrischen Einrichtungen untersucht werden, können sich aufgrund ihrer spezifischen Zusammensetzung beträchtlich voneinander unterscheiden. Auch der Einzugsbereich einer Institution muß als bedeutsam angesehen werden, da bekannt ist, daß somatoforme Störungen häufiger in einfachen sozialen Schichten oder bei Personen aus weniger entwickelten Ländern anzutreffen sind. Lipowski (1990) weist darauf hin, daß publizierte Daten auch wegen Unterschieden im diagnostischen Vorgehen (freie vs. standardisierte Diagnosenstellung) und bezüglich der Art berücksichtigter somatoformer Symptome (unterschiedliche Symptomlisten, evtl. auch Einbeziehung depressionstypischer vegetativer Symptome wie Schlafstörungen, Gewichtsverlust, Erschöpftheit etc.) eine gewisse Streubreite aufweisen.

In der Analyse von Komorbiditätsprofilen dürfte es darüber hinaus von Bedeutung sein, ob die einzelnen Syndrome (oder Störungen) in ähnlicher Form ausgeprägt sind oder Abstufungen gemäß des Schweregrads der Symptomatik beobachtet werden können. Dieser Frage sind Fabrega et al. (1988) in der bereits erwähnten Studie nachgegangen, in der systematisch Hauptdiagnosen, zusätzliche Diagnosen und Verdachtsdiagnosen differenziert worden sind (vgl. Kapitel 4.1). Bei Patienten

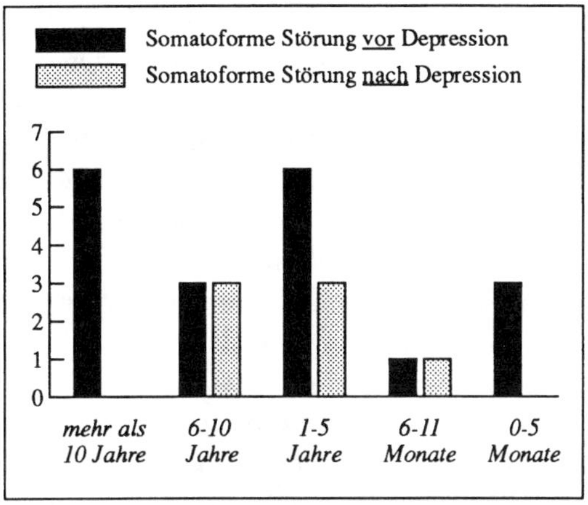

Abbildung 4.1 Zeitintervall zwischen dem erstmaligen Auftreten somatoformer und affektiver Störungen. Angegeben ist die Zahl der Patienten (n = 26) (aus Rief et al. 1992).

mit der *Hauptdiagnose* einer somatoformen Störung ermittelten die Autoren in jeweils 4,1% die Zusatzdiagnosen Major Depression (einzelne Episode), Angstsyndrom (anxiety state disorder) sowie Anpassungsstörung. Dagegen zeigte sich ein breiteres Komorbiditätsspektrum, wenn somatoforme Störungen als *Zusatz-* oder *Verdachtsdiagnosen* zu anderen Hauptdiagnosen angegeben wurden. Somatoforme Störungen waren dann auch mit dysthymer Störung, Major Depression mit wiederkehrenden Episoden, Phobien sowie anderen affektiven und Angststörungen assoziiert.

Zeitlicher Zusammenhang zwischen einzelnen Störungsbildern

Nur wenige Daten liegen bislang über die Art des zeitlichen Zusammenhangs zwischen somatoformen und anderen psychischen Störungen vor. In der Untersuchung von Rief et al. (1992 b) zeigte eine Analyse des Krankheitsverlaufs, daß bei 73% aller Patienten mit somatoformen und depressiven Störungen die somatoforme Störung zuerst aufgetreten war. Der Zeitraum zwischen dem Beginn der somatoformen Störung und dem der depressiven Störung betrug in den meisten Fällen mehr als ein Jahr, bei 46% waren es sogar mehr als fünf Jahre (Abbildung 4.1). Dieser Befund stützt unserer Ansicht nach das Konzept, daß unterscheidbare klinische Zustandsbilder separat und nicht unter dem "Dach" einer Hauptdiagnose erfaßt werden sollten.

4.3. Somatisierung und Depression

Besonders eng scheint nach den Befunden mehrerer Studien der Zusammenhang zwischen somatoformen Störungen und depressiven Störungen zu sein (vgl. Escobar & Tuason 1980; Escobar et al. 1983; Mezzich & Raab 1980; Katon 1982, 1984 a; Katon et al. 1982 a, 1984 b, 1986; Kirmayer 1984; Stoudemire et al. 1985; Wilson-Barnett & Trimble 1985; Smith et al. 1986 a; Escobar 1987; Kendell 1987; Silver 1987). In der bereits genannten Arbeit von Swartz et al. (1986 a) werden Diagnosen für depressive Störungen zusammengerechnet am häufigsten als weitere Diagnosen neben einer Somatisierungsstörung genannt (64,8% für Major Depression und 15,5% für dysthyme Störungen). Bei 86,4% der Patienten mit Somatisierungsstörung waren irgendwann in der Vorgeschichte klinisch relevante depressive Symptome aufgetreten. Ähnlich stellten Morrison & Herbstein (1988) bei 90% ihrer mit einem psychiatrischen Interview untersuchten Frauen mit einer Somatisierungsstörung fest, daß zusätzlich eine Major Depression bestand. Auch in der von uns durchgeführten Studie erhielten Patienten mit somatoformen Störungen mit 87% (lifetime) die mit Abstand häufigsten Zusatzdiagnosen für affektive Störungen (Rief et al. 1992 b).

Andere Befunde zeigen, daß auch bei klinisch primär depressiven Patienten auffallend oft unklare körperliche Beschwerden vorliegen. Jones & Hall (1963) stellten fest, daß 10 bis 30% ambulanter und stationärer psychiatrischer Patienten mit der Diagnose einer depressiven Erkrankung anfangs überwiegend über somatische Symptome geklagt hatten. Multiple somatische Beschwerden wurden häufig auch bei stationär behandelten Patienten mit Depressionen beobachtet, wobei ein Anteil von depressiven Patienten mit deutlichen somatischen Symptomen zwischen 25% (Baker et al. 1971) und 74% (Woodruff et al. 1967) berichtet wird.

Somatisierung und Depression in Allgemeinarztpraxen

Bei Patienten in Allgemeinarztpraxen mit der Diagnose einer Depression ermittelte Goldberg (1979), daß somatische Symptome häufiger im Vergleich zu psychischen Beschwerden angegeben wurden und klinisch bedeutsame körperliche Symptome unklaren Ursprungs bei mehr als der Hälfte dieser Patienten bestanden. Eine Arbeitsgruppe um Widmer und Cadoret (Widmer & Cadoret 1978, 1979; Widmer et al. 1979; Cadoret et al. 1980) beobachtete im Rahmen mehrjähriger Untersuchungen in privaten Praxen (sog. "family practices" in den USA), daß sechs Monate vor der Stellung einer Depressionsdiagnose sowohl die Zahl der Arztbesuche und Krankenhauseinweisungen anstieg als auch die Anzahl schlecht faßbarer funktioneller Beschwerden einschließlich Schmerzen zunahm. Während der Behandlung der Depressionen verbesserten sich neben den depressiven Symptomen auch die somatischen Beschwerden. Besonders häufig traten bei den untersuchten depressiven Patienten Schlafstörungen, Erschöpftheit, Schwindelgefühle, Appetitlosigkeit sowie Magen- und Darmbeschwerden auf (Wilson et al. 1983). Ierodiakonou & Iacovides (1987) zeigten, daß in einer Stichprobe von 788 depressiven Patienten aus der griechischen Landbevölkerung als häufigste somatische Symptome Kopfschmerzen, Müdigkeit und Muskelschmerzen sowie Schwindelgefühle vorkommen, weniger dagegen gastrointestinale, kardiovaskuläre und psychosexuelle Symptome.

Häufigkeit und Schwere von körperlichen Symptomen wurden von Mathew et al. (1981) in Patientengruppen mit Major Depression und ohne Depressionsdiagnose verglichen. Bei den depressiven Patienten fanden sich signifikant mehr somatische Symptome, wobei viele dieser Symptome nicht zu den klassischen vegetativen Symptomen der Depression wie Erschöpftheit und Schlafstörungen gehörten. Eine ähnliche Arbeit aus Israel stammt von Silver (1987), der 57 Patienten mit einem selbstentwickelten Fragebogen zur Erfassung körperlicher Symptome untersuchte. Patienten mit einer Depressionsdiagnose erreichten signifikant höhere Skalenwerte als Patienten mit anderen Diagnosen. In dieser Studie waren allerdings keine Diagnosen nach DSM-III gestellt worden, sondern noch nach dem herkömmlichen ICD-9-System.

Depression und chronische Schmerzsyndrome

Depressionen sind ferner häufig bei Patienten mit chronischem Schmerzsyndrom beobachtet worden. Blumer & Heilbronn (1982) berichten, daß bei mehr als 50% von Patienten einer amerikanischen Schmerzklinik eine depressive Symptomatik in Form einer Major Depression bestand. Eine ähnliche Rate von 43% ermittelten Krishnan et al. (1985) ebenfalls bei stationär behandelten Schmerzpatienten, während France et al. (1988) in einer

Schmerzambulanz einen geringeren Anteil von etwa 20% mit Major Depression fanden. Nach einer Übersichtsarbeit von Magni (1987), der nach strengen Auswahlkriterien nur methodisch zufriedenstellende Studien berücksichtigte, treten depressive Störungen bei durchschnittlich 30 bis 60% von Schmerzpatienten auf. Häufigkeitsunterschiede scheinen abzuhängen von Art und Lokalisation der Schmerzen (Häufung von Depressionen bei Patienten mit Rückenschmerzen, nicht dagegen bei gut lokalisiertem Gesichtsschmerz), der Art der untersuchten Personen (niedrigere Werte bei unselegierten Untersuchungen in der Bevölkerung) und dem Vorliegen bzw. Fehlen organischer Ursachen (höhere Prävalenz depressiver Störungen bei Patienten mit organisch unklaren Schmerzen).

Ungeklärt und kontrovers diskutiert blieb bis heute, in welcher Weise sich Somatisierung und Depression gegenseitig bedingen oder beeinflussen können und inwieweit es sich überhaupt um zwei unterschiedliche Störungen handelt. Die bislang in der Literatur zu findenden vier theoretischen Hauptpositionen zu dieser Problematik sind in Abbildung 4.2 in schematischen Darstellungen zusammengefaßt. Sie besagen: (I) Somatisierung ist *Bestandteil* einer eigentlich zugrundeliegenden depressiven Störung; (II) Eine somatoforme Störung *verursacht* bei Vorhandensein weiterer relevanter Prädispositionen eine depressive Störung; (III) In umgekehrter Form stellt die somatoforme Störung bei Personen mit charakteristischen prädisponierenden Bedingungen *die Folge* einer depressiven Störung dar; (IV) Somatoforme und depressive Störungen haben *gemeinsame* biologische und psychologische Bedingungen, sind also Ausdrucksformen einer in vielen Bereichen gemeinsamen zugrundeliegenden Basisstörung.

4.3.1. Das Modell der somatisierten oder maskierten Depression

Zu heftigen und engagierten wissenschaftlichen Auseinandersetzungen hat das vor allem von klinisch ausgerichteten Autoren vertretene erste Modell geführt, wonach somatoforme Symptome in der Regel nicht zu einer eigenständigen und abgrenzbaren Störung zusammengefaßt werden können, sondern als Beschwerden im Rahmen einer Depression angesehen werden. Diese Position haben u.a. Lesse (1974, 1979, 1983), Katon et al. (1982 a), Cadoret & Wilson (1983) und Fisch (1987) vertreten, für den Bereich chronischer Schmerzsyndrome insbesondere Blumer & Heilbronn (1981, 1982). Als Beleg wurden vor allem erhöhte Depressionswerte bei Patienten mit Somatisierungssymptomen bzw. die enge Assoziation zwischen Depression und somatoformen Syndromen oder Schmerzsyndromen im klinischen Erscheinungsbild angeführt.

Die Annahme einer eigentlich zugrundeliegenden Depression wurde auch auf Fälle erweitert, in denen neben den körperlichen Beschwerden *keine* ausgeprägte depressive Grundstimmung bestand bzw. die betreffenden Patienten Symptome wie Niedergeschlagenheit oder Lustlosigkeit negierten. In diesen Fällen wurde von einer sogenannten *somatisierten Depression* ausgegangen und angenommen, daß die typische depressive Symptomatik gegenüber der Somatisierung vollständig in den Hintergrund getreten war. Ein in diesem Sinne vielgebrauchter Begriff ist der der *larvierten* oder auch *maskierten Depression* (vgl. etwa Cohen 1969; Lopez-Ibor 1972; Kielholz 1973; Lesse 1974, 1979, 1983; Stoudemire et al. 1985; Fisch 1987; Kaplan et al. 1988).

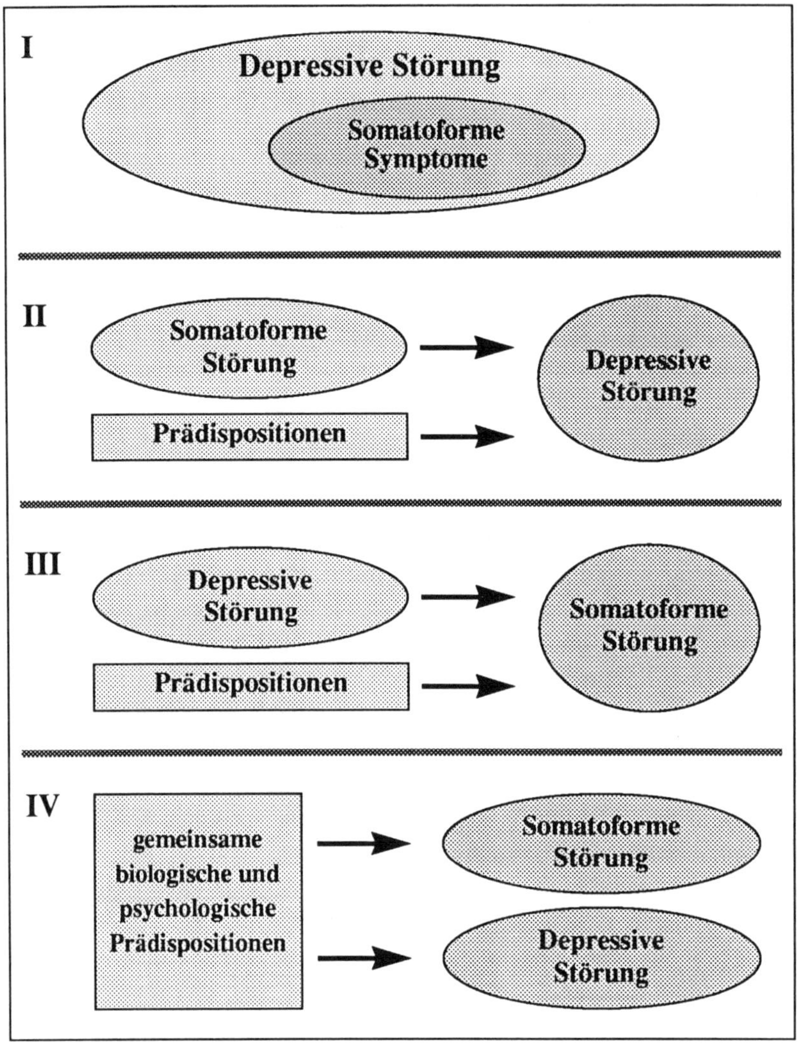

Abbildung 4.2 Modelle zum Zusammenhang zwischen Somatisierung und Depression.

Katon et al. (1982 a) entwickelten ein sog. *kognitives Modell*, wonach bei Patienten mit derartig somatisierten (oder auch sogenannten larvierten) Depressionen häufig massive Einschränkungen des emotionalen Ausdrucks und der sprachlichen Ausdrucksfähigkeit bestehen. Wie Abbildung 4.3 veranschaulicht, werden nach diesem Modell drei Bestandteile des depressiven Syndroms unterschieden - nämliche eine *kognitive* (z.B. Verzerrungen, Fehlattribuierungen), eine *vegetative* (z.B. Gewichtsverlust, Schlaf- und Appetitstörung, Mundtrockenheit, Verstopfung, Schmerzen) und eine *affektive* Komponente (z.B. Niedergeschlagenheit, Lustlosigkeit).

Entscheidend für die Entwicklung einer Somatisierungssymptomatik ist nach den Vorstellungen von Katon et al. (1982 a) die Wahrnehmung der affektiven Komponente, d.h. der Prozeß des Gewahrwerdens, Benennens, Ordnens und Bewertens von Emotionen. Ist bei einer Person die Fähigkeit vorhanden, Emotionen durch derartige kognitive Vermittlungsprozesse erfahrbar zu machen, so kann

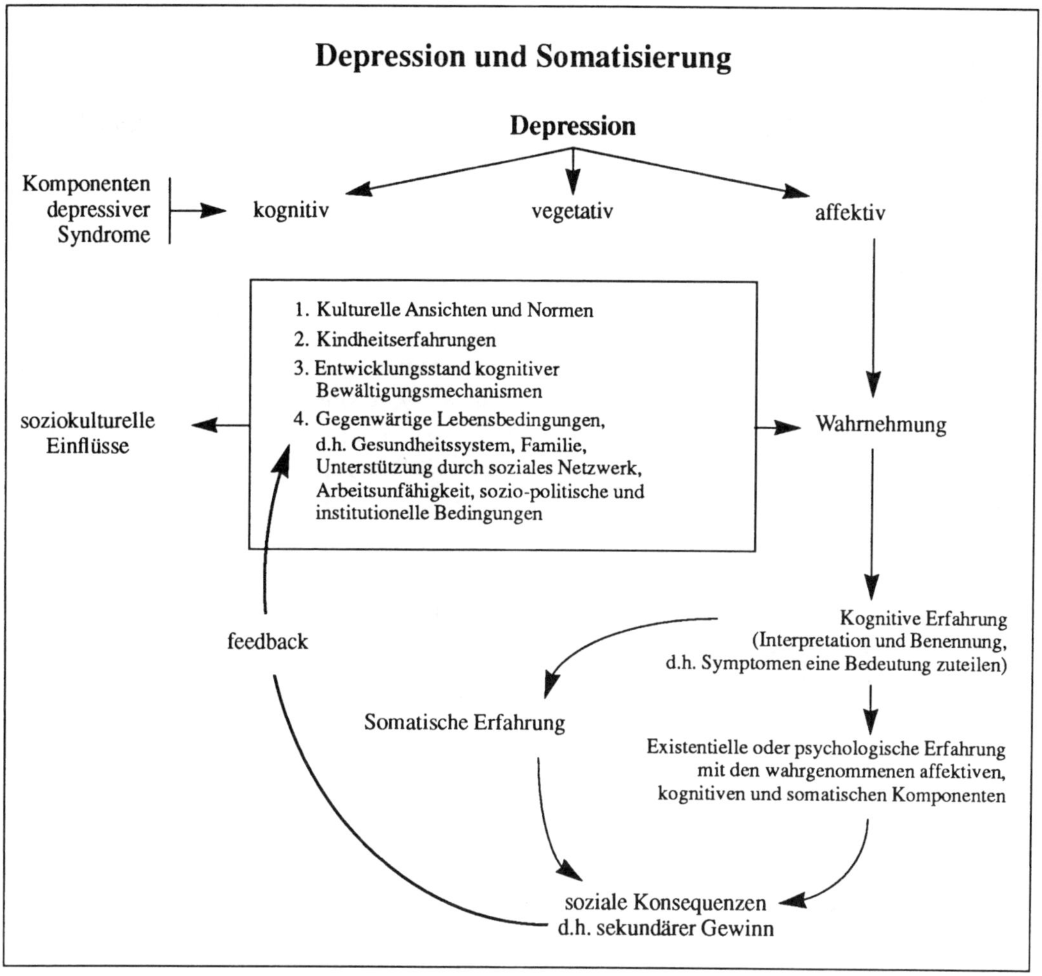

Abbildung 4.3 Modellskizze zum Zusammenwirken der Komponenten von Depression und Somatisierung (nach Katon et al. 1982 a).

Depression als Affekt erlebt und verbalisiert werden. Fehlt diese Fähigkeit jedoch, so existiert die Depression für die betreffende Person nur oder vorwiegend als vegetative bzw. somatische Symptomatik.

Eine weitere Wirkgröße stellen nach dem Katon'schen Modell soziale Konsequenzen der Symptomatik dar, da negative oder unangenehme Emotionen häufig für unakzeptabel gehalten und daher geleugnet bzw. bagatellisiert werden. Somatisierende Patienten können dabei oft die mit der emotionalen Störung verbundene depressive Stimmung nicht "wahrhaben" oder die eigene psychische Verfassung nicht angemessen sprachlich ausdrücken. Als Folge werden dem Kliniker statt psychischer vorwiegend somatische Beschwerden angeboten. Katon et al. (1982 a) haben ferner Zusammenhänge mit soziokulturellen und anderen psychosozialen Einflüssen hervorgehoben (z.B. kulturspezifische Werthaltungen, Kindheitserfahrungen).

Im Einklang mit dem skizzierten Modell steht offenbar die vielfach bestätigte Beobachtung, daß Patienten mit somatoformen Störungen oft hartnäckig und schwer korrigierbar auf einem medizinischen Krankheitsmodell zur Erklärung ihrer Beschwerden beharren. Sie behaupten oder sind davon überzeugt, körperlich krank zu sein und mit somatischen Methoden behandelt werden zu müssen. Viele Patienten befürchten offenbar auch das als negativ erachtete Stigma einer psychiatrischen Diagnose (Lipowski 1990).

Das Konzept der "pain-prone disorder" von Blumer & Heilbronn

In der auf chronische Schmerzen bezogenen Literatur ist das Konzept der somatisierten bzw. maskierten Depression vor allem von Blumer & Heilbronn (1981, 1982) vertreten worden. Sie schlugen vor, die Diagnose einer sogenannten "pain-prone disorder" als eigenständige nosologische Einheit innerhalb der Gruppe der depressiven Störungen einzuführen. Mit "pain-prone" sollte ausgedrückt werden, daß eine besondere Anfälligkeit derartiger (depressiver) Patienten besteht, im Krankheitsverlauf ein chronisches Schmerzsyndrom zu entwickeln. Blumer & Heilbronn (1981) nannten als charakteristische Symptome die Leugnung emotionaler und interpersonaler Probleme, Anhedonie, Schlafstörungen und die Unfähigkeit, Erfolg oder Freude innerlich anzunehmen. Für die Einordnung als depressive Störung sprechen nach Ansicht dieser Autoren: (a) weitgehende Ähnlichkeit der klinischen Symptomatik und des Erscheinungsbilds von Patienten mit Schmerzen und Depressionen; (b) gute Ansprechbarkeit vieler Schmerzpatienten auf antidepressive Medikation; (c) Häufung affektiver Erkrankungen in den Familien von Schmerzpatienten; (d) eine ähnliche Psychodynamik in beiden Patientengruppen.

Argumente gegen die Einheitlichkeit von Schmerz und Depression

Die Vorstellungen von Blumer & Heilbronn (1981) haben sowohl Zustimmung als auch ein kritisches Echo gefunden (Romano & Turner 1985; Magni 1987), sind jedoch von der Arbeitsgruppe um Robert L. Spitzer, die mit der Revision des Klassifikationssystems DSM-III beauftragt war, strikt abgelehnt worden. Williams & Spitzer (1982) führten in einer ausführlichen Replik auf Blumer & Heilbronn (1981) vor allem folgende Punkte an, die gegen die diagnostische Einordnung von Schmerzsyndromen als depressive Störung sprechen:

- Symptomähnlichkeiten bei Schmerz- und depressiven Patienten seien kein hinreichender Beleg für eine gemeinsame nosologische und diagnostische Einordnung, da Symptome wie Anhedonie oder Schlafstörungen generell wenig spezifisch seien und auch bei anderen als depressiven Störungen wie beispielsweise der Schizophrenie zu finden seien (vgl. zum Problem der geringen Spezifität psychiatrischer Symptome auch Mombour 1974).

- Die von Blumer & Heilbronn (1981) angeführten hohen Depressionsraten bei Familienangehörigen von Schmerzpatienten beruhen nach Williams & Spitzer (1982) auf methodisch fraglichen Befunden, da in den entsprechenden Untersuchungen keine spezifischen diagnostischen Kriterien eingesetzt worden seien, kein "Blind-Rating" erfolgt sei (d.h. kein unabhängiger Diagnostiker zur Befragung der Angehörigen) und die berichteten Diagnoseraten sich nicht nur auf depressive Störungen bezogen hätten (sondern auf die sogenannten "depressive spectrum disorders", zu denen auch Alkoholismus und antisoziale Persönlichkeitsstörungen gehören).

• Zu der von klinischen Autoren beschriebenen Psychodynamik argumentieren Williams & Spitzer (1982), es bestehe kein ausreichender Konsensus, daß Merkmale wie fehlender innerer Halt oder emotionale Konflikte zwischen Schuld sowie Wut und Aggression tatsächlich charakteristische Merkmale von Depressionen seien.

• Der Wirkung von Antidepressiva bei Schmerzsyndromen wird entgegengehalten, daß derartige Medikamente auch bei anderen nicht-affektiven Störungen wie etwa der Panikstörung oder der funktionellen Enuresis wirksam seien.

• Als möglicherweise weitreichendstes Argument gegen die diagnostische Einordnung von Schmerzstörungen als depressive Störungen führen Williams & Spitzer (1982) unterschiedliche Verlaufsmerkmale an. Bei Depressionen komme es häufig zu einem phasen- oder episodenhaften Verlauf mit Remission, während Schmerzsyndrome in aller Regel in chronischer Form fortbestünden. Zudem entwickelten sich bei Schmerzpatienten anders als bei vielen depressiven Patienten keine psychotischen Merkmale (d.h. Halluzinationen, stuporöse Zustände oder wahnhafte Vorstellungen).

Die genannten Argumente können auch auf den Zusammenhang zwischen anderen somatoformen Störungen (als der somatoformen Schmerzstörung) und Depressionen übertragen werden. Das Konzept der Somatisierung als Teil einer depressiven Grundstörung konnte bislang empirisch nicht überzeugend belegt werden. Zudem ist es neueren Befunden zufolge zweifelhaft geworden, ob Somatisierung tatsächlich in der bislang angenommenen Form außergewöhnlich eng mit depressiven Störungen assoziiert ist. So fanden Chandler & Gerndt (1988), daß sich bei depressiven Patienten keinesfalls mehr somatische Beschwerden als bei Patienten mit anderen psychischen Störungen finden, *wenn* Alter, Geschlecht und die Anzahl organmedizinischer Diagnosen statistisch kontrolliert wurden. Das bedeutet möglicherweise, daß der häufig berichtete enge Zusammenhang zwischen Somatisierung und Depression auf den einseitig hohen Anteil von Frauen und älteren Personen in Stichproben somatisierender Patienten zurückgeführt werden könnte.

Weitere Einwände gegen das Modell der somatisierten Depression

Weitere kritische Einwände gegen das Modell der somatisierten Depression, die von Chandler & Gerndt (1988) zusammengefaßt wurden, richten sich darauf, daß (a) möglicherweisen auch bei anderen, nicht-depressiven psychischen Störungen vermehrt Somatisierungssymptome auftreten, daß (b) Depressionen offenbar häufiger mit tatsächlichen organischen Erkrankungen assoziiert sind und daß (c) in vielen Studien zum Zusammenhang Somatisierung - Depression nur mit Selbstbeurteilungsskalen gearbeitet wurde, bei denen eine adäquate Beurteilung der somatischen Beschwerden alleine durch den Patienten fraglich sein könnte.

Für eine nosologische Differenzierung zwischen Somatisierungsstörung und Major Depression (DSM-III) sprechen Befunde der bereits erwähnten Studie von Zoccolillo & Cloninger (1986 b). Die untersuchten 50 Patientinnen mit der Diagnose einer Somatisierungsstörung wurden mit einer nach Alter und anderen soziodemographischen Merkmalen ähnlichen Gruppe von 25 Frauen mit der Diagnose Major Depression verglichen. Die Autoren fanden markante Unterschiede, die ein stärkeres Ausmaß psychosozialer Beeinträchtigungen bei Somatisierungsstörungen indizierten. Frauen mit dieser Diagnose hatten mehr familiäre und soziale Schwierigkeiten, wurden häufiger als histrionisch und antisozial eingeschätzt und hatten öfter als depressive Patientinnen eine Vorgeschichte mit Suizidversuchen. Auch Befunde von Fabrega et al. (1988) weisen auf relevante psychopathologische Unterschiede zwischen Patienten mit somatoformen und depressiven Störungen hin.

Insgesamt dürfte das Modell der somatisierten oder maskierten Depression zweifelhaft bleiben, solange die Äquivalenz zwischen Somatisierung und Depression z.B. mit Verlaufs-, Therapie- und Familienbelastungsstudien nicht klar nachgewiesen worden ist. Nach Escobar (1987) müßte ein "Marker" gefunden werden, anhand dessen entschieden werden könne, ob es sich bei einer Somatisierung um eine verdeckte Depression handelt oder nicht. Da ein derartiger "Marker" bislang nicht existiert, sollte Somatisierung nach Auffassung von Escobar (1987) weiterhin als eigenständig beschreib- und definierbarer Störungsbereich angesehen werden.

Auch Lipowski (1990) hat die Vorstellung einer maskierten Depression als zu vage bezeichnet, da bei Fehlen depressiver Symptome eine depressive Störung nur *erschlossen* werden könne, eine Grundlage für einen derartigen Schluß aber bislang schwer zu finden sei. Zudem liege bei depressiven Störungen definitionsgemäß immer ein depressives Syndrom vor, das neben depressiver Stimmung eine ganze Reihe anderer Symptome einschließe (wie Appetit- und Schlafstörungen, psychomotorische Veränderungen, Konzentrationsmangel, Suizidalität). Fehlt ein solches depressives Syndrom bei einem Patienten mit somatoformen Beschwerden, so wäre die Diagnose einer maskierten Depression nach Lipowski (1990, p. 15) "sinnlos und verwirrend".

4.3.2. Alternative theoretische Modelle

Als eigenständige und abgrenzbare diagnostische Kategorien werden somatoforme Störungen in den theoretischen Modellen II, III und IV (Abbildung 4.2) konzipiert. Dabei werden gegenseitige Wirkzusammenhänge zwischen Depressionen und somatoformen Störungen oder das Vorliegen gleicher oder ähnlicher Grundbedingungen betont, die bei der Genese der beiden Störungsbilder eine Rolle spielen können.

Depression als Folge einer somatoformen Störung

Bei dem unter II dargestellten Modell wird davon ausgegangen, daß sich eine depressive Störung als *Folge* einer somatoformen Störung entwickeln kann (Sternbach 1974; Pilowsky et al. 1977; Hendler 1984). Die somatoforme Störung wird also als Verursachungsfaktor oder ätiologisch relevante Bedingung bei der Entstehung einer depressiven Symptomatik angesehen. Zu den Mechanismen dieses Ursache-Wirkungs-Modells haben Pilowsky et al. (1977) betont, daß Somatisierung fast immer mit Krankheitsverhalten verbunden ist, das negative Konsequenzen sowie depressive Einstellungen umfaßt (z.B. Einschränkung des Lebensradius oder der Genußfähigkeit). Eine dysphorische oder depressive Grundstimmung kann Folge der mit somatischen Beschwerden verbundenen körperlichen und sozialen Einschränkungen sein. Depressionen können nach diesem Modell also durch psychosoziale Belastungen "getriggert" werden, die Bestandteil der somatoformen Störung sind und sich im Krankheitsverlauf meist verdichten.

Im Einklang mit diesen Überlegungen stehen Befunde von Persson & Sjöberg (1987), die in einer Zeitreihenanalyse gezeigt haben, daß somatische Symptome im Sinne eines Haupterklärungsfaktors auf Stimmung und Befindlichkeit wirken und nicht umgekehrt. Auch unsere Befunde, die retrospektiv häufig zuerst ein Auftreten somatoformer Symptome und zeitlich deutlich später depressiver Symptome zeigten, wären in Übereinstimmung mit dem unter II skizzierten Modell (Rief et al. 1992 b)

Somatisierung als Folge einer depressiven Störung

Ähnliche Wirkmechanismen wie bei Modell II können allerdings auch dann von Bedeutung sein, wenn sich eine somatoforme Störung zeitlich erst nach einer depressiven Störung entwickelt (vgl. Modell III in Abbildung 4.2). Die mit einer Depression verbundenen Beschwerden und psychosozialen Belastungen stellen unter Umständen einen ätiologischen Faktor für die Entwicklung einer weiteren, beispielsweise somatoformen Störung dar. Durch die Unterscheidung aufgrund des Auftretenszeitpunkts können somatoforme Störungen in den Modellen II und III als *primär* bzw. *sekundär* gekennzeichnet werden. In ähnlicher Form ist die Dichotomie primär - sekundär bereits seit längerem bei der Erforschung affektiver Störungen eingeführt worden (etwa Reveley & Reveley 1981).

Gemeinsame biologische und psychologische Grundlagen

Modell IV geht davon aus, daß Depressionen und somatoforme Störungen gemeinsame biologische und psychologische Grundlagen haben. Möglicherweise bestehen vergleichbare prädispositionelle Bedingungen, die durch pathophysiologische Veränderungen (z.B. Neurotransmitter, hormonelle Funktionen), bestimmte perzeptuelle/ kognitive Stile oder durch Merkmale der prämorbiden Persönlichkeit gekennzeichnet sind. Nach diesem Modell ist zu klären, welche spezifischen Voraussetzungen (oder Vorbedingungen) eine depressive, eine somatoforme oder beide Störungen auslösen.

Anders als in Modell I werden in den Modellen II bis IV keine Grundannahmen über den nosologischen Stellenwert somatoformer Störungen gemacht (d.h. keine Annahmen über die Stellung als eigenständige oder assoziierte Krankheitseinheit). Stattdessen wird Somatisierung als klinisch relevante Symptomatik gesehen, die sowohl alleine als auch in Kombination mit anderen Störungsbildern auftreten kann und deren ätiologische Bedingungen und Konsequenzen näher untersucht werden können. Die Modelle II bis IV müssen daher nicht als konkurrierend angesehen werden, sondern können unterschiedliche Aspekte des komplexen Bedingungsgefüges darstellen.

Komorbidität statt hierarchischer Modelle

Die Kontroverse über das hierarchische Verhältnis zwischen somatoformen Störungen und Depressionen ist auch durch die Einführung des Komorbiditäts-Konzepts von DSM-III/ DSM-III-R (sowie teilweise von ICD-10) in den Hintergrund getreten. Nach DSM-III-R kann grundsätzlich sowohl eine somatoforme Störung als auch eine depressive Störung diagnostiziert werden, wenn ein Patient die entsprechenden diagnostischen Kriterien erfüllt. Darin ist der Anspruch der neuartigen, in DSM-III-R und ICD-10 realisierten Klassifikation zu erkennen, wissenschaftlich unzureichend gesicherte theoretische Annahmen nicht zur Grundlage der Diagnostik zu machen (z.B. keine umstrittenen Hierarchieregeln zu berücksichtigen) und die Definition psychischer Störungen im Zweifelsfall auf eine Deskription zu beschränken.

Mit der Klassifikation nach dem Komorbiditäts-Prinzip werden Ansätze unterstützt, nach ähnlichen biologischen und psychologischen Grundlagen bei somatoformen Störungen und Depressionen zu suchen. Vingerhoets & van Heck (1990) zeigten beispielsweise, daß Coping (d.h. Einsatz von Bewältigungsstrategien) als Mediator bei der Entstehung psychosomatischer Symptome angesehen werden kann. Die Symptome selbst scheinen wiederum Rückwirkungen auf Verfügbarkeit und Einsatz adäquater Coping-Strategien zu haben. In ähnlicher Form könnten Wirkmechanismen für die wechselseitige Entwicklung und Interdependenz somatoformer und depressiver Störungen angenommen werden.

Unabhängig von der Art spezieller Wirkmechanismen liegen inzwischen Belege vor, daß Patienten mit multiplen Diagnosen andere klinische Charakteristika aufweisen als Patienten mit einem mehr monosymptomatischen (d.h. durch eine einzige Diagnose beschreibbaren) Störungsbild. Für den Bereich somatoformer Störungen wurde dazu eine Studie von Morrison & Herbstein (1988) durchgeführt, die 54 Patientinnen mit einer Somatisierungsstörung plus nachfolgender (d.h. sekundärer) Major Depression untersuchten. Diese Gruppe wurde mit Patienten verglichen, bei denen eine primäre Major Depression ohne Vorgeschichte einer anderen psychischen Störung diagnostiziert worden war.

Die Studie zeigte, daß Patientinnen mit Somatisierungsstörung und Major Depression unter häufigeren, längeren und ausgeprägteren depressiven Episoden litten als Patientinnen mit einer primären Major Depression. Darüber hinaus kam es häufiger zu Angstattacken, Phobien und psychotischen Syndromen, die eine stationäre Behandlung erforderlich machten. Die Kombination Somatisierungsstörung/ Major Depression ging außerdem mit vermehrten Suizidgedanken und -handlungen einher, während sich Behandlungen mit Antidepressiva oder Lithium als weniger wirksam erwiesen oder häufiger zu unerwünschten Nebenwirkungen führten. In der Familienanamnese konnten allerdings keine wesentlichen Unterschiede zwischen den beiden Gruppen ermittelt werden.

Morrison & Herbstein (1988) folgerten aus ihren Befunden, daß sich depressive Störungen, die sich erst im Anschluß an eine Somatisierungsstörung entwickelten, in vielen Merkmalen gut von primären depressiven Störungen unterscheiden lassen und die Art der depressiven Symptomatik möglicherweise durch Verlauf und Behandlungsversuche der vorangegangenen somatoformen Beschwerden beeinflußt worden ist. Dies würde dem in Abbildung 4.2 dargestellten Modell II entsprechen.

Ähnlich wie in der Arbeit von Morrison & Herbstein (1988) könnte versucht werden, primäre und sekundäre somatoforme Störungen zu differenzieren und dies mit Hilfe psychopathologischer und anderer klinischer Charakteristika zu validieren. Derartige Untersuchungen sind allerdings unseres Wissens bislang noch nicht durchgeführt worden.

4.4. Somatisierung und Angststörungen

Neben dem engen Zusammenhang zwischen somatoformen Störungen und Depressionen sind offenbar auch Angststörungen bei vielen somatisierenden Patienten von besonderer Bedeutung. Nach Befunden von Boyd et al. (1984) scheint bei Patienten mit Somatisierungsstörung das Risiko einer Angststörung sogar größer zu sein als das einer Major Depression. Aufgrund epidemiologischer Daten berechneten die Autoren, daß die Wahrscheinlichkeit dieser Patientengruppe für die Entwicklung einer zusätzlichen Panikstörung 96,5 mal höher, für eine Agoraphobie 27,3 mal höher und für eine Major Depression 24,6 mal höher war als bei Personen ohne Somatisierungsstörung. Bei den angegebenen Wahrscheinlichkeitswerten ist die Auftretenshäufigkeit einzelner Störungen berücksichtigt (die für die Panikstörung niedriger ist als für depressive Störungen). Den Zahlen von Boyd et al. (1984) steht allerdings entgegen, daß nur in einer der bislang vorliegenden Komorbiditätsstudien zur Somatisierungsstörung Angststörungen häufiger ermittelt wurden als depressive Störungen (Swartz et al. 1986 a), während sie in zwei anderen Studien im Vergleich zu depressiven Störungen deutlich seltener diagnostiziert wurden (Zoccolillo & Cloninger 1986 b; Rief et al. 1992 b; vgl. auch Kapitel 4.2).

Die Untersuchung von Orenstein (1989)

Orenstein (1989) untersuchte speziell den Zusammenhang zwischen Somatisierungsstörung einerseits und der Kombination Major Depression - Panikstörung - Agoraphobie andererseits. In einer Gruppe mit Patientinnen, die lifetime-Diagnosen sowohl für Major Depression als auch für eine Angststörung erhalten hatten, erfüllten 19% auch die Kriterien der Somatisierungsstörung (Feighner-Kriterien), während es in der Gruppe ohne kombinierte Depressions-/ Angststörung nur 4% waren. Geringer war auch der einfache Zusammenhang zwischen Somatisierungsstörung und Major Depression (5%) sowie zwischen Somatisierungsstörung und Angststörungen (4%). Orenstein (1989) leitete daraus die Hypothese ab, daß Somatisierungsstörung, Major Depression und Panikstörung/ Agoraphobie eine gemeinsame Diathese zugrunde liegen könnte und das Hinzukommen des Somatisierungssyndroms zu der bereits vorbestehenden Kombination Depression/ Angst die schwerwiegendste Ausprägungsform dieser Störung kennzeichnet.

Somatisierungs- und Angststörungen haben gemeinsam, daß das Vorliegen körperlicher Symptome als zentrales psychopathologisches Kriterium angesehen wird. Es wurde mehrfach belegt, daß Patienten mit einer Panikstörung anfangs häufig nicht über ihre Angstempfindungen berichten, sondern somatische Symptome in den Vordergrund stellen (Clancy & Noyes 1976; Sheehan et al. 1980; Magarian 1982; Katon 1984 b).

Die Untersuchung von King et al. (1986)

In einer Studie mit 44 Frauen, die die Diagnose einer Panikstörung nach DSM-III erhalten hatten, demonstrierten King et al. (1986) hohe Scores in Selbstbeurteilungsskalen für somatoforme Symptome sowie für das Gewahr- und Bewußtwerden kardiovaskulärer Vorgänge (z.B. Palpitationen) und gastrointestinaler Vorgänge (z.B. Blähungen). Zwölf der 44 Patientinnen erreichten sogar die für die Diagnose einer Somatisierungsstörung nach DSM-III erforderliche Anzahl von Symptomen. Allerdings hatten King et al. (1986) auf Panikattacken beschränkte körperliche Symptome nicht gesondert differenziert, so daß aufgrund der berichteten Befunde kein Rückschluß auf die Komorbidität zwischen Panikstörung und Somatisierungsstörung möglich erscheint. Die Ergebnisse dieser Studie weisen aber darauf hin, daß auch unterhalb der Diagnosenschwelle ein erheblicher Überschneidungsbereich (overlap) zwischen Angst- und Somatisierungssymptomatik vorliegen dürfte. Die höchsten Somatisierungswerte bestanden bei Patientinnen, die neben der Panikstörung auch ein ausgeprägtes phobisches Vermeidungsverhalten entwickelt hatten.

Keinen Zusammenhang ermittelten King et al. (1986) dagegen zwischen Somatisierung und Alter bzw. bisheriger Dauer der Panikstörung. Dies spricht nach Ansicht dieser Autoren gegen die etwa von Sheehan et al. (1980) oder Katon (1984 b) vertretene Auffassung, daß Somatisierung einfach als Konsequenz einer langjährigen Vorgeschichte von Panikattacken im Sinne einer Generalisierung der körperlichen Angstsymptome angesehen werden kann. Trotz des nicht seltenen Ineinandergreifens beider Störungsbilder scheint demnach eine nosologische Differenzierung zwischen Somatisierungs- und Angststörungen gerechtfertigt zu sein.

4.5. Somatisierung und multiple Persönlichkeit

Auf eine Häufung von Somatisierungssymptomen bei Patienten mit multipler Persönlichkeit weist eine zunehmende Zahl von Befunden aus den letzten Jahren hin (Ross et al. 1989; Coons 1988; Coons & Milstein 1986; Bliss 1984). Bei der multiplen Persönlichkeit handelt es sich nach DSM-III-R um eine Störung, bei der eine Bewußtseins- und Identitätsveränderung auftritt und die betreffende Person sich so unterschiedlich verhalten kann, als verfüge sie über zwei oder mehrere verschiedene Persönlichkeiten (Wittchen et al. 1989, p. 329). Ross et al. (1989) berichteten, daß bei 18,8% von 236 untersuchten nordamerikanischen Patienten mit multipler Persönlichkeit eine vorbestehende Somatisierungsstörung festgestellt worden war.

Ross et al. (1989) untersuchten ferner 20 Patienten mit multipler Persönlichkeit mit Hilfe des “Dissociative Disorders Interview Schedule” (DDIS), einem strukturierten Interview mit 131 Items zur Diagnose aller dissoziativen Störungen, der Somatisierungsstörung und der Major Depression auf der Grundlage von DSM-III-R. Als Vergleichsgruppen wurden Patienten mit Eßstörungen, Panikstörung und Schizophrenie in jeweils gleicher Anzahl mit Hilfe des gleichen Instruments untersucht. Patienten mit multipler Persönlichkeit erhielten häufiger als die anderen Patienten die Zusatzdiagnose einer Somatisierungsstörung (sieben der 20 Patienten) und wiesen eine signifikant höhere Anzahl von Somatisierungssymptomen auf (mit deutlichen Unterschieden vor allem für abdominelle Schmerzen, Erbrechen, Gelenkschmerzen, Ohnmachtsgefühle, Amnesie und Schwierigkeiten beim Wasserlassen). Ross et al. (1989) führten die vermehrte Somatisierung bei den Patienten mit multipler Persönlichkeit unter anderem auf körperliche Kindheitstraumata zurück, da 15 der 20 untersuchten Patienten körperlich mißhandelt und 16 sexuell mißbraucht worden waren.

4.6. Somatisierung und Persönlichkeitsstörungen

Das gemeinsame Auftreten von somatoformen Störungen und Persönlichkeitsstörungen ist von Fabrega et al. (1988) in einer großen Stichprobe einer psychiatrischen Klinik anhand von DSM-III-Diagnosen untersucht worden. Mit 27,8% zeigte sich für Persönlichkeitsstörungen in der Gruppe der somatoformen Störungen eine höhere Komorbiditätsrate (im Sinne der "Doppeldiagnose" für somatoforme *und* Persönlichkeitsstörung) als in der Gruppe der affektiven oder der Angststörungen. Ein ähnlich enger Zusammenhang bestand zwischen dysthymen Störungen und Persönlichkeitsstörungen (25,1%) sowie zwischen Major Depression und Persönlichkeitsstörungen (10,2% für Major Depression mit nur einer Episode, 12,5% für rezidivierende Episoden einer Major Depression).

Andere Untersuchungen gingen der Frage nach, inwieweit eine besonders enge Komorbidität zwischen einzelnen spezifischen Persönlichkeitsstörungen und somatoformen Störungen besteht. In der Literatur hatten sich Hinweise dafür gehäuft, daß insbesondere antisoziale (psychopathische) und histrionische (demonstrative) Persönlichkeitszüge überdurchschnittlich häufig bei Personen mit somatoformen Störungen aufzutreten scheinen (z.B. Guze 1964; Robins 1966; Cloninger & Guze 1970; Guze et al. 1971; Kimble et al. 1975; Liskow et al. 1977; Spalt 1980; Kaminky & Slavney 1983; Katon et al. 1984 b; Hafeiz 1986).

Histrionische und antisoziale Persönlichkeitsstörungen

In einer Studie von Morrison (1989 a) wurde bei 41 von 60 Patientinnen mit einer Somatisierungsstörung *zusätzlich* die Diagnose einer histrionischen Persönlichkeitsstörung nach DSM-III gestellt (nach DSM-III-R waren es sogar 48 Patientinnen). An einer noch größeren Stichprobe von 250 Patienten aus unterschiedlichen psychiatrischen Einrichtungen zeigten Lilienfeld et al. (1986), daß sowohl die antisoziale als auch die histrionische Persönlichkeitsstörung (nach Kriterien von Kurt Schneider bzw. von DSM-III) auffallend häufig bei Patienten mit der Diagnose einer Somatisierungsstörung auftraten. In der untersuchten Gruppe, die sowohl aus männlichen als auch aus weiblichen Patienten mit einer Somatisierungsstörung bestand, wurde bei 53% eine antisoziale und bei 54% eine histrionische Persönlichkeitsstörung gefunden. Antisoziale Persönlichkeit und Somatisierungsstörung korrelierten zwar bei Patienten *ohne* histrionische Persönlichkeitsstörung signifikant, nicht jedoch in der Gruppe der Personen *mit* histrionischer Persönlichkeitsstörung. Lilienfeld et al. (1986) formulierten daraufhin die Hypothese, daß bei Personen mit histrionischer Persönlichkeitsstörung ein hohes Risiko zur Entwicklung *entweder* einer Somatisierungsstörung *oder* einer antisozialen Persönlichkeitsstörung besteht. Eine wichtige Bedeutung könnte dabei der Geschlechtszugehörigkeit zukommen (erhöhte Wahrscheinlichkeit für Somatisierungsstörung bei Frauen, für antisoziale Persönlichkeitsstörung bei Männern).

Durch die häufige Koexistenz von Somatisierungsstörung mit histrionischer und antisozialer Persönlichkeitsstörung ist die Frage aufgeworfen worden, ob es sich bei diesen klinischen Bildern tatsächlich um drei unterschiedliche psychische Störungen handelt oder vielmehr um Stadien oder Ausprägungsgrade einer gemeinsamen Pathogenese. Lilienfeld et al. (1986) favorisieren das Modell einer gemeinsamen Diathese, wie es in ähnlicher Form für die Diagnosenkombination Somatisierungsstörung - Major Depression - Panikstörung/ Agoraphobie vorgeschlagen worden ist (vgl. Kapitel 4.4). Dies ist nach unserer Ansicht jedoch problematisch, da hohe Komorbiditätsraten für den Nachweis einer gemeinsamen Grundstörung alleine nicht ausreichend sein können und ein gemeinsames Erkennungsmerkmal für die vermutete Grundstörung (d.h. ein Marker) bislang nicht gefunden wurde.

Wir geben daher dem in Kapitel 4.3 im Zusammenhang mit depressiven Störungen bereits diskutierten deskriptiven Ansatz den Vorzug, wonach grundsätzlich multiple Diagnosen gestellt werden sollten und nicht von einer einheitlichen Grundstörung mit nur einer Hauptdiagnose auszugehen ist. Bei Patienten mit unterschiedlichen Diagnosenkombinationen (d.h. Somatisierungsstörung mit vs. ohne assoziierte Persönlichkeitsstörung) können durchaus praktisch relevante ätiologische und prognostische Unterschiede bestehen.

Borderline-Persönlichkeitsstörung

Hinweise für eine erhöhte Somatisierungsbereitschaft liegen auch für Patienten mit einer Borderline-Persönlichkeitsstörung vor. Snyder & Pitts (1986) ermittelten für diese klinische Gruppe hohe Mittelwerte in den Skalen "Hypochondrie" und "Hysterie" des MMPI (Minnesota Multiphasic Personality Inventory), ebenso erhöhte Scores bei der Fremdbeurteilung von Somatisierung und Besorgnis über körperliche Beschwerden. Patienten mit Borderline-Persönlichkeitsstörung waren in diesen Merkmalen mit einer Kontrollgruppe depressiver Patienten (dysthyme Störung) vergleichbar.

Andere Fragebogen-Studien bestätigen die Tendenz einer erhöhten Somatisierung bei Borderline-Patienten (z.B. Gustin et al. 1983; Lloyd et al. 1983; Abramowitz et al. 1984), während jedoch Katon et al. (1984 b) auf der Basis von Interviewdaten einen nur geringfügigen Unterschied in der Häufigkeit von Borderline-Persönlichkeitsstörungen zwischen somatisierenden und nicht-somatisierenden Patienten fanden (6 vs. 4%). Unseres Wissens liegen bislang keine Arbeiten vor, in denen die Komorbidität zwischen Borderline- und somatoformen Störungen auf Diagnoseebene systematisch untersucht worden ist.

Zusammenfassung

Die in diesem Kapitel referierten Komorbiditätsstudien machen deutlich, daß somatoforme Störungen mit einer Vielzahl anderer klinischer Störungsbilder einschließlich depressiver Störungen, Angststörungen und Persönlichkeitsstörungen assoziiert sein können. Bei Patienten mit somatoformen Störungen ist daher ein genaues Screening nach weiteren psychischen Beschwerden dringend zu empfehlen. Umgekehrt sollte auch überprüft werden, ob bei Patienten mit anderen psychischen Störungen zusätzlich auch Somatisierungssymptome vorliegen und die Kriterien für eine somatoforme Störung erfüllt sind. Dabei kann zwischen primären und zusätzlichen Diagnosen unterschieden werden und es sind u.U. auch weniger gut abgesicherte Verdachtsdiagnosen möglich.

Das Modell der somatisierten bzw. maskierten Depression hat in der Vergangenheit zu teilweise heftigen Kontroversen zwischen Befürwortern (wie Blumer und Heilbronn) und Kritikern (wie Williams und Spitzer) geführt. Trotz umfangreicher Forschungsarbeiten kann dieses Modell heute weder als bestätigt noch als widerlegt gelten. Andererseits kann das Komorbiditätskonzept, das bislang am konsequentesten in DSM-III-R realisiert worden ist, in dieser Auseinandersetzung gewissermaßen als pragmatische Lösung angesehen werden, da es die Diagnostik auf die reine Deskription der Störungsbilder beschränkt. Annahmen über über- bzw. untergeordnete Syndrome werden nicht mehr gemacht. Es können Patienten differenziert werden, die sowohl eine depressive als auch eine somatoforme Störung oder aber nur eine der beiden Störungen haben.

Zum Modell der somatisierten (maskierten) Depression wurden ferner alternative Modelle vorgestellt. Danach wird angenommen, daß beispielsweise eine depressive Störung Mitauslöser (oder "Trigger") einer somatoformen Störung sein kann. Umgekehrt kann u.U. auch eine bereits vorbestehende somatoforme Störung die Entwicklung einer nachfolgenden und zusätzlichen depressiven Störung begünstigen. Zukunftsweisend ist sicherlich auch der Ansatz, nach gemeinsamen biologischen und psychologischen Bedingungen für sowohl somatoforme als auch depressive Störungen zu suchen.

5. Epidemiologie und transkulturelle Befunde

Epidemiologische Studien machen Aussagen zur Häufigkeit einzelner Erkrankungen. Die hierbei festgestellte Verbreitung ist jedoch nur einer von mehreren relevanten Aspekten, da Leidensdruck für den Betroffenen sowie die weitere gesundheitspolitische Bedeutung ebenfalls die Relevanz eines Krankheitsbildes für die klinische Forschung bestimmen. Gerade für das Vollbild einer Somatisierungsstörung wird im vorliegenden Kapitel gezeigt, daß sie zwar relativ selten ist, jedoch eine hohe gesundheitspolitische Bedeutung hat. Für Somatisierungssyndrome unterhalb der diagnostischen Schwelle von 13 körperlichen Symptomen (wie bei der Somatisierungsstörung) wird weiterhin dargestellt, daß sie zu den häufigsten psychischen Störungen zu zählen sind.

5.1. Epidemiologie somatoformer Störungen

Daten zur Epidemiologie somatoformer Störungen stammen in erster Linie von den bereits erwähnten "Epidemiologic Catchment Area" (ECA) - Studien in den USA. Die Kriterien für die Diagnostik entsprachen DSM-III und wurden trotz leichter Modifikationen der diagnostischen Kriterien auf DSM-III-R übertragen. Im folgenden werden Ergebnisse epidemiologischer Untersuchungen für die einzelnen Untergruppen somatoformer Störungen dargestellt, wobei der Schwerpunkt auf der Häufigkeit in der Allgemeinbevölkerung liegt, während die Häufigkeit somatoformer Störungen in Arztpraxen und anderen Einrichtungen des Gesundheitssystems im nächsten Kapitel dargestellt wird.

5.1.1. Epidemiologie der Somatisierungsstörung

Die diagnostische Gruppe der *Somatisierungsstörung*, die als Prototyp somatoformer Störungen gilt und wissenschaftlich am meisten Aufmerksamkeit erregte, wird auf Grund der sehr engen diagnostischen Kriterien als sehr selten angesehen. DSM-III-R gibt Prävalenzraten zwischen 0,2 und 2% bei Frauen an. Die Werte für Männer liegen noch deutlich niedriger. Wegen der niedrigen Prävalenzrate können diese Zahlen nur als Schätzwerte angesehen werden, da zum Beispiel bei fast 10000 untersuchten Personen nur zehn die Diagnose erfüllen (Myers et al. 1984; s. auch Deighton & Nicol 1985).

Untersuchungen zu Geschlechtsunterschieden

Nach Angaben von Swartz et al. (1987 a) ist das Geschlechterverhältnis 93% Frauen zu 7% Männer, somit bei Frauen 13mal häufiger als bei Männern; jedoch auch diese Werte können nur als Schätzungen angesehen werden (z.B. wurden in der Studie von Swartz und Mitarbeitern nur drei Männer mit einer Somatisierungsstörung identifiziert).

DSM-III bietet für die Diagnose der Somatisierungsstörung bei Frauen fünf Symptome mehr zur Auswahl an als bei Männern (z.B. Menstruationsbeschwerden). Dies könnte zu einem "positiven bias" führen, so daß Frauen alleine deshalb mehr somatoforme Symptome angeben, weil auch mehr Symptome zur Auswahl stehen und deshalb die diagnostischen Kriterien eher erreicht werden. In einer Arbeit von Golding et al. (1991) wurde die Symptomatik bei männlichen und weiblichen Patienten mit Somatisierungsstörung verglichen. Bei Berücksichtigung aller Symptome gaben Frauen (N = 68) durchschnittlich 17 Symptome an, Männer (N = 12) durchschnittlich 15. Werden nur die Beschwerden berücksichtigt, die für beide Geschlechter gelten, unterscheidet sich die Symptomanzahl zwischen den beiden Geschlechtern jedoch nicht. Bei zahlreichen gemessenen Variablen zum sozialen Status, demographischen Variablen und funktionellen Einschränkungen ergab sich zwischen der männlichen und weiblichen Gruppe kein Unterschied. Golding et al. (1991) schließen daraus, daß sich klinische Merkmale der Somatisierungsstörung zwischen Männern und Frauen kaum unterscheiden, jedoch sehen die Autoren Geschlechtsunterschiede in der Art, wie der behandelnde Arzt die Symptome wahrnimmt, für wie gewichtig er sie hält sowie wann er Ein- oder Überweisungen durchführt.

Schichtzugehörigkeit und Bildungsniveau

Von der Somatisierungsstörung sind überproportional mehr Personen aus sozial schwachen Schichten betroffen. In der Zusammenstellung bei Swartz et al. (1987 a) hatten 73% der Patienten keinen "high school"-Abschluß und 60% waren in der untersten von vier Klassen zur sozialen Schichtzugehörigkeit. Diese Variablen waren in der genannten Untersuchung auch mit der Variable Hautfarbe konfundiert, da die Störung bei Schwarzen deutlich häufiger auftritt als bei Weißen.

Familienstand

Die Störung hat offensichtlich auch Zusammenhänge zum Familienstand. Während in der Gesamtstichprobe von Swartz et al. (1987 a) 46% verheiratet waren, waren dies bei Patienten mit Somatisierungsstörung nur 19%. Dafür fielen mehr Patienten in die Kategorien "getrennt lebend/ geschieden", "verwitwet" oder "ledig". Hier ergeben sich Anhaltspunkte für den Zusammenhang zwischen somatoformen Symptomen sowie kritischen Lebensereignissen und Belastungssituationen (s. auch Kapitel 7.3 zu kritischen Lebensereignissen), wobei die Ursache-Wirkungskette noch offen bleibt.

Diese Daten werden auch bestätigt durch Arbeiten von Zoccolillo & Cloninger (1986 a und b). Hier zeigte sich bei Patientinnen mit Somatisierungsstörung im Vergleich zu depressiven Frauen ebenfalls ein hoher Anteil von Geschiedenen bzw. nach Partnerschaft getrennt lebenden Frauen (80% waren zum Zeitpunkt der Untersuchung oder zuvor verheiratet gewesen, davon 76% geschieden oder wieder getrennt). Bei den Ehemännern bestand überzufällig häufig ein Alkoholabusus (32%) oder antisoziale Probleme (35%).

Beginn der Störung

Nach den Angaben von DSM-III-R ist der Beginn am häufigsten noch vor dem 20. Lebensjahr. Teilt man das Alter der Patienten in Untergruppen auf, so zeigt sich im Querschnitt keine statistisch signifikante Abweichung oder Häufung in bestimmten Altersgruppen, wobei nur Personen über 18 Jahren untersucht wurden. Da nach DSM-III die Erkrankung bereits vor dem 30. Lebensjahr begonnen haben muß, ist unklar, wie stark die gefundene Altersverteilung von diesem Kriterium beeinflußt wird. Durch dieses Kriterium werden mögliche Neuerkrankungen bei über 30jährigen ausgeklammert, was zwangsläufig Konsequenzen für die gefundene Häufigkeit der Erkrankung hat.

5.1.2. Epidemiologie bei Personen mit hohem SSI-Index

Durch die zu strengen Kriterien für die Somatisierungsstörung wird die epidemiologische Relevanz somatoformer Symptome besser erfaßt durch das Konzept des "Somatic Symptom Index" (SSI) von Escobar et al. (1989; vgl. auch Kapitel 2.4). Die Autoren plädieren für eine Untergruppe, die nicht 13 der genannten somatischen Symptome aufweisen, sondern nach DSM-III 4 (bei Männern) bzw. 6 (bei Frauen) Symptome, jedoch in den weiteren Kriterien mit den genannten diagnostischen Kriterien der Somatisierungsstörung übereinstimmen (nach der Revision DSM-III-R wäre für beide Geschlechter eine Mindest-Symptomzahl von 5 zu fordern). Bei Personen mit einer Symptomanzahl von über 4 bzw. 6 wird im folgenden das Kürzel "SSI 4,6" verwendet.

Die Prävalenz von Personen mit einem "SSI 4,6" im nordamerikanischen Raum liegt bei 4,4% (Escobar et al. 1987 b, 1989) und ist somit im Bereich der häufigsten psychischen Störungen. Personen mit "SSI 4,6" kommen mindestens 50mal häufiger vor als Personen mit Somatisierungsstörungen. Diese Zahlen scheinen das Gesamtproblem, wie es auch im folgenden Kapitel 6 von gesundheitspolitischer und sozialmedizinischer Seite aus betrachtet wird, besser darzustellen, so daß die Veränderung der diagnostischen Kriterien entsprechend dem Konstrukt des SSI als sinnvoll zu erachten ist.

Auch bei Personen mit "SSI 4,6" tritt Arbeitsunfähigkeit offenbar deutlich häufiger auf. Escobar et al. (1989) fanden bei 15,5% der Personen mit "SSI 4,6" aktuelle Arbeitsunfähigkeit. Im Vergleich dazu betrug die entsprechende Rate in der untersuchten Gesamtstichprobe nur 4,4%.

Parallelen zur Somatisierungsstörung

Die Alters- und Geschlechtsverteilung bei Personen mit "SSI 4,6" ist zum Großteil vergleichbar mit der bei Personen, die am Vollbild der Somatisierungsstörung leiden. Die Störung tritt ebenfalls häufiger bei Frauen als bei Männern auf, wobei das Geschlechtsverhältnis nur ca. 2:1 ausmachen dürfte und somit deutlich weniger asymmetrisch ist als bei der Somatisierungsstörung (Cloninger et al. 1986). Der Beginn der Störung liegt in der Regel im zweiten Lebensjahrzehnt. Es findet sich jedoch auch eine interessante Wechselwirkung zwischen Alter und kulturellen Einflußfaktoren: bei Amerikanerinnen mexikanischer Abstammung treten mit steigendem Alter auch mehr Symptome auf, während bei weißen ("non-hispanic") Amerikanern dieser Häufigkeitsanstieg vor allem ab dem 40. Lebensjahr nicht mehr zu finden ist.

Weitere Merkmale

Swartz et al. (1989) untersuchten ebenfalls epidemiologische Fragen bei Personen mit erhöhter Zahl somatischer Symptome, wobei die Autoren sich nicht streng an den SSI-cut-off-Punkten von Escobar orientierten. Während im Gegensatz zur Somatisierungsstörung kein Rassenunterschied zwischen Weißen und Schwarzen gefunden wurde, zeigte sich, daß Frauen im Mittel doppelt soviel somatische Symptome beschreiben (3,65 aus der DSM-III-Symptomliste) wie Männer (1,75). Auch fanden sich im Gegensatz zu früheren Ergebnissen bei Bewohnern von Städten mehr Symptome als bei Bewohnern ländlicher Gebiete.

Das Problem konfundierter Variablen

Swartz et al. (1989) weisen auf das Problem konfundierter Variablen hin, wie es bei epidemiologischen Untersuchungen auftritt. Um z.B. einen kulturellen Unterschied nachzuweisen und die Kultur als epidemiologisch relevanten Faktor herauszuarbeiten, müssen die Stichproben vergleichbare Altersstruktur, gleiches Geschlechtsverhältnis, gleichen sozialen Status und Einkommensbedingungen, gleiche Aufteilung in Großstadt- und Landbewohner und viele andere gemeinsame Merkmale aufweisen.

Ein statistisches Verfahren zur Kontrolle dieses Problems ist die multiple Regressionsanalyse, die es ermöglicht, die Effekte der einzelnen Variablen abzuschätzen, wenn die Effekte der weiteren Variablen kontrolliert werden. Swartz et al. (1989) führten dieses Verfahren bei ihren Daten durch und stellten fest, daß Unterschiede zwischen Land- und Stadtbevölkerung vor allem bei Frauen auftreten. Weibliche Personen, die in der Stadt wohnen, geben deutlich mehr Symptome an als Frauen der ländlichen Bevölkerung. Der Stadt-/ Landunterschied ist des weiteren auch bei höheren sozialen Schichten stärker ausgeprägt als bei niederen sozialen Schichten.

Auch beim SSI-Index ist ein "bias" für die Diagnose bei Frauen vorhanden, da wie bereits erwähnt bei den diagnostischen Kriterien fünf Symptome nur für Frauen gelten. Swartz et al. (1989) gingen deshalb der Frage nach, ob diese fünf Symptome die genannten Ergebnisse zu epidemiologischen Variablen wie Stadt/ Landunterschied, sozialer Status oder Geschlechtsunterschiede beeinflussen. Männer und Frauen unterschieden sich nicht mehr in der Häufigkeit der genannten Symptome, wenn gynäkologische Beschwerden ausgeschlossen wurden. Jedoch blieben die Effekte von sozialem Status, Stadt-/ Landbevölkerung bzw. die Wechselwirkungen zwischen Geschlecht und Stadt-/ Landbevölkerung erhalten. Auch dann galt noch, daß der Stadt-/ Landunterschied in erster Linie auf Frauen zurückzuführen war.

Starke Unterschiede nur bei größerer Symptomzahl ?

Zusammenfassend läßt sich für die Personengruppe mit "SSI 4,6" feststellen, daß Geschlechtsunterschiede zwar vermutlich vorhanden sind, jedoch sicher niedriger liegen als bei der Somatisierungsstörung. Geht man davon aus, daß somatoforme Symptome in ihrer Häufigkeit normalverteilt sind und keine Sprungstelle an den "cut-off-Punkten" liegt, so können die Unterschiede im Geschlechtsverhältnis entstehen, obwohl den Bereichen der Somatisierungsstörung und dem Bereich der "SSI 4,6" die gleiche Verteilung zugrundeliegt. Geht man von einem geringen, jedoch vorhandenen Unterschied in der Anzahl somatoformer Symptome bei Männern und

Abbildung 5.1 Fiktive Verteilungskurve von Symptomanzahl und Häufigkeit bei Männern und Frauen. Gesamtverteilungen und Mittelwerte unterscheiden sich nur gering. Deshalb ergeben sich bei einer Symptomzahl von 5 ("CO (= cut off) -5") auch nur geringe Unterschiede (1:1,1), während bei einer Symptomanzahl von 17 ("CO-17"), also am Extrembereich der Verteilung, die Unterschiede größer sind (1:5). Obwohl sich die Häufigkeitsverteilungen von Männern und Frauen nur wenig unterscheiden, ergeben sich im Extrembereich deutliche Unterschiede.

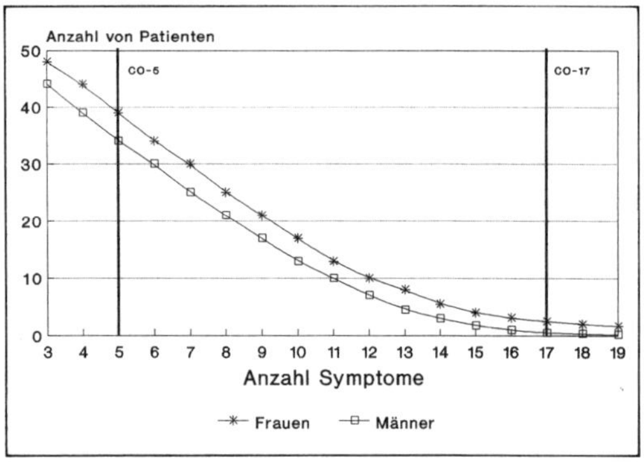

Frauen aus, können im äußeren Extrembereich die Geschlechtsunterschiede sich dramatischer darstellen als sie in der Gesamtverteilung sind. Dieser Effekt ist in Abbildung 5.1 mit hypothetischen Verteilungskurven genauer dargestellt. Legt man einen cut-off-Punkt für die Diagnose in den mittleren Bereich der Verteilung für somatoforme Symptome, so finden sich kaum Geschlechtsunterschiede. Wird der cut-off-Punkt in den Extrembereich gelegt (wie am Beispiel der Somatisierungsstörung mit 13 Symptomen), so ergeben sich große Gruppenunterschiede.

5.1.3 Epidemiologie anderer somatoformer Störungen

Während die Somatisierungsstörung und die Gruppe mit mindestens 4 bzw. 6 somatoformen Symptomen ("SSI 4,6") reliable und nach relativ klaren diagnostischen Kriterien erfaßbare Krankheitsklassen darstellen, gilt dies für die weiteren Untergruppen der somatoformen Störungen weniger. Entsprechend verwundert es nicht, daß für diese Untergruppen nur wenig Angaben zur Häufigkeit vorliegen, die zusätzlich stark voneinander abweichen.

Zur *Konversionsstörung* wird von Barsky (1988) eine "lifetime"-Inzidenz von 25 bis 33% angegeben, wobei diese Störung bei Frauen 2 bis 5mal häufiger sein soll. Jedoch sei auch hier darauf hingewiesen, daß bei Konversionsstörungen im Langzeitverlauf sich auch neurologische Erkrankungen herauskristallisieren können, was bei o.g. Störungsbildern weniger der Fall ist (s. Kapitel 2.3 zur Differentialdiagnostik). Zur *Hypochondrie* gibt Barsky (1988) keine Prävalenzraten in der Allgemeinbevölkerung an, jedoch liege die Häufigkeit bei Patienten in Allgemeinarztpraxen bei 3 bis 14%. Kellner et al. (1986 a) untersuchten Studenten der Medizin und der Jurisprudenz und fanden in beiden Gruppen eine Häufigkeit von 8% für hypochondrische Ängste, die das Ausmaß einer "hypochondrischen Neurose" erreichen würden.

Barsky et al. (1991) überprüften die Frage, ob Hypochondrie altersabhängig ist. Es wäre denkbar, daß mit zunehmendem Alter und zunehmendem Erleben der eigenen körperlichen Grenzen auch die körperliche Selbstbeobachtung steigt. Die Arbeitsgruppe um Barsky fand jedoch bei Patienten einer allgemeinen Klinik keine Altersabhängigkeit hypochondrischer Tendenzen in einem Fragebogen.

Für die *somatoforme Schmerzstörung* sind ebenfalls keine genauen Daten angegeben, obgleich angenommen wird, daß es sich hierbei um eine in Arztpraxen häufig gefundene Störung handelt. Für die *körperdysmorphe Störung* wird vermutet, daß sie deutlich häufiger ist, als früher angenommen, die Patienten sich jedoch in erster Linie bei plastischen Chirurgen zur Behandlung befinden und deshalb in psychiatrisch oder internistisch orientierten Untersuchungen kaum gefunden wurden. Oftmals verdeckt sich dieses Krankheitsbild jedoch unter allgemeinen Selbstwertproblemen oder Depressionen, die als ein Symptom auch eine spezifische gedankliche Fixierung auf eine Körpermißgestaltung enthalten können. Ob chirurgische Eingriffe eine längerfristige Entlastung bringen, ist unbekannt. Eine Übersicht über die bisherige Literatur zu körperdysmorphen Störungen, die in erster Linie aus Einzelfallberichten besteht, findet sich bei Phillips (1991).

5.1.4. Epidemiologische Angaben aus Deutschland

Für das psychovegetative Syndrom, das zwar sehr unterschiedlich diagnostiziert wird, jedoch eng mit somatoformen Störungen zusammenhängen dürfte, ergab sich in der Allgemeinbevölkerung eine Häufigkeit von 5 bis 10% (Delius & Fahrenberg 1966; Schepank et al. 1984).

Köhle (1991) beschreibt, daß jeder zweite mindestens einmal wöchentlich ein charakteristisches körperliches Symptom erlebt. Bei den meisten Personen erhält dies jedoch keinen Krankheitswert und chronifiziert nicht, so daß diese Symptome bald wieder in Vergessenheit geraten. Schüffel & von Uexküll (1986; s. auch Adler & Schüffel 1991; Köhle 1991) berichten, daß 40 bis 60% aller geschilderten Beschwerden im Gastrointestinaltrakt "funktionell" seien, und 30% der Normalbevölkerung zeitweise eine gestörte Darmtätigkeit aufweisen, sowie schließlich 10 bis 15% der Bevölkerung funktionelle Oberbauchbeschwerden hätten. Eine genaue Exploration nach "nicht-internistischen Symptomen" einer somatoformen Störung unterblieb in der Regel bei solchen Studien, so daß kaum ein Schluß auf die Häufigkeit somatoformer Störungen in Deutschland möglich ist.

5.2. Kulturelle Unterschiede

Der Ausdruck von Emotionen und emotionalen Störungen ist großen kulturellen Unterschieden unterworfen. So wird zum Beispiel in China selten eine "Depression" diagnostiziert, vom Patienten auch relativ selten die affektiven Symptome dieser Störung geschildert, sondern vielmehr die somatischen Äquivalente der Erkrankung. Nach Kleinman (1977; zit. n. Kirmayer 1984) gaben 88% von taiwanesischen Patienten mit Depressionen initial beim Arzt ausschließlich somatische Symptome an, während dies nur 4% einer Stichprobe amerikanischer Patienten aus Massachusetts taten. Aufgrund dieser Unterschiede im emotionalen Ausdruck zwischen den Kulturen läßt sich vermuten, daß sich auch bei der Angabe somatischer und somatoformer Symptome kulturelle Unterschiede ergeben, da der Ausdruck körperlicher Beschwerden ebenfalls sozialpsychologischen Lernprozessen unterworfen ist (Mechanic 1972).

Studien von Mumford

Mumford und Mitarbeiter entwickelten das "Bradford Somatic Inventory" (Mumford et al. 1991), das in Kapitel 3.3 bereits dargestellt wurde und das zur Erfassung somatischer Symptome bei britischen und indo-pakistanischen Personen dienen sollte. Eine Besonder-

Symptome, die bei Briten häufiger sind als bei Pakistani	Symptome, die bei Pakistani häufiger sind als bei Briten
"Flattern im Bauch"	Sehstörungen (Dunkelheit oder Unregelmäßigkeiten vor den Augen)
Nacken- und Schulterschmerzen	Gefühl der inneren Hitze
Trockenheit im Mund- und Rachenraum	Schmerzen oder Brennen in den Augen
Völlegefühl	Gefühl von stechenden Nadeln am ganzen Körper
Gefühl der Erschöpftheit	Obstipation
	Brennen beim Wasserlassen

Abbildung 5.2 Ethnischer Vergleich zur Somatisierung (nach einer Arbeit von Mumford 1989).

heit dieser Studie ist, daß sehr viel Wert auf linguistische und konzeptionelle Vergleichbarkeit der beiden sprachlichen Versionen des Fragebogens gelegt wurde. Zwischen den beiden untersuchten Gruppen, Medizinstudenten in Lahore (Pakistan) und Leeds (Großbritannien), fand Mumford (1989) in der Gesamtzahl der geschilderten somatischen Symptome keinen Unterschied. Jedoch ergaben sich deutliche Unterschiede in einzelnen Symptomen, die von den Briten und Pakistani geschildert wurden (s. Abbildung 5.2).

Somit kann nach Mumford die Hypothese nicht aufrecht erhalten werden, daß Asiaten generell mehr somatische Empfindungen wahrnehmen und äußern als Personen in westlichen Kulturen. Briten gaben durchschnittlich 9,4 Symptome an, Pakistani 9,3. Jedoch zeigte sich in beiden Untergruppen der bereits erwähnte Unterschied zwischen männlichen und weiblichen Probanden. In beiden ethnischen Gruppen war die Häufigkeit somatischer Symptome bei Frauen höher als bei Männern.

Auch Bhatt et al. (1989) untersuchten Personen, die Englisch, Urdu bzw. Gujarati (pakistanische und indische Sprachen) als Muttersprachen hatten. Es handelte sich um Patienten, die aus einer englischen Allgemeinarztpraxis rekrutiert wurden. Es ergab sich kein Anhaltspunkt, daß die englische Gruppe weniger somatische Beschwerden schildern würde. Die indische Gruppe gab jedoch weniger psychosoziale Beschwerden und weniger Angst an und führte ihre Beschwerden häufiger auf körperliche Erkrankungen zurück. Außerdem zeigte die indische Gruppe höhere Werte auf der Hypochondrieskala des "Illness Behavior Questionnaire" (IBQ). Die Gruppe der Pakistani lag zwischen der indischen und der englischen Gruppe.

Ethnische Unterschiede oder Probleme nach der Emigration ?

Trotz dieser Unterschiede zu der Studie von Mumford (1989) kann aus diesen Ergebnissen nicht auf ethnische Spezifitäten geschlossen werden. Die Gruppe der Inder und Pakistani waren Emigranten, also Personen, die ihr Heimatland verlassen hatten, eine neue Existenz in einem fremden Land aufbauten, neue Kontakte finden mußten und dadurch einem enormen psychischen Streß ausgesetzt waren. Somit können Gruppenunterschiede unter Umständen eher auf unterschiedliche "life events"-Raten zurückzuführen sein, weniger auf ethnische Gruppenzugehörigkeit. Diese Kritik gilt auch für eine ähnliche Arbeit von Jawed (1991).

Prävalenz in USA und Puerto Rico - die Arbeiten von Escobar

Im Gegensatz zu den vorgenannten Arbeiten orientieren sich die Arbeiten von Escobar und Mitarbeitern stärker an den Symptomen, die als diagnoserelevant in DSM-III-R genannt werden. Die Lebenszeit-Prävalenzrate für das Vollbild einer Somatisierungsstörung, die bei weißen Amerikanern ungefähr um 0,1% liegt, zeigte sich bei einer Untersuchung von 1551 Personen in Puerto Rico deutlich erhöht auf 0,7%. Trotz der höheren Häufigkeit finden sich auch Ähnlichkeiten; die Rangreihe der einzelnen Symptome nach ihrer Häufigkeit war zwischen beiden Kulturen durchaus vergleichbar, da Blähungen und abdominelle Beschwerden in beiden Gruppen zu den häufigsten Symptomen zählten. Auch finden sich in der Untergruppe der Puertoricaner die bekannten Risikofaktoren niedriger Bildungsstand und weibliches Geschlecht (Escobar et al. 1989).

Hohe Prävalenzraten für "SSI 4,6"

Wie bereits mehrfach erwähnt, hatte Escobar an den diagnostischen Kriterien für die Somatisierungsstörung kritisiert, daß sie zu eng formuliert wurden. Aus diesem Grund untersuchte seine Arbeitsgruppe bei Puertoricanern, wie häufig sie eine somatoforme Symptomatik mit den Kriterien des "SSI 4,6" aufwiesen. Dies traf für 20% der Frauen und 18% der Männer zu. Somit waren die Prävalenzraten viermal so hoch wie bei der ECA-Studie im Raum Los Angeles (Escobar et al. 1989).

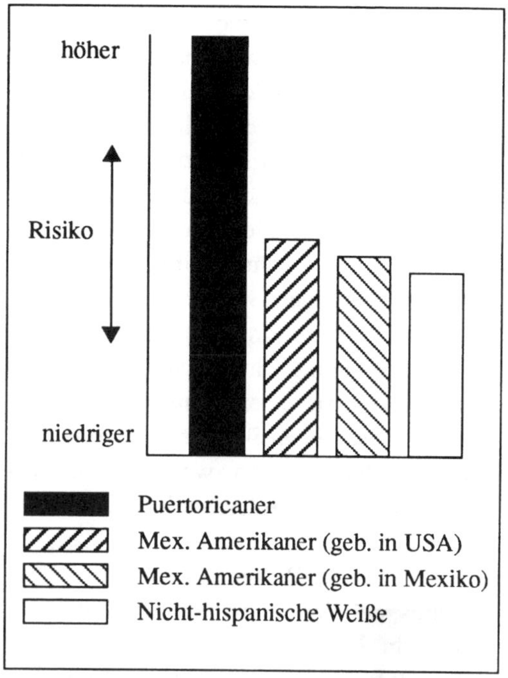

Abbildung 5.3 Relative Wahrscheinlichkeiten für unterschiedliche ethnische Gruppen, die Kriterien des "SSI 4,6" zu erfüllen (nach Escobar & Canino 1989).

In einer weiteren Studie derselben Arbeitsgruppe konnte gezeigt werden, daß bei einem Kriterium von mindestens vier Symptomen bei Amerikanern hispanischer Abstammung die Häufigkeit bei 38% liegt, während sie bei weißen Amerikanern nicht-hispanischer Abstammung bei 7% liegt (Escobar & Canino 1989; vgl. auch Abbildung 5.3).

Eine erhöhte Rate bei Amerikanern hispanischer Abstammung findet sich auch für somatische Symptome, die von Schizophrenen genannt werden und ist somit nicht nur für die Allgemeinbevölkerung zutreffend, sondern wohl zum Teil auch für klinische Untergruppen (Escobar 1987). Jedoch vermutet Silver (1987), daß sich ethnische Unterschiede bei psychiatrischen Patienten nur finden lassen, wenn die psychiatrische Erkrankung nicht zu stark ausgeprägt ist. Werden nur schwere Fälle berücksichtigt, so vermutet Silver keine ethnischen Unterschiede mehr.

Auch weitere Befunde, wie sie zum Beispiel von Kirmayer (1984) zusammengefaßt wurden, sprechen dafür, daß je nach ethnischer Gruppe kulturelle Unterschiede in der Beschreibung und Häufigkeit somatoformer Symptome vorliegen. Jedoch muß an dieser Stelle auch auf die enorme Problematik dieser Forschungsrichtung hingewiesen werden; Zugehörigkeit zu einer ethnischen Gruppe kann nur dann als Risikofaktor für eine Störung bezeichnet werden, wenn bei entsprechendem Gruppenvergleich alle weiteren Variablen kontrolliert und nach Möglichkeit parallelisiert sind (z. B. Alter, Geschlecht, sozialer Status, Schulbildung). Während Alter und Geschlecht leicht kontrollierbare Variablen sind, zählt Schulbildung jedoch bereits zu den fast unkontrollierbaren Variablen, da mit kulturellen Unterschieden in der Regel auch Unterschiede bei der Schullaufbahn verbunden sind.

Aus diesen Gründen sollten kulturelle Unterschiede nur vorsichtig interpretiert werden. Eine nach Literaturdurchsicht getroffene Aussage von Kirmayer (1984) scheint jedoch gesichert: Somatoforme Symptome lassen sich weltweit in allen bisher untersuchten Kulturen finden.

Zusammenfassung

Das komplette Bild einer Somatisierungsstörung, bei der mindestens 13 verschiedene körperliche Symptome vorliegen müssen, tritt in der Allgemeinbevölkerung selten auf. Werden diese strengen Kriterien jedoch reduziert auf mindestens 6 (bei Frauen) bzw. 4 (bei Männern) verschiedene körperliche Symptome, so ergibt sich für dieses Störungsbild ("SSI 4,6") eine Häufigkeit in der Bevölkerung, die mit ca. 5% im Bereich der Häufigkeit der Alkoholabhängigkeit liegt. Der Beginn der Störung liegt in der Regel am Ende der zweiten Dekade oder in der dritten Dekade. Somatoforme Symptome scheinen bei Frauen etwas häufiger zu sein als bei Männern. Es ist jedoch unklar, inwiefern dieser Unterschied alleine darauf zurückzuführen ist, daß auch gynäkologische Symptome diagnostisch relevant sind. Des weiteren findet sich eine Häufung bei sozial Schwächeren, in Großstädten und zum Teil bei nicht-westlichen Kulturen. Personen mit Somatisierungsstörungen, aber auch Personen mit einem "SSI 4,6", sind oftmals arbeitsunfähig, leben geschieden oder ohne Partnerschaft. Für die weiteren Untergruppen somatoformer Störungen (Hypochondrie, Konversionsstörung, körperdysmorphe Störung, somatoforme Schmerzstörung) liegen keine genauen Prävalenz- oder Inzidenzangaben vor.

6. Gesundheitspolitische Bedeutung und Auftretenshäufigkeit in verschiedenen Einrichtungen

Die große Bedeutung somatoformer Störungen wird weniger in einer großen Verbreitung in der Allgemeinbevölkerung liegen, sondern mehr in der Häufigkeit und Dauer von Arztbesuchen, Krankenhausaufenthalten, diagnostischen und therapeutischen Maßnahmen. Dies ist nicht nur mit enormen Kosten für das Gesundheitssystem verbunden, sondern auch mit Belastungen und Frustrationen für den Behandler.

Der Patient mit somatoformen Symptomen verhält sich in der Regel nicht entsprechend den Erwartungen des Arztes an einen "guten Patienten". Nach Lipowski (1986 d) zeichnet sich der "gute Patient" dadurch aus, daß er dem behandelnden Arzt bei körperlichen Krankheiten körperliche Symptome schildert und bei psychischen Krankheiten psychische Symptome. Dies trifft bei somatoformen Störungen per definitionem nicht zu, so daß auf Arzt- als auch auf Patientenseite oftmals rasch Mißverständnisse und Enttäuschungen auftreten. Die Frustrationen auf Behandlerseite führten zu der Vermutung, daß Personen mit somatoformen Störungen ein Bedürfnis hätten, Ärzte hilflos zu machen (Lipowski 1987). Kennzeichen des Arzt-Patient-Verhältnisses bei somatoformen Störungen sind häufige Arztbesuche, zahlreiche Laboruntersuchungen, häufige weitere diagnostische Untersuchungen, oftmals wechselnde Medikationen und Therapien bis hin zu chirurgischen Eingriffen (Fallbeispiel in Kasten 6.1). Die Patienten wechseln öfters den Hausarzt innerhalb kürzester Zeit ("doctor shopping"). Es werden immer neue Diagnosen und Verdachtsdiagnosen gestellt, die im weiteren Verlauf revidiert werden müssen (Katon 1984 a und b). Für einen Patienten mit somatoformer Störung benötigt der Allgemeinarzt ein Vielfaches an Zeit im Vergleich zu anderen Patienten (Katon et al. 1984 a).

In diesem Kapitel wird auf die Frage eingegangen, mit welchen Belastungen für das Gesundheitssystem durch Personen mit somatoformen Störungen zu rechnen ist. Dies macht sich zum einen an den um ein Vielfaches erhöhten Kosten fest, zum anderen an der Häu-

Kasten 6.1
Beispiel einer Krankengeschichte

Nach genauer Exploration geschilderte Beschwerden:

Kopfschmerzen, Bauchschmerzen, Rückenschmerzen, Brustschmerzen, Schwindel, Übelkeit, Schmerzen in den Extremitäten, Konzentrationsstörungen, Erschöpftheit, Schlafstörungen, gelegentliches Erbrechen, Ohnmachtsanfälle, Übelkeit, Blähungen, Atemnot und Schluckbeschwerden.

Durchgeführte Maßnahmen zwischen 1986 und 1990 (4 Jahre):

- Röntgen Magen/ Darm (Sommer 1986)
- Appendektomie (Nov. 86)
- Röntgen Galle, Röntgen Wirbelsäule (Nov. 86)
- Röntgen Dickdarm (Sommer 87)
- Magenspiegelung und Biopsie (Aug. 87)
- HNO-Konsil (Jan. 88)
- Röntgen Schädel und Nasen-Nebenhöhlen (NNH), Röntgen HWS (Feb. 88)
- CT Kopf und HWS (März 88)
- stationäre Beobachtung (Apr. 88)
- Röntgen Schädel und Lunge, CT Schädel mit Kontrastmittel (Apr. 88)
- Labor und Magenspiegelung (Sep. 88)
- Neurologisches Konsil (Nov. 88)
- Psychotherapie (1. HJ 89)
- DSA hirnversorgende Arterien (März 89)
- Röntgen Schädel und NNH (Juni 89)
- Röntgen Nebenhöhlen (Juni 89)
- Operative Entfernung einer Zyste (Juli 89)
- 18 Kalsinar-Infusionen (Aug. 89)
- Röntgen und CT HWS/ BWS (Dez. 89)
- Röntgen Galle und Leber (Mai 90)
- Gastroskopie und Sonographie (Mai 90)
- Mammographie (Juni 90)

figkeit dieser Patienten in verschiedenen Behandlungseinrichtungen. Beide Aspekte können als Ausdruck der Hilflosigkeit sowie des geringen Wissens über diese Störung gewertet werden.

6.1. Behandlungskosten, Arbeitsunfähigkeit und Berentungen

Eine Studie von Smith et al. (1986) beschäftigt sich unter anderem mit den Kosten für das Gesundheitssystem, die bei Patienten mit Somatisierungsstörungen anfallen. Danach beliefen sich in den Vereinigten Staaten die Kosten pro Quartal von diesen Patienten Anfang der 80er Jahre auf 814 US-Dollar (damals ca. 2.000 DM). Für stationäre Behandlungen mußte bei Patienten mit Somatisierungsstörungen mehr als das 6fache ausgegeben werden, für ambulante Behandlungen waren die Kosten sogar 14mal so hoch wie die durchschnittlichen Pro-Kopf-Ausgaben. Nicht hinzugerechnet sind Kosten für paramedizinische und alternative Heilverfahren. Nach Ford (1986) werden 10% der Kosten des Gesundheitswesens der USA, das sind 20 Milliarden Dollar (von 200 Milliarden Dollar) zur Behandlung körperlicher Symptome ausgegeben, für die keine somatische Erkrankung zu finden ist. In diesen Zahlen sind Kosten für Arbeitsausfälle oder vorzeitige Berentungen nicht enthalten (vgl. auch Shaw & Creed 1991).

Arbeitsausfall und Operationsraten

Bei der Studie von Smith et al. (1986) waren 83% der Patienten mit Somatisierungsstörungen zum Untersuchungszeitpunkt arbeitsunfähig. Für den vergangenen Monat gaben die

Patienten an, sieben Tage ausschließlich im Bett verbracht zu haben. Die immensen Kosten durch Arbeitsausfälle sind kaum abzuschätzen.

In verschiedenen Studien wird auf die erhöhte Operationsrate bei Personen mit somatoformen Störungen hingewiesen (z.B. Zoccolillo & Cloninger 1986 a und b). Dieser Aspekt sei am Beispiel der Hysterektomie verdeutlicht. Martin et al. (1980) untersuchten Frauen, bei denen eine Hysterektomie durchgeführt wurde, die nicht wegen einer malignen Gewebsveränderung erfolgte. Sie fanden bei 27% der Frauen das Bild einer Somatisierungsstörung, so daß der Verdacht besteht, daß auf Grund der unklaren Beschwerden im Rahmen einer Somatisierungsstörung häufig eine Hysterektomie durchgeführt wurde. Einschränkend muß jedoch erwähnt werden, daß diese Daten retrospektiv erhoben wurden.

Die Arbeiten von Zoccolillo & Cloninger (1986)

Zoccolillo & Cloninger (1986 a und b) verglichen die Krankengeschichten von 50 Frauen mit einer Somatisierungsstörung mit denen von 25 Frauen mit der Diagnose Major Depression. Frauen mit Somatisierungsstörung zeigten in der Anamnese durchschnittlich 3 chirurgische Eingriffe, depressive Frauen dagegen im Mittel nur einen. Selbst im Vergleich zu Patientinnen mit organischen Erkrankungen wurden bei Frauen mit Somatisierungsstörungen doppelt so häufig Operationen durchgeführt. Diese Operationen erfolgten vor allem wegen Kopf- und Rückenschmerzen sowie abdomineller Beschwerden. Des weiteren kam es meist wegen radiologischer Untersuchungen zu stationären Einweisungen. Bei den Patienten mit Somatisierungsstörung wurden in der Vorgeschichte zahlreiche medikamentöse Behandlungsversuche unternommen (86% Antidepressiva, 86% Anxiolytika, 48% Neuroleptika). Im Mittel waren sechs medizinische Konsultationen notwendig, bis sich die Diagnose herausstellte. Bei der Hälfte der Patienten mit Somatisierungsstörung wurde diese Diagnose beim Erstkontakt noch nicht in Erwägung gezogen.

Bei den meisten Personen mit Somatisierungsstörung bestand bei der Untersuchung von Zoccolillo & Cloninger (1986a und b) Arbeitsunfähigkeit. 40% erhielten eine der deutschen Erwerbsunfähigkeitsrente vergleichbare Unterstützung oder hatten eine solche beantragt. Diese Befunde decken sich mit früheren Erhebungen von Perley & Guze (1962), die bei 44% der Patienten mit Briquet-Syndrom fanden, daß die Arbeit mindestens einmal aus gesundheitlichen Gründen aufgegeben wurde.

Patienten mit hohen Hypochondrie-Werten

Eine Untergruppe von Patienten mit hohen Hypochondrie-Werten wurde von Beaber & Mac Millan Rodney (1984) untersucht. Sie fanden bei Patienten einer Hausarzt-Praxis bei erhöhten Hypochondrie-Werten (gemessen mit dem Whiteley-Index, vgl. auch Kapitel 3.3) in der Vorgeschichte auch mehr Laboruntersuchungen, eine niedrigere Rate positiver Befunde bei somatischen Untersuchungen, mehr somatoforme Symptome, ohne daß jedoch eine entsprechende Verdachtsdiagnose gestellt wurde. Auch Barsky et al. (1986) belegen die erhöhte Inanspruchnahme von Gesundheitsdiensten bei Personen mit erhöhten Hypochondrie-Werten, so daß sich die Frage stellt, ob somatoforme Symptome per se zu erhöhten Behandlungsraten führen oder ob dies nur bei den Patienten mit hohen Hypochondrie-Scores der Fall ist.

Ähnlichkeiten bei Patienten mit weniger als 13 Symptomen

Ähnliche Befunde zur Inanspruchnahme des Gesundheitssystems sowie zu Krankheitsausfallzeiten, wie sie bei Somatisierungsstörungen gefunden wurden, scheinen auch für Patienten zu gelten, die weniger als 13 somatoforme Symptome (wie für die Somatisierungsstörung gefordert) haben. Dafür sprechen Ergebnisse von Escobar et al. (1987 b), die bei Patienten mit mindestens 4 Symptomen bei Männern (bei Frauen 6; "SSI 4,6") häufiger eine Inanspruchnahme allgemeinärztlicher Dienste sowie Arbeitsunfähigkeit fanden als bei "Nicht-Somatisierern" (also bei Personen mit weniger als 4 bzw. 6 somatoformen Symptomen). Die erhöhte Inanspruchnahme allgemeinärztlicher Dienste durch "Somatisierer" auf Grund körperlicher Symptome ist nach den Ergebnissen von Escobar et al. (1987 b) bei Männern ausgeprägter als bei Frauen (Abbildung 6.1)

Auch Katon et al. (1991) bestätigen die erhöhte Inanspruchnahme des Gesundheitssystems von Personen, die zwar somatoforme Symptome aufweisen, jedoch nicht das Kriterium für eine Somatisierungsstörung erreichen. In dieser Studie ergibt sich am meisten Evidenz für einen linearen Zusammenhang zwischen Anzahl somatoformer Symptome und weiteren Variablen wie Inanspruchnahme des Gesundheitssystems (gemessen über Konsultationen) oder Arbeitsunfähigkeit (gemessen über Fehltage), während quadratische oder kubische Zusammenhänge weniger wahrscheinlich sind.

6.2. Somatoforme Störungen in Allgemeinarztpraxen und medizinischen Abteilungen

Die allgemeinärztliche Praxis ist diejenige Institution, die am stärksten mit dem Problem der somatoformen Störungen konfrontiert ist. Über die Häufigkeit von Symptomen ohne somatische Verursachung in der allgemeinärztlichen Praxis liegen variierende Angaben vor. Lipowski (1986 d) vermutet, daß zwischen 6 und 19% der in Allgemeinpraxen geschilderten Symptome ohne organische Ursachen sind und mit psychiatrischen Störungen in Zusammenhang stehen. In medizinischen Kliniken seien dies sogar 30%. Katon et al. (1984 a) beschreiben, daß bei 10 bis 60% der Patienten mit den fünf häufigsten medizinischen Symptomen keine Erkrankungen mit strukturellen Veränderungen zu finden sind, 25 bis 75% der Kontaktaufnahmen mit Allgemeinärzten seien auf psychosoziale Belastungen zurückzuführen, die sich in somatischen Symptomen ausdrücken.

Untersuchung aus Schweden

Palsson (1988) untersuchte 78 konsekutiv aufgenommene Patienten einer allgemeinen Ambulanz in Schweden. 13 dieser 78 Patienten (17%) kamen wegen somatischer Symptome zur Behandlung, für die auch in nachfolgenden Untersuchungen keine organische Ursache auszumachen war. Nur 8 der 13 Patienten zeigten auch hypochondrische Züge, was gegen die oftmals vorgenommene eindeutige Verbindung von Hypochondrie und somatoformen Störungen spricht. Interessant an der Arbeit von Palsson (1988) ist das Ergebnis einer Nachuntersuchung nach drei Jahren. In diesem Zeitraum hatten die Patienten zwischen null und 72mal erneut die Am-

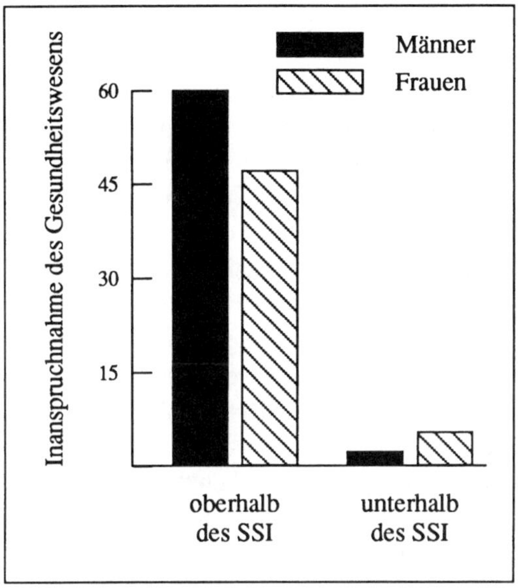

Abbildung 6.1 Zusammenhang zwischen dem Index "SSI 4,6" und der Inanspruchnahme medizinischer Dienste (aus Escobar & Canino 1989).

bulanz aufgesucht. Zwei Patienten mit der ursprünglichen Diagnose "funktionelle Störungen" konnten nicht mehr erreicht werden, ein Patient hatte ein Rectum-Karzinom entwikkelt, für das bei der Hauptuntersuchung noch keine Symptome vorlagen. Für die restlichen 10 der 13 Patienten bestätigte sich, daß keine organische Grundlage vorlag. Kritisch anzumerken bleibt jedoch an der Studie von Palsson (1988), daß die psychiatrische Diagnostik nicht standardisiert erfolgte und somit auch keine Zuordnung zu einzelnen Untergruppen der somatoformen Störungen vorgenommen werden kann.

Studien mit genauerer Diagnostik

Eine genauere Diagnostik wurde in einer Studie von de Gruy et al. (1987) durchgeführt. Die Autoren untersuchten 213 erwachsene Patienten der medizinischen und chirurgischen Abteilung eines Universitätskrankenhauses in den USA sowohl medizinisch als auch ausführlich auf psychiatrische Symptome nach DSM-III. 19 Patienten (9%) zeigten das Vollbild einer Somatisierungsstörung mit mindestens 12 bzw. 14 körperlichen Symptomen ohne ausreichende organische Ursache. Fast identische Daten stammen von Zoccolillo & Cloninger (1986 a und b).

Im ambulanten Bereich erreichten bei de Gruy et al. (1987) 5% der Patienten einer Allgemeinpraxis die Kriterien einer Somatisierungsstörung. Interessant bei den Patienten der Universitätsklinik-Stichprobe war, daß keiner der 19 Patienten mit Somatisierungsstörung diese Diagnose tatsächlich auch erhielt, weder bei Aufnahme noch bei Entlassung. Verglichen mit einer Kontrollgruppe erhielten die Patienten mit einer Somatisierungsstörung nicht einmal häufiger psychiatrische Diagnosen.

Bridges & Goldberg (1985) untersuchten 500 Patienten in 13 Allgemeinarztpraxen in Großbritannien, die wegen neueingetretener Beschwerden den Arzt aufsuchten. Die Autoren verwendeten standardisierte Verfahren zur Erfassung psychiatrischer Diagnosen, wobei jedoch bedauerlicherweise nicht die Kriterien von somatoformen Störungen nach DSM-III miterhoben wurden, so daß die Ergebnisse nur beschränkt übertragbar sind. Ein Drittel der untersuchten Patienten zeigte psychiatrische Krankheiten, wobei davon zwei Drittel zusätzlich körperliche Symptome schilderten. Etwa 20% aller untersuchten Patienten hatten bei genauer Diagnostik zwar psychische Störungen, präsentierten dem Arzt jedoch in erster Linie körperliche Symptome. In dieser Subgruppe gelang es nur etwa bei der Hälfte der Patienten, eine korrekte Diagnose zu stellen. Die Autoren weisen auf die Gefahr hin, daß ungenaue Diagnostik zu einer Erhöhung der Behandlungskosten sowie zur Chronifizierung der Erkrankungen führt.

6.3. Somatoforme Störungen im psychiatrischen und neurologischen Bereich

Bei der hohen Koinzidenz somatoformer Störungen mit depressiven Störungen stellt sich auch die Frage, wie häufig Patienten mit somatoformen Störungen in psychiatrischen Bereichen vertreten sind. Fabrega et al. (1988) gehen davon aus, daß die Häufigkeit somatoformer Störungen im psychiatrischen Setting eher niedrig ist. Bei nur etwa 1% aller psychiatrischer Diagnosen wird als Hauptdiagnose eine somatoforme Störung in Erwägung gezogen. Die Autoren interpretieren dies als Ausdruck des organmedizinischen Krankheitsmodells der Patienten, so daß diese eher Fachärzte mit somatisch orientierten Spezialisierungen aufsuchen. Andererseits wurde auch bei dieser Studie keine standardisierte Diagnostik vorgenommen, so daß die gefundene niedrige Häufigkeit auch Ausdruck von Vorlieben des Diagnostikers sein kann (z.B. Subsumierung körperlicher Symptome unter affektiven Erkrankungen).

Studie aus Griechenland

Ierodiakonou & Iacovides (1987) konzentrierten sich auf die Untersuchung depressiver Patienten in drei verschiedenen psychiatrischen Bereichen in Griechenland: im stationären Setting, im ambulanten Setting und bei einem mobilen psychiatrischen Dienst. Sie fanden bei 21 bis 28% der 3.300 untersuchten Patienten Depressionen nach ICD-9. Die häufigsten somatischen Symptome bei Depressionen waren Kopfschmerzen (56 bis 63%), Symptome im muskuloskeletären Bereich (51 bis 68%) und Übelkeit (47 bis 69%). Eine Abgrenzung von Depressionen, somatoformen Störungen und Mischformen zwischen beiden wurde in dieser Studie allerdings nicht vorgenommen.

Während im Bereich der somatischen Medizin die Gefahr besteht, daß körperliche Symptome zu wenig im Zusammenhang mit psychiatrischen Erkrankungen gesehen werden, stellt sich dieses Problem im psychiatrischen Bereich nach Ansicht von Chandler & Gerndt (1988) umgekehrt dar. Sie weisen darauf hin, daß die erhöhte Häufigkeit somatischer Symptome bei Depressiven Ausdruck vermehrter organischer Krankheiten sowie des höheren Alters sein kann und gerade im stationären psychiatrischen Bereich deshalb die Gefahr besteht, daß organische Erkrankungen übersehen werden.

Untersuchung auf einer neurologischen Station

Auch im neurologischen Bereich finden sich Patienten mit unklaren somatischen Beschwerden, die nicht auf eine organische Ursache zurückgeführt werden können. Oftmals handelt es sich um Schmerz oder Konversionssymptome, jedoch auch andere Gründe sind möglich. Bei einer Untersuchung von Creed et al. (1990) an 133 Patienten einer neurologischen Station konnte bei einem Drittel der Patienten nach neurologischer und weiterer körperlicher Untersuchung keine klare Ursache und Diagnose für die Beschwerden gefunden werden. Marsden (1986) geht jedoch insgesamt davon aus, daß die Häufigkeit hysterischer Syndrome im neurologischen Bereich geringer ist und weist auf die Gefahr von Fehldiagnosen hin.

Kinder- und Jugendpsychiatrie

Für den Bereich der Kinder- und Jugendpsychiatrie liegen Zahlen von Siegel & Barthel (1986) vor. Bei retrospektiver Untersuchung von 563 Patienten fanden sie bei 4,8% das Vorliegen einer Konversionsstörung. Sie verwendeten jedoch etwas veränderte, restriktivere Kriterien für Konversionssymptome und machen keine Aussagen über die Häufigkeit anderer somatoformer Störungen, so daß das Gesamtproblem auch bei Kindern ein deutlich größeres Ausmaß haben dürfte.

Somatoforme Störungen in einer psychosomatischen Klinik

Die Häufigkeit somatoformer Störungen in einer medizinisch-psychosomatischen Klinik wurde in einer eigenen Studie überprüft (Rief et al. 1992 b). Von 110 Patienten konnte bei 30 (27%) eine somatoforme Störung durch ein strukturiertes Interview für DSM-III-R-Diagnosen nachgewiesen werden. Bei zahlreichen Krankheitsbildern zeigte sich, daß bei der Einweisungsdiagnose entsprechend der Fachrichtung des Einweisers ein Aspekt des Krankheitsbildes betont wurde (z.B. Depression, Colon irritabile, LWS-Syndrom), während andere, ebenfalls vorliegende Symptome weniger gewichtet wurden und durch die Diagnose nicht mehr repräsentiert waren. So zitieren auch Zoccolillo und Cloninger (1986 a) Studien bei Patienten mit Colon irritabile, wobei zwischen 17 und 28% bei genauer Diagnostik das Vollbild einer Somatisierungsstörung zeigten, genauso 24% der Patienten mit "funktionellen Sehstörungen", oder 12% der Patienten mit "chronischen Schmerzen". Dies betont die Notwendigkeit für den Facharzt, bei als "funktionell" angenommenen Symptomen genauer auf weitere Symptome zu explorieren, die auf eine Somatisierungsstörung hinweisen können. Ein solches Vorgehen gibt zum einen mehr diagnostische Sicherheit und ist zum anderen für eine sinnvolle Behandlungsplanung unerläßlich.

6.4. Ergebnisse aus dem deutschen Sprachraum

Diese Angaben, die in erster Linie aus internationalen Studien stammen, dürften in groben Zügen auch auf die Situation in Deutschland übertragbar sein, wenngleich kaum entsprechende Studien vorliegen, die eine ausreichend reliable und valide Diagnostik nach den Kriterien von DSM-III-R oder den Forschungskriterien von ICD-10 durchführten.

Nach einer Analyse der Arbeitsunfähigkeitsbescheinigungen von Ferber et al. (1972) konnten ein Viertel der untersuchten Fälle auf funktionelle Erkrankungen zurückgeführt werden. Hierbei entfielen der größte Teil auf funktionelle Störungen des Stütz- und Bewegungsapparats (14%), gefolgt von funktionellen Störungen des Verdauungstrakts (9%) und weiteren funktionellen Störungen (4%). Weber et al. (1990) analysierten mehrere große gesundheitsorientierte Datenregister und machen Aussagen zu zwei Untergruppen von somatoformen Störungen, nämlich funktionelle Störungen der inneren Organe sowie funktionelle Unterleibsbeschwerden. Sie gehen davon aus, daß nahezu jeder zweite Patient, der ärztliche Hilfe in Anspruch nimmt, unter funktionellen Störungen leidet. In einer Stichprobe von diagnostisch abzuklärenden Patienten einer Poliklinik wurde bei 22,4% der Männer und bei 29,2% der Frauen die Diagnose "funktionelle Störung" genannt.

Arbeitsunfähigkeit durchschnittlich etwa ein Jahr

Weber et al. (1990) führen aus, daß vom Beginn der Erkrankung bis zur Einleitung einer adäquaten Therapie bei Personen mit funktionellen abdominellen Beschwerden mit einer durchschnittlichen Arbeitsunfähigkeitsdauer von einem Jahr zu rechnen ist. Somit liegen diese Ausfallzeiten in dem Bereich, den auch Zielke & Mark (1989) für Patienten einer psychosomatischen Klinik fanden; letztgenannte Autoren schätzen die Kosten für die vorstationären Arbeitsunfähigkeitszeiten auf 35083 DM pro Patient. 1986 seien nach Weber et al. (1990) 440 Männer und 590 Frauen auf Grund dieser Erkrankung frühberentet worden. Bei Frauen entfallen somit fast 1% aller Frühberentungsfälle auf diese Diagnosegruppe; bei Männern liegt der Anteil bei 0,3%.

Funktionelle Unterleibsbeschwerden liegen nach Weber et al. (1990) bei Patientinnen in gynäkologischen Praxen zu 39 bis 90% vor. Diese Gruppe ist die größte Indikationsgruppe für Laparoskopien, wobei diese Untersuchung zum Teil bei den betroffenen Frauen mehrfach wiederholt wird. Interessanterweise beschreiben Weber et al. (1990, p. 404) zahlreiche Zusatzsymptome, die an das Vollbild der Somatisierungsstörung denken lassen (z.B. Obstipation, Menstruationsbeschwerden, Harndrang, Kopfschmerzen, Magenschmerzen, Kreislaufstörungen). Auch von diesen Autoren wird festgehalten, daß ein Risikomerkmal für einen ungünstigen Verlauf unter anderem eine unzureichende Diagnostik ist.

Zusammenfassung

Funktionelle Störungen ohne organische Ursache stellen noch vor der Hypertonie die häufigste Krankheitsgruppe in der Allgemeinpraxis dar, wobei die Häufigkeitsangaben zwischen 10 und 60% schwanken. Die Krankheit wird oftmals fehldiagnostiziert, so daß die Erkrankungsphase bereits lange dauert, bis erstmals die korrekte Diagnose gestellt wird. Auch im stationären medizinischen, psychiatrischen und neurologischen Setting ist das Problem ungeklärter somatischer Symptome beträchtlich. Das Vollbild einer somatoformen Störung oder einer Somatisierungsstörung wird oftmals nicht erkannt, da der behandelnde Facharzt die in seinem Fachgebiet liegenden Symptome eher höher gewichtet und weitere somatoforme Symptome leicht übersehen werden, während der Psychiater in Gefahr ist, somatoforme Symptome voreilig unter die Rubrik "larvierte" oder "somatisierte Depression" einzuordnen. Dies ist nicht zuletzt deshalb bedauerlich, weil mit steigender somatoformer Symptomzahl auch die diagnostische Sicherheit steigen würde, daß keine unerkannte organmedizinische Erkrankung für die Symptome verantwortlich ist.

Die Kosten für das Gesundheitssystem, die durch oftmals wiederholte Diagnostik, Fehldiagnosen, verschiedene Interventionen bis hin zu chirurgischen Eingriffen und gegebenfalls deren Folgen entstehen, sind immens. Für die Somatisierungsstörung im speziellen dürften die durchschnittlichen Behandlungskosten zwischen dem 6- und 14fachen der Pro-Kopf-Ausgaben liegen. Hierbei sind die Kosten für Arbeitsausfälle, Kurmaßnahmen und vorzeitige Berentungen noch nicht berücksichtigt.

Die bisherigen Studien zu diesem Themenbereich haben die psychiatrische Diagnostik nicht ausreichend standardisiert und Untergruppierungen unbefriedigend definiert oder die organmedizinische Untersuchung war unzureichend, so daß die geschilderten Befunde noch repliziert und in ihrer Übertragbarkeit für Deutschland überprüft werden müssen.

7. Bedingungsfaktoren somatoformer Störungen

*B*ei somatoformen Störungen wäre es noch verfrüht, Aussagen zur Ätiologie zu machen. Trotzdem können bereits einige Variablen identifiziert werden, die Krankheitsprädisposition, Auslösung und Aufrechterhaltung beeinflussen oder parallel hierzu auftreten. Dazu zählen neben genetischen Faktoren Persönlichkeitsmerkmale, Einstellungen, neurophysiologische und experimentalpsychologische Besonderheiten. Nachgewiesen ist auch ein Effekt von besonderen, "kritischen Lebensereignissen", während noch Unklarheit besteht über die Bedeutung von Bewältigungsstrategien gegenüber der Krankheit und allgemeinen Lebensproblemen (Coping-Forschung). Diese genannten Ansätze sowie einzelne Studien dazu werden im folgenden dargestellt.

7.1. Genetische Aspekte

Ähnlich wie bei anderen psychischen Störungen ist auch bei somatoformen Störungen die Frage gestellt worden, inwieweit genetische Bedingungen einerseits oder umweltbezogene Faktoren andererseits ätiologisch eine Rolle spielen. Bislang liegen allerdings nur wenige Untersuchungen zur familiären Häufung oder zur Kongruenz somatoformer Beschwerden bei Zwillingen vor.

Zwillingsstudie von Torgersen (1986)

Die bislang einzige Studie, bei der somatoforme Störungen systematisch bei mono- und dizygoten (ein- bzw. zweieiigen) Zwillingen auf der Grundlage des DSM-III-Systems verglichen wurden, stammt von Torgersen (1986). Bei 318 untersuchten Personen (gleichgeschlechtlichen Zwillingen), die wegen neurotischen oder psychoseähnlichen Störungen in Norwegen behandelt wurden, stellte Torgersen (1986) in 35 Fällen eine somatoforme Störung fest (14 monozygote, 21 dizygote Zwillinge). Bei keinem der dazugehörigen Zwillingsgeschwister wurde jedoch die genau gleiche Störung gefunden (d.h. beispielsweise, daß bei Personen mit Somatisierungsstörung kein dazugehöriger Zwilling

Diagnose des dazugehörigen Zwillings	**Diagnose des untersuchten Probanden (Anzahl, %)**									
	Konversionsstörung		Hypochondrie		Somatisierungsstörung		Schmerzstörung		Alle somatoformen Störungen	
	MZ	DZ	MZ	DZ	MZ	DZ	MZ	DZ	MZ	DZ
Somatoforme Störungen	1	0	0	0	2	1	1	1	4(29)	2(10)
Generalisierte Angststörungen	1	1	0	0	1	2	1	0	3(21)	3(14)
Andere Angststörungen	0	0	0	0	0	1	0	1	0(0)	2(10)
Affektive Störungen	0	0	1	0	0	1	0	0	1(7)	1(5)
Andere psych. Störungen	0	0	0	0	0	1	1	0	1(7)	1(5)
Alle psych. Störungen	2	1	1	0	3	6	3	2	9(64)	9(43)
Keine psych. Störung	3	4	1	4	1	2	0	2	5(36)	12(57)
Insgesamt	5	5	2	4	4	8	3	4	14(100)	21(100)

Tabelle 7.1 Konkordanzraten in einer Zwillingsuntersuchung von Torgersen (1986). MZ = monozygote Zwillinge; DZ = dizygote Zwillinge.

ebenfalls eine Somatisierungsstörung hatte). Wurden jedoch unterschiedliche somatoforme Störungen als Übereinstimmung gezählt wurden (z.B. Konversionsstörung bei einem Zwilling, Somatisierungsstörung beim zweiten Zwilling = Übereinstimmung einer somatoformen Störung), so bestand für die Gruppe der somatoformen Störungen eine Kongruenz von 29% für monozygote Zwillinge und von nur 10% für dizygote Zwillinge. Auch generalisierte Angststörungen wurden häufig bei den Zwillingsgeschwistern der untersuchten Probanden gefunden (vgl. Tabelle 7.1).

Torgersen (1986) hält die Befunde seiner Studie jedoch nicht für ausreichend, um sicher von einem genetischen Faktor bei der Genese somatoformer Störungen ausgehen zu können. Insbesondere verweist er auf seine vergleichsweise geringen Fallzahlen sowie auf Ähnlichkeiten in den Kindheitserfahrungen der untersuchten Zwillinge, die ebenfalls in dieser Studie ermittelt worden waren. Zu einer ähnlichen Schlußfolgerung kam in einer älteren Arbeit auch Inouye (1972), der Arbeiten mit der weniger klar definierten Diagnose "Hysterie" zusammengefaßt hatte und dabei neun konkordante Zwillingspaare bei 42 monozygoten Zwillingen (21%) und keine konkordanten Paare bei 43 dizygoten Zwillingspaaren ermittelt hatte (vgl. auch Slater 1961).

Studie mit adoptierten Frauen

Ein weiterer Beitrag zur Frage der Vererbung somatoformer Störungen stammt aus einer großangelegten schwedischen Adoptionsstudie, in der Daten aus den offiziellen schwedischen Gesundheitsregistern verschiedenster Einrichtungen ausgewertet wurden (Sigvardsson et al. 1984; Cloninger et al. 1984; Bohman et al. 1984). Für eine Stichprobe von 859 Frauen, die in der Kindheit durch nichtverwandte Personen adoptiert worden waren, wurden unter anderem auch Angaben über Somatisierungsbeschwerden sowie psychiatrische Störungen und Behandlungen ausgewertet. Bei Frauen mit vorwiegend Kopf-, Rücken- oder abdominellen Schmerzen (sog. "high-frequency somatizers") fanden Bohman et al. (1984) bei den biologischen Vätern gehäuft Alkoholismus. Zusätzlich wurde eine zweite Untergruppe somatisierender Frauen unterschieden (sog. "diversiform somatizers"), die eine größere Vielfalt von Beschwerden aufwiesen. Bei dieser Untergruppe bestand bei den biologischen Vätern eine Häufung krimineller Gewalttaten, während für die Adoptivväter eine erhöhte Alkoholismusrate festgestellt wurde (Bohman et al. 1984). Die Autoren gehen zwar von einer gemeinsamen genetischen Prädisposition für Somatisierung, Alkoholismus und Gewalttätigkeit (antisoziales Verhalten) aus, halten jedoch auch umweltbezogene Einflüsse für bedeutsam.

Studien zur familiären Häufung somatoformer Störungen

Keine klaren Schlußfolgerungen lassen bislang vorliegende Studien zur familiären Häufung somatoformer Störungen zu (z.B. Arkonac & Guze 1963; Woerner & Guze 1968; Coryell 1980; Cloninger et al. 1986). In den meisten Arbeiten wurde zwar ein erhöhtes Risiko in den Familien von Patienten mit somatoformen Störungen für die gleiche Symptomatik gefunden, die innerfamiliär gehäuften Erkrankungsraten können jedoch sowohl auf genetische als auch auf entwicklungspsychologische Einflüsse zurückgeführt werden. Der relative Anteil beider Bedingungen im Sinne von Risikofaktoren für somatoforme Störungen ist daher heute noch weitgehend unklar (vgl. auch Kellner 1990).

7.2. Persönlichkeitszüge, Einstellungen und "Alexithymie"

Zu den Konzepten, die in der Psychologie bereits auf eine längere Tradition zurückgreifen können, gehören die Persönlichkeits- und Einstellungsforschung. Klinisch-psychologisch orientierte Wissenschaftler versuchten immer wieder, diese zeitlich eher stabilen Merkmale mit aktuellen Krankheitsprozessen in Verbindung zu bringen. Dies geschah zum Teil auch bezüglich somatoformer Störungen, wie im folgenden dargestellt wird.

7.2.1. Persönlichkeitszüge

Unter Persönlichkeitszügen werden zeitlich stabile Merkmale einer Person beschrieben, die das Verhalten, Erleben und Denken bestimmen. Über das statistische Verfahren der Faktorenanalyse wurde in den vergangenen 50 Jahren immer wieder versucht, einzelne Persönlichkeitszüge zu identifizieren und Einzelmerkmale zu jenen Persönlichkeitszügen zusammenzufassen. Dabei wurden wiederholt zwei übergeordnete Persönlichkeitsdimensionen gefunden: Zum einen die Dimension Extraversion/ Introversion, die beschreibt, ob das Verhalten eher nach außen gerichtet ist, sowie als zweite Dimension Neurotizismus, was die emotionale Stabilität bzw. Labilität erfaßt. Diese Dimensionen können mit Fragebögen erfaßt werden, die den Vergleich mit einer entsprechenden Alters- bzw. Geschlechtsgruppe ermöglichen.

Neurotizismus

Gerade für die Variable "Neurotizismus" fanden Costa & Mc Crae (1985) deutliche Zusammenhänge zu subjektiven organischen Beschwerden. Dieser Zusammenhang konnte für verschiedene Altersgruppen nachgewiesen werden. Auch zeigt sich, daß eine signifikante Korrelation zwischen Neurotizismus und geschilderten somatischen Beschwerden nicht durch Extremgruppen zustande kommt, sondern auch für leichte Variationen um den Mittelwert gilt. Der Zusammenhang in dieser Studie zeigte sich eindeutig linear.

Introversion

In einer Studie von Aplin & Rowson (1986) wurden Kinder mit funktionellen Hörstörungen untersucht. Ihnen wurde die Juniorversion eines der bekanntesten Persönlichkeitsinventare ("Eysenck Personality Inventory") vorgelegt. Hierbei zeigte sich, daß vor allem bei Mädchen Introversion alleine bzw. hohe Introversion kombiniert mit hohem Neurotizismus bedeutende Persönlichkeitsdimensionen waren, die mit der funktionellen Hörstörung in Zusammenhang standen.

Repression und Sensitization

Eine interessante Persönlichkeitsdimension wurde von Byrne et al. (1964) eingeführt, nämlich die Unterscheidung zwischen Repression und Sensitization (R-S). Der Typ des Repressors ist gekennzeichnet durch die Unterdrückung von Gefühlen sowie zurückhaltende Verhaltensweisen, während der Sensitizer durch eine verstärkte Gefühlswahrnehmung sowie expressive Verhaltensweisen gekennzeichnet ist. Byrne et al. (1964) entwickelten zu diesen Dimensionen einen Fragebogen, der in einer Studie von Linden et al. (1986) eingesetzt wurde und im Zusammenhang mit psychologischen und somatischen Symptomen überprüft wurde. Die Studie ergab, daß die verschiedenen Reaktionsstile in erster Linie mit geschilderten psychischen Problemen zusammenhingen, jedoch auch noch signifikant mit körperlichen Symptomen korrelierten. Hierbei gaben Repressoren deutlich weniger psychische und körperliche Symptome an.

Jedoch liegen auch Befunde vor, die einen Zusammenhang zwischen Persönlichkeitsvariablen und somatoformen Symptomen nicht unterstützen. So untersuchten Langeluddecke et al. (1990) Personen mit funktionellen Oberbauchbeschwerden und verglichen sie mit Personen, die an Ulcus pepticum litten. Sie konnten keine Unterschiede nachweisen bezüglich depressiver Symptome, Neurotizismusvariablen, der Persönlichkeitsdimension Psychotizismus oder im Bereich der Unterdrückung negativer Affekte. (s. auch Kapitel 7.2.5). Unterschiede zwischen den beiden Gruppen ergaben sich jedoch bei einzelnen Symptomen für Angst, Anspannung und Feindseligkeit.

Unterschiede im Freiburger Persönlichkeitsinventar

Der bekannteste deutschsprachige Persönlichkeitsfragebogen ist das "Freiburger Persönlichkeitsinventar" (FPI), das zwischenzeitlich in der fünften Überarbeitung vorliegt (Fahrenberg et al. 1989). Von der wissenschaftlichen Arbeitsgruppe der Klinik Roseneck (Prien am Chiemsee) liegt eine Untersuchung vor, die im Gegensatz zu den oben genannten Studien mit diesem Fragebogen Patienten mit gesicherten somatoformen Störungen mit anderen psychoneurotisch erkrankten Patienten verglich. In zahlreichen Dimensionen wichen die Patienten mit somatoformen Störungen von den Normdaten für Gesunde ab, zum Beispiel durch niedrige Lebenszufriedenheit, erniedrigte Leistungsorientierung, Gehemmtheit, Aggressionshemmung,

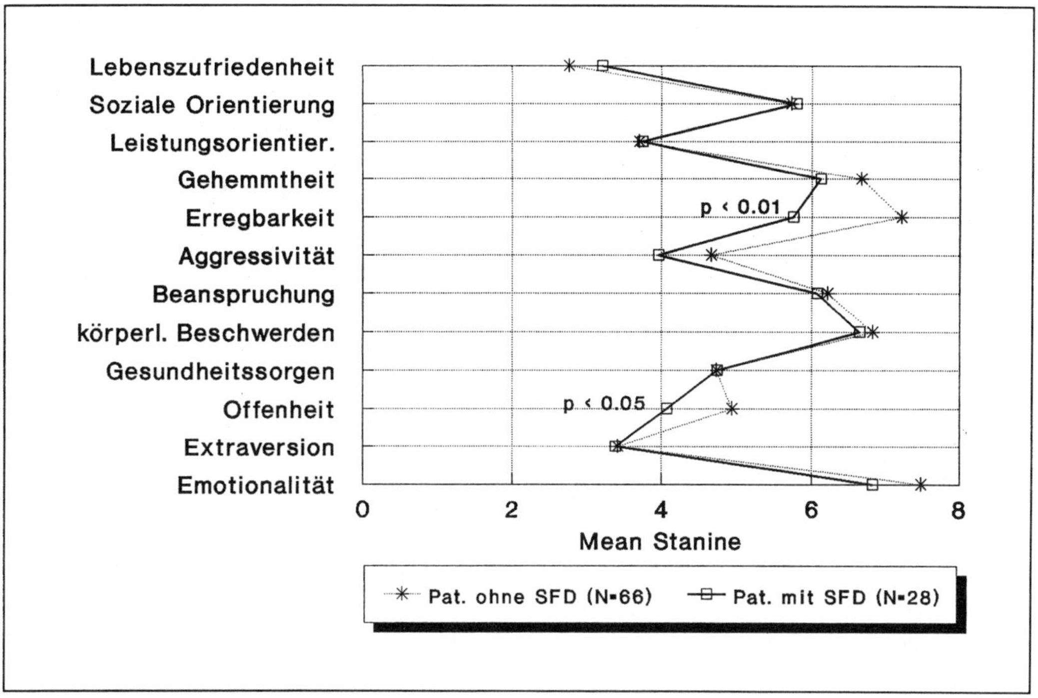

Abbildung 7.1 Mittlere Skalenwerte von 28 Patienten mit somatoformen Störungen ("SFD") und von 66 Patienten mit anderen psychischen Störungen ("ohne SFD") im Freiburger Persönlichkeitsinventar (FPI). Die Daten stammen aus der Klinik Roseneck in Prien am Chiemsee (Rief et al. 1992 a).

Schilderung von Beanspruchung sowie körperlichen Beschwerden und niedrige Offenheit. Bei übergeordneten Persönlichkeitsdimensionen beschrieben sich die Patienten in erster Linie als introvertiert bei hoher emotionaler Labilität. In den genannten Dimensionen unterschieden sich die Patienten zwar von einer gesunden Normierungsgruppe, jedoch nur in wenigen Dimensionen von der Patientengruppe, die unter anderen psychischen Störungen litt (vgl. Abbildung 7.1). Jedoch ergab sich auch zu dieser klinischen Vergleichsgruppe ein signifikanter Unterschied in dem Bereich Offenheit; Patienten mit somatoformen Störungen schildern sich als verschlossener und orientieren sich mehr an sozialen Normen bzw. geben gehäuft sozial erwünschte Antworten (Rief et al. 1992 a).

7.2.2. Selbstbeobachtung und verstärkte Wahrnehmung von Körperprozessen

Von zentralem wissenschaftlichem Interesse ist die Frage, welche Prozesse zwischen psychischen Problemen auf der einen Seite und "Somatisierung" auf der anderen Seite vermitteln, also über welche Zwischenschritte psychische Belastung zu körperlichen Beschwerden führt. Dabei kommen der erhöhten Selbstbeobachtung sowie einem verstärkenden Wahrnehmungsstil von Körperprozessen enorme Bedeutung zu. So kann man sich vorstellen, daß vulnerable Personen auf psychischen Streß mit einer erhöhten Selbstbeobachtung reagieren. Die Aufmerksamkeit wird auf interne Prozesse gelenkt, womit oftmals leichte physiologische Veränderungen plötzlich bewußt wahrgenommen werden, obwohl ihnen bisher wegen ihrer Unbedenklichkeit keine Aufmerksamkeit geschenkt wurde. Die entsprechende Wahrnehmung dieser Prozesse kann "katastrophisierend" bewertet werden ("dies ist das Zeichen einer schweren körperlichen Krankheit"), was zu einer intensiveren Wahrnehmung führt sowie dafür sensibilisiert, ähnliche physiologische Prozesse in Zukunft ebenfalls verstärkt wahrzunehmen und darin eine Bestätigung der negativen Kognitionen zu sehen. Unter Umständen ist es durch einen Chronifizierungsprozeß zu einem späteren Zeitpunkt nicht mehr notwendig, daß wahrnehmbare physiologische Veränderungen auftreten, da alleine die negativen Kognitionen körperliche Beschwerden produzieren können.

Selbstbeobachtung: "high"- und "low-monitorers"

Die Bedeutung des Merkmals der Selbstbeobachtung wurde von Miller et al. (1988) untersucht. Die Autoren unterschieden zwischen "high monitorers" (Personen, die ihren Körper nach bedrohlichen Sensationen oder Informationen untersuchen) von sogenannten "low monitorers" (Personen, die selbst bedrohliche Körpersensationen ignorieren). Die Variable Depression wurde zwischen den Gruppen kontrolliert, um dadurch keine Verfälschung der Ergebnisse zu erhalten. Es zeigte sich, daß Personen mit hoher Selbstbeobachtung mit weniger gravierenden medizinischen Problemen zum Arzt kamen als jene Personen, die sich nur wenig selbst beobachteten. Für alle Probanden, die einen Arzt aufsuchten, galt jedoch, daß das Ausmaß der Lebenseinschränkung bzw. der Belastung durch die Symptome gleich war. Personen mit starker Selbstbeobachtung verlangten mehr diagnostische Untersuchungen, Informationen und Beratung während ihres Arztbesuches und zeigten auch nur wenig Krankheitsverbesserung im Vergleich zu den Personen mit geringer Selbstbeobachtung. Man kann davon ausgehen, daß Selbstbeobachtung eine Dimension darstellt, die in beiden Extrembereichen zu gesundheitlichen Folgen führen kann: "high monitorers" neigen eher zu somatoformen Störungen, während "low monitorers" eher zum Übersehen relevanter Beschwerden (z.B. Magenschmerzen bei Ulcus pepticum) neigen.

Fehlinterpretation von Körpervorgängen

In einer Übersichtsarbeit von Barsky & Klerman (1983) werden verschiedene Entstehungsprozesse für hypochondrische Störungen diskutiert. Auch diese Autoren stellen Ergebnisse zusammen, die dafür sprechen, daß hypochondrische Patienten normale körperliche Prozesse in verstärkter Weise wahrnehmen. Ein zweiter pathogenetischer Prozeß ist die Fehlinterpretation von normalen körperlichen Prozessen im Sinne der oben geschilderten "katastrophisierenden" Gedanken. Zur Überprüfung dieses Ansatzes stellen Barsky & Wyshak (1990) eine Untersuchung vor, in der Personen mit hypochondrischen Störungen auch fünf Fragen zur verstärkten Wahrnehmung somatischer Prozesse beantworteten. Diese fünf Items sollten die somatosensorische Verstärkung erfassen und sind in Abbildung 7.2 aufgeführt.

In der Studie von Barsky & Wyshak wurden 177 Patienten untersucht, die die Fragen zur somatosensorischen Verstärkung beantworteten sowie weitere Fragebögen ausfüllten zur Erfassung hypochondrischer und anderer Syndrome (z.B. den Whiteley-Index,

1. *Ich spüre schnell, wie sich mein Magen bei Hunger zusammenzieht*
2. *Ich bin mir oft bewußt über verschiedene Dinge, die in meinem Körper passieren*
3. *Laute Geräusche stören mich ziemlich*
4. *Mir wird schnell bewußt, wenn sich meine Körpertemperatur ändert*
5. *Ich kann Schmerz nur schwerer ertragen als die meisten anderen Menschen*

Abbildung 7.2 Items zur somatosensorischen Verstärkung (nach Barsky & Wyshak 1990).

vgl. Abbildung 3.5; die Somatisierungsskala der Symptom Check List, SCL-90R, vgl. Kapitel 3.3). Es zeigte sich, daß ein Stil verstärkter Körperwahrnehmung deutlich mit hypochondrischen Symptomen zusammenhing. Dieser Zusammenhang war hoch signifikant und klärte mehr Varianz auf als Variablen wie Alter, Geschlecht und Familienstand. Für die letztgenannten Faktoren ergab sich eine interessante Wechselwirkung: Während bei Männern der Status des Unverheiratetseins positiv mit Hypochondrie zusammenhing, zeigten verheiratete Frauen höhere Hypochondriewerte als unverheiratete Frauen.

Sensorisches Erregungsniveau

Die Autoren vermuten, daß hypochondrische Patienten auch höhere Niveaus sensorischer Erregung haben, da ihre sensorische Diskriminationsfähigkeit bei paarweise dargebotenen Lichtblitzen erhöht war. Auch weist eine andere Studie mit gesunden Probanden darauf hin, daß diejenigen, die bei der kinästhetischen Wahrnehmung zur Verstärkung tendieren (Überschätzung der Größe von verschiedenen Objekten in ihrer Hand, während sie Augenbinden trugen), auch die höchsten Werte für Hypochondrie erhielten und die niedrigste Toleranz für experimentell induzierten Schmerz hatten.

Selektive Interozeption

Auch Lloyd (1986) geht in seiner Übersichtsarbeit davon aus, daß selektive Wahrnehmung sowie die Verstärkung physiologischer Prozesse zentrale Faktoren bei der Entstehung somatischer Beschwerden im Rahmen psychiatrischer Erkrankungen sind. Er vermutet, daß somatoforme Symptome durch eine Verstärkung normaler physiologischer Sensationen oder Muskelspannungen entstehen, die üblicherweise von jedermann wahrgenommen werden können. Die interozeptive Wahrnehmung wird selektiv und zentriert sich auf einige wenige Körperfunktionen bzw. Organsysteme, die sich schließlich zum Fokus der Symptombildung herauskristallisieren.

Der Ansatz der Untersuchung von Körperwahrnehmungsprozessen sowie selektiven Aufmerksamkeitsprozessen und Bewertungen erscheint vielversprechend, um die Brükke zwischen psychischen Belastungen und somatoformen Symptomen besser zu verstehen. Die wenigen genannten Untersuchungen stellen jedoch in erster Linie korrelative Studien dar, so daß nicht geklärt werden kann, ob zum Beispiel eine erhöhte Selbstbeobachtung Ursache oder Wirkung bei somatoformen Störungen ist; so ist auch bekannt, daß bei körperlichen Erkrankungen ebenfalls vorübergehende hypochondrische Symptome auftreten können, die mit einer erhöhten Selbstbeobachtung einhergehen ("sekundäre Hypochondrie"; Barsky et al. 1980). Deshalb müßte in Längsschnittstudien gezeigt werden, daß Personen, die zu einer verstärkten Körperwahrnehmung tendieren, auch ein höheres Risiko für somatoforme Störungen haben.

7.2.3. Einstellungen zu Gesundheit und Krankheit

Die Art der Selbstbeobachtung körpereigener Prozesse kann eng zusammenhängen mit Überzeugungen und Einstellungen zum eigenen Körper sowie zu Gesundheit und Krankheit. Diese Dimension prägt die Bewertung (bzw. die Kognitionen) der Wahrnehmung körpereigener Vorgänge. Aus diesem Grund entwickelten Kellner et al. (1987) einen Fragebogen, der die Einstellung zur Krankheit erfassen soll ("Illness Attitude Scales", IAS). Dieser Fragebogen besteht aus 29 Items, die zu folgenden Faktoren zusammengefaßt werden: Sorgen um Krankheiten, Beschäftigung mit Schmerzen, Gesundheitseinstellungen, hypochondrische Annahmen, Todesängste, Krankheitsängste, Beschäftigung mit dem Körper, Behandlungserfahrungen und Folgen der Symptome.

Differenzierung klinischer und nicht-klinischer Gruppen mit der IAS

Die Autoren untersuchten mit dieser Skala eine Gruppe von Personen, die die DSM-III-Kriterien für hypochondrische Störungen erfüllten und verglichen diese Gruppe mit Personen mit anderen nicht-psychotischen psychiatrischen Erkrankungen, als drittes mit einer Gruppe von Patienten einer Allgemeinarztpraxis und als viertes mit einer Kontrollgruppe von Angestellten. Die Gruppe mit Hypochondrie unterschied sich signifikant auf den Skalen Sorgen über Krankheiten, Beschäftigung mit Schmerzen, hypochondrische Einstellungen, Todesängste, Krankheitsängste, Beschäftigung mit dem Körper sowie Behandlungserfahrungen.

Als Kritik an dieser Untersuchung muß angeführt werden, daß die Dimensionen der IAS großteils identisch mit Symptomen der Hypochondrie sind. Andererseits zeigt dieses Verfahren eine gute Differenzierung dieser Störungsgruppe und eine Bestätigung der Untergruppen der Symptomatik.

Skalen von Barsky & Wyshak (1989)

Auch in einer Arbeit von Barsky & Wyshak (1989) wurden Gesundheitsüberzeugungen bei Personen mit hypochondrischen Störungen erfaßt. Der Fragebogen wurde unterteilt in eine Skala zur persönlichen Bedeutung der Gesundheit - im Vergleich zur Bedeutung familiären oder materiellen Wohlbefindens (Beispiel: "Meine Gesundheit ist für mich wichtiger als alles andere auf der ganzen Welt") und eine zweite Skala, die die Bedeutung der körperlichen Erscheinung erfaßt (Beispiel: "Ich bin mir sehr bewußt über meine besten und schlechtesten Gesichtszüge"). Des weiteren wurden zwei Aspekte der Einstellung zu Krankheiten erfaßt; zum einen Ängste vor Tod und Alter, zum zweiten körperliche Empfindlichkeit. Hypochondrische Patienten zeigten ausgeprägtere Ängste vor dem Tod sowie vor dem Altwerden. Gesundheit hatte für sie eine höhere Bedeutung und sie empfanden ihren Körper als sehr empfindlich für Krankheiten und Verletzungen. Hypochondrie wurde wieder erfaßt über einen Fragebogen, der an insgesamt 177 Patienten verteilt wurde.

Die Rolle des Selbstbilds

Garrick et al. (1988) wiesen darauf hin, daß das Schildern von körperlichen Beschwerden einhergeht mit einem gestörten Selbstbild. Sie zeigten bei Adoleszenten, daß bei einem normalen, gesunden Selbstkonzept keine körperlichen Symptome genannt wurden, während bei spezifischen Störungen psychologischer

Funktionen zum Teil sehr stark somatoforme Symptome geschildert wurden. Solche psychischen Störungen lagen zum Beispiel im Bereich der Impulskontrolle, des Selbstbildes, oder im Bereich “emotionale Spannungen”. Somit liegen Zusammenhänge zwischen somatoformen Symptomen und dem subjektiven Selbstbild vor, wobei jedoch auch hier keine kausalen Aussagen gemacht werden können.

7.2.4. Sprachliche Dimensionen somatoformer Störungen

Ein interessanter Ansatz zur Untersuchung von Personen mit Somatisierungsstörungen wurde von Oxman et al. (1985, 1988) vorgestellt. Sie nahmen von Personen mit Somatisierungsstörungen sowie von Patienten mit paranoiden und solchen mit affektiven Störungen (Major Depression) einfache Sprachproben und analysierten die verwendete Sprache auf Besonderheiten. Gerade auch im Vergleich zu Personen mit Depressionen zeigten sich signifikante Unterschiede, was dafür spricht, Somatisierungsstörungen nicht nur als Untergruppe affektiver Störungen zu kennzeichnen, sondern auch eigenständige Krankheitsaspekte herauszustellen. Personen mit Somatisierungsstörungen verwendeten häufiger Begriffe aus der Kategorie Streß, aus der Kategorie Denken sowie vergleichende und bewertende Begriffe (z.B. die Begriffe: nicht, kann nicht, nie, ich bin, gleich, bestehend aus). Demgegenüber zeichnete sich die Gruppe mit ausgeprägten Depressionen (Major Depression) durch einen gehäuften Gebrauch von Wörtern aus folgenden Kategorien aus: Niedrigerer Status (Baby, Clerk, Agent), neutrale Rolle (jemand, Bürger, jeder), kleine Gruppen (Klasse, Gruppe), Gemeinschaft (Nachbar, Organisation, Bruder, Kind, häuslich). Interessanterweise ergab sich kein Unterschied zwischen Personen mit Somatisierungsstörungen und Personen mit Depressionen im Gebrauch von Wörtern, die auf medizinische oder körperliche Themen schließen lassen. Beide Gruppen verwendeten des weiteren nur selten Begriffe aus emotionalen Kategorien wie Ärger oder Betroffenheit. Weitere Aspekte zum Gebrauch emotionaler Begriffe werden im nachfolgenden Kapitel über “Alexithymie” diskutiert.

Oxman et al. (1988) beschreiben Personen mit Somatisierungsstörungen zusammenfassend durch einen ausgeprägten negativistischen Stil, Streß sowie Beschäftigung mit einer unklaren Selbstidentität. Der Ansatz von linguistischen Analysen, die computerisiert erfolgen, jedoch von freien Sprechproben stammen, erbringt somit interessante und zum Teil unerwartete Unterschiede. Seine Stärke liegt darin, daß keine untersuchungstechnischen Einschränkungen vorgenommen werden, sondern realitätsnahe Sprechproben erhoben werden. Somit dient der Ansatz weniger zur Hypothesentestung als vielmehr zur Hypothesengenerierung, welche Unterschiede bedeutsam sein können und näher überprüft werden sollten.

7.2.5. Alexithymie

Alexithymie ist ein Konstrukt aus der psychoanalytischen Terminologie und wurde mit dem Auftreten psychosomatischer Erkrankungen in Verbindung gebracht (Nemiah & Sifneos 1970; Nemiah et al. 1976). Das Wort bezeichnet inhaltlich “keine Wörter für Gefühle”. Die wesentlichen Kennzeichen des Persönlichkeitsmerkmals Alexithymie sind aus Abbildung 7.3 zu entnehmen.

Die reduzierte Fähigkeit, eigene Emotionen wahrzunehmen und auszudrücken, führt nach der Theorie dazu, daß die betroffene Person verstärkt ihre Aufmerksamkeit auf die somatischen Komponenten von Gefühlen und Belastungsreaktionen lenkt, diese somit verstärkt wahrnimmt und gegebenenfalls als Krankheitssignal fehlinterpretiert. Auch verlieren Emotionen ihre Wirkung als Warnsignale, so daß die Gefahr der chronischen Überforderung besteht.

Instrumente zur Erfassung des Konstrukts "Alexithymie"

Durch mangelnde Präzisierung des Konstruktes war es anfangs nicht möglich, objektive Beurteilungskriterien für Alexithymie zu nennen und das Konstrukt einer wissenschaftlichen Überprüfung zu unterziehen. Von Apfel & Sifneos (1979) wurde schließlich ein Interview entwickelt, das das Merkmal Alexithymie gut zu erfassen angab ("Beth Israel Hospital Psychosomatic Questionnaire", BIQ). Es zeigte sich jedoch, daß die Übereinstimmung bei unterschiedlichen Beurteilern unbefriedigend ist, da Interviewerstil, persönliche Erfahrungen und Vorlieben der Interviewer die Objektivität und Reliabilität beeinflussen. Diese Gefahr ist bei Fragebögen weniger gegeben. Das "Alexithymia Provoked Response Questionnaire" (Krystal et al. 1986) zeigte gute Reliabilitätswerte, jedoch ist die Validität, also ob die Fragebogen-Ergebnisse wirklich dem Merkmal Alexithymie entsprechen, noch nicht überprüft. Ähnliche Probleme zeigten sich bei der Entwicklung und beim Einsatz einer MMPI-Alexithymie-Skala (Krieger & Kinsman 1980) sowie der "Schalling-Sifneos-Persönlichkeitsskala" (SSPS; Apfel & Sifneos 1979).

Taylor et al. (1985) entwickelten die "Toronto Alexithymia Scale" (TAS), eine Selbsteinschätzskala mit 26 Fragen. Bei der Entwicklung des Fragebogens wurde darauf geachtet, daß die Ergebnisse möglichst wenig durch "sozial erwünschte Antworttendenzen" beeinflußt werden. Faktorenanalysen ergaben einen Faktor "Schwierigkeiten bei der Erkennung und Unterscheidung von Emotionen und körperlichen Symptomen", einen Faktor "Schwierigkeiten Gefühle mitzuteilen", desweiteren "reduzierte Tagträumereien" sowie "external-orientiertes Denken". Der Alpha-Koeffizient als Maß für die interne Konsistenz des Verfahrens zeigt mit 0,79 ein befriedigendes Ausmaß, die Test-Retest-Reliabilität von r = 0,82 (bei einer Woche Zeitunterschied) zeigt, daß die Ergebnisse zeitlich stabil sind. Die Faktorenstruktur war weiterhin bei Gesunden, bei College-Studenten und bei Psychiatrie-Patienten vergleichbar, was die Stabilität der Faktorenlösung unterstreicht (Bagby et al. 1990).

- *Schwierigkeiten beim Erkennen und Beschreiben von Emotionen*
- *Schwierigkeiten in der Unterscheidung von Emotionen und körperlichen Sensationen*
- *reduzierte imaginative Fähigkeiten, Phantasiearmut*
- *konkreter, realitätsbezogener Denkstil ("la pensée opératoire", "la belle indifférence")*

Abbildung 7.3 Merkmale der Alexithymie.

Vergleichende Untersuchung der Verfahren

In einer Studie von Bagby et al. (1988) wurden drei Verfahren zur Alexithymie-Messung verglichen (TAS, MMPI-A, SSPS). Dabei zeigte sich die "Toronto Alexithymia Scale"

(TAS) den anderen beiden auf verschiedensten Dimensionen überlegen. Auch ergaben sich erste Belege für den Zusammenhang von Alexithymie und psychosomatischen Symptomen. Die Ergebnisse der TAS korrelierten signifikant (r = 0,31; N = 209) mit dem Faktor "Somatisierung" der Symptom Check List SCL-90R (Derogatis et al. 1974). Je höher die Ausprägung alexithymer Merkmale war, desto mehr körperliche Symptome gaben die Personen an. Dieser vorhergesagte und bedeutsame Zusammenhang konnte für die beiden weiteren Alexithymie-Meßmethoden nicht gezeigt werden. Somit dürfte die TAS zur Zeit das geeignetste Verfahren zur Erfassung von Alexithymie sein; eine deutsche Übersetzung des Verfahrens wird von den Autoren vorbereitet. Jedoch ist die empirische Bestätigung des Alexithymie-Konzeptes bisher gering, wie auch schon Ahrens & Deffner (1985) feststellten.

Weitere Studien zum Zusammenhang zwischen Alexithymie und funktionellen somatischen Symptomen zeigen Unzulänglichkeiten bei der Erfassung von Alexithymie bzw. somatoformer Symptome. Auf die Darstellung von Ergebnissen mit projektiven Verfahren (z.B. Acklin & Alexander 1988) wird aus methodischen Gründen ebenfalls nicht weiter eingegangen. Jedoch sollen noch Untersuchungen beschrieben werden, die Unterbereiche des Konstruktes Alexithymie, vor allem Emotionswahrnehmung und Emotionsausdruck, in Zusammenhang mit körperlichen Beschwerden bringen.

Studien zum Emotionsausdruck bei somatoformen Störungen

Die Bedeutung des Ausdrucks intensiver Emotionen für die Schmerzwahrnehmung wird von Beutler et al. (1986) betont. In ihrer Literaturübersicht zeigen die Autoren Zusammenhänge zwischen Emotionsausdruck und physiologischen sowie endokrinen Reaktionsmustern auf, die für eine erhöhte Wahrnehmung und Intensität von Schmerzreizen verantwortlich sein können. Eine zentrale Rolle wird hierbei den Endorphinen zugesprochen.

Im vorangegangen Kapitel wurde bereits der Ansatz erwähnt, verbale Äußerungen zu erfassen und durch Computer linguistisch auszuwerten. Oxman et al. (1985) gaben Patienten mit Somatisierungsstörungen und Patienten mit Major Depression die Aufgabe, fünf Minuten frei über ein nicht festgelegtes Thema zu referieren. Dabei zeigte sich, daß beide Gruppen wenig Wörter aus emotionalen Kategorien verwenden. Dieses Ergebnis spricht dagegen, daß ein verringerter verbaler Emotionsausdruck ein spezifisches Merkmal der Somatisierungsstörung ist. Es läßt des weiteren keine Aussagen darüber zu, ob den betroffenen Personen die Fähigkeit zum verbalen Emotionsausdruck nicht im Verhaltensrepertoire zur Verfügung steht oder ob die Personen sie nur nicht verwenden.

Daß Defizite im Emotionsausdruck nicht spezifisch für somatoforme Störungen sind, wird auch aus einer Arbeit von Wilson-Barnett & Trimble (1985) deutlich. In dieser Studie wurden Patienten mit einer Konversionsstörung mit dem "Illness Behavior Questionnaire" untersucht, das auch eine Skala "emotionale Gehemmtheit" enthält. Es zeigte sich, daß auch hier Patienten mit Konversionsstörungen höhere Werte erzielen als Patienten mit neurologischen Erkrankungen. Die höchsten Werte für emotionale Gehemmtheit erhielten jedoch psychiatrische Patienten (die nach Angaben der Autoren in erster Linie Angststörungen und Depressionen hatten).

Während für klassisch psychosomatische Störungen zum Teil ein Zusammenhang zwischen Emotionsausdruck und Erkrankung nachgewiesen werden konnte (z.B. für Asthma bronchiale durch Hollaender & Florin 1983), gilt dies für somatoforme Störungen noch nicht. Auch bleibt die Frage offen, ob der krankheitsbedeutsame Faktor die Wahrnehmung und der Ausdruck von Emotionen ist oder ob das Gesamtkonstrukt Alexithymie von Bedeutung ist. Es bleibt weiterhin zu vermuten, daß Alexithymie bei anderen psychischen Erkrankungen (z.B. Depressionen, Panikstörungen) ebenfalls bedeutsam ist und nicht für psychosomatische Erkrankungen spezifisch ist. Auch ist unwahrscheinlich, daß Alexithymie für alle Untergruppen somatoformer Störungen die gleiche Bedeutung hat (Acklin & Alexander 1988).

Emotionswahrnehmung bei körperlichen Erkrankungen

Wise et al. (1990) weisen darauf hin, daß bei Personen mit körperlichen Erkrankungen ebenfalls der Alexithymie-Score in der TAS erhöht ist. Dies spricht dafür, daß Alexithymie auch als Reaktion oder Coping-Strategie auf Erkrankungen auftreten kann ("secondary alexithymia"). Unter Umständen reagiert der menschliche Organismus bei organischen und somatoformen Beschwerden durch Gegensteuerung, indem zentralnervös der Bereich der Emotionswahrnehmung und Interozeption gehemmt wird. Dadurch werden gegebenfalls Beschwerden weniger wahrgenommen, was dem Betroffenen den Umgang mit der Krankheit erleichtert; für die Umwelt wird jedoch weniger Emotionsausdruck beim Patienten erkennbar.

Unbekannte Wirkmechanismen

Mögliche Zusammenhänge, wie sie in der zitierten Studie von Bagby et al. (1988) zwischen Alexithymie und somatoformen Symptomen gefunden wurden, lassen noch keine Aussagen über Kausalzusammenhänge zu. So mag Alexithymie ein prädisponierender Faktor für somatoforme Störungen sein, kann jedoch unter Umständen auch Folge einer psychischen oder psychosomatische Erkrankung sein oder Ausdruck eines dritten, beidem zugrundeliegenden Faktors (z.B. Endorphin-Haushalt), ohne daß direkte Wechselwirkungen bestehen.

7.3. Somatoforme Störungen im Kontext kritischer Lebensereignisse

Besondere Lebensereignisse oder Veränderungen führen zu einer Destabilisierung des psychischen und physiologischen Gleichgewichts und fordern vom Betroffenen Anpassungsleistungen. Solche Ereignisse werden in der klinisch-psychologischen Forschung als "life events" oder kritische Lebensereignisse bezeichnet (s. Kasten 7.1). Können solche Ereignisse nicht erfolgreich bewältigt werden (z.B. da mehrere Ereignisse nacheinander erfolgen und sich in ihrer Wirkung potenzieren), ist die Auftretenswahrscheinlichkeit für psychische oder körperliche Erkrankungen erhöht.

Bereits Briquet (1859) nahm an, daß belastende Lebensereignisse zum Ausbruch einer Somatisierungsstörung beitragen können. Dieser Gedanke wurde unter anderem von Scaloubaca et al. (1988) aufgegriffen, die 137 Studenten untersuchten, die sich beim studentischen Gesundheitsdienst meldeten. Sie unterschieden zwischen Personen, die vorrangig über psychische Probleme klagten und solchen, die vorrangig unter somatischen Problemen litten, die jedoch nicht auf eine organi-

Kasten 7.1
Kritische Lebensereignisse - Grundlagen

Unter kritischen Lebensereignissen oder "live events" wird ein für das Individuum bedeutsames, in seine Lebensstruktur eingreifendes - ungünstiges oder günstiges - Ereignis verstanden (Peters 1984). Beispiele für (positive und negative) kritische Lebensereignisse können sein: Tod eines nahen Verwandten, Scheidung, Unfall, Arbeitsplatzverlust, Umzug, Heirat, Lotteriegewinn, Aufnahme einer neuen Arbeit, Beförderung, Krieg, Emigration u.v.m. Die lebensbeeinflußende Wirkung kritischer Lebensereignisse entsteht aus der *Summe* von life events, die kurz-, mittel- oder langfristig dem Erkrankungsbeginn vorausgingen. Aus diesem Grund wird zum Vergleich ein Summenscore über eine definierte Zeitspanne gebildet ("life change unit").

- **Zusammenhänge:**

Kritische Lebensereignisse werden mit dem Auftreten von Depressionen in Zusammenhang gebracht (Shrout et al. 1989; Garnefski et al. 1990), auch mit Schizophrenien (Dohrenwend et al. 1987), jedoch genauso mit organmedizinischen Erkrankungen wie zum Beispiel malignen Tumoren (Lehrer 1980; Jacobs & Charles 1980).

- **Probleme bei der Erfassung:**

Zur Erfassung kritischer Lebensereignisse ist es wichtig, nicht nur das Ereignis als solches zu erfassen, sondern auch seine persönliche Bedeutung für das Individuum. Gerade die persönliche Bewertung von Ereignissen ist von verschiedenen Faktoren (z.B. Alter, Geschlecht; Davis et al. 1987) abhängig. Weiterhin muß der zeitliche Abstand als eine zentrale Variable, vor allem bezüglich Beurteilungsungenauigkeiten, gesehen werden. Für einen Zeitrahmen über 5 Jahre können Lebensereignisse nur noch sehr ungenau datiert werden. Zur besseren Erinnerung schlagen Sobell et al. (1990) Gedächtnishilfen vor (Hauptereignisse und Schlagzeilen des entsprechenden Jahres, Erfragung von Geburtstagen, Weihnachtsfeiern und ähnliches). Bei wissenschaftlichen Untersuchungen ist es notwendig, eine adäquate Vergleichsgruppe zu finden, die für den selben Zeitraum wie die Experimentalgruppe kritische Lebensereignisse benennen muß ("yoked controls").

- **Beispiele für Instrumente zur Erfassung:**

Fragebögen zur Erfassung von "life events" stammen zum Beispiel von Holmes & Rahe (1967) oder Oei & Zwart ("Questionnaire on Recently Experienced Events", QREE; 1986). Interviews stammen von Brown ("Life Events and Difficulty Schedule", 1981), Paykel (1983) oder Dohrenwend ("PERI Life Events Scale", Dohrenwend et al. 1978, 1984, 1987).

sche Basis rückführbar waren. Die zweite Gruppe nannten sie "Somatisierer" und stellten fest, daß diese genauso wie Personen mit psychischen Problemen vor Ausbruch der Störung kritische Ereignisse erlebten, zum Beispiel Todesfälle von Bezugspersonen oder Freunden, jedoch auch Schwierigkeiten in Beziehungen.

Auch de Leon et al. (1987) untersuchten Personen, die ambulant in einem Allgemeinkrankenhaus sich vorstellten. Die Patienten wurden nach etwas unklaren Kriterien unterteilt in die Gruppe der "Somatisierer" und die Gruppe der "Nicht-Somatisierer". Für die Gruppe der Somatisierer gaben die Autoren an, daß diese mehr histrionische Persönlichkeitszüge zeigten sowie mehr belastende Faktoren, die sich aus zwischenmenschlichen Beziehungen, Tod oder Krankheit von Bezugspersonen ergaben. Auch zeigte sich, daß gehäuft Scheidungen im Vorfeld des Erkrankungsbeginns standen.

Komplexe Wechselwirkungen

Kritische Lebensereignisse können mit anderen Einfluß- und Entstehungsbedingungen somatoformer Symptome interagieren. So können kritische Lebensereignisse wie Scheidung oder Umzug auch die Folge von anderen prädisponierenden Faktoren sein (z.B. Ehepartner mit Alkoholproblemen). Auch sind komplexe Interaktionen zwischen dem Erleben kritischer Lebensereignisse, hypochondrischer Selbstbeobachtung und Körperbewertung, Einnehmen der Krankenrolle und dem Geschlecht möglich. Aus diesem Grund haben Stone & Neale (1981) in einer Fragebogenerhebung die letztgenannten Dimensionen erfaßt und mit hierarchischen multiplen Regressionsanalysen ausgewertet. Insgesamt wurden 60 Lebensereignisse aus einer kombinierten Liste der Verfahren von Dohrenwend et al. (1978) sowie von Myers et al. (1974) erfaßt und in Zusammenhang zu Hypochondrie und somatischen Symptomen gesetzt. Bei hohen Hypochondrie-Werten ergab sich nur eine geringe Korrelation zwischen somatoformen Störungen und kritischen Lebensereignissen. Nach Ansicht der Autoren ist bei hohen Hypochondrie-Werten die Entwicklung somatoformer Störungen eher die Folge von hypochondrischer Selbstbeobachtung, weniger die Folge von Lebensereignissen. Bei niedrigen Hypochondrie-Werten ergibt sich demgegenüber ein höherer Zusammenhang zwischen Lebensereignissen und somatischen Symptomen.

Funktionelle Dysphonie und Probleme, sich zu äußern

Einige weitere Untersuchungen liegen zu einzelnen Untergruppen somatoformer Störungen vor. Eine solche Untergruppe ist die funktionelle Dysphonie (Sprachstörung ohne organische Verursachung), die von Haus & Andrews (1988) untersucht wurde. Für die zwölf Monate vor Beginn der Dysphonie gaben 54% der betroffenen Frauen an, daß sie eine Situation erlebten, in der ein ausgeprägter Konflikt über das Aussprechen bestimmter Dinge bestand. Dieses Situationsmerkmal (“conflict over speaking out”, CSO) wurde von den Autoren operationalisiert und ebenfalls bei einer Vergleichsgruppe untersucht. Bei dieser Vergleichsgruppe zeigten nur 16% entsprechende Erfahrungen in den vergangenen zwölf Monaten. Das Verhalten, in Konfliktsituationen eine Sprechblockade zu entwickeln, kann somit als konditioniert durch mehrere Lerndurchgänge angesehen werden.

Von Robinson et al. (1990) liegt eine Untersuchung von Kindern vor, die unter wiederholten abdominellen Schmerzen litten. Die Untersucher stellten fest, daß diese Kinder mehr Aufmerksamkeit wünschten, wenn sie krank waren im Vergleich zu verschiedenen Kontrollgruppen. Des weiteren hatten diese Kinder Eltern, die ebenfalls mehr Symptome berichteten (was sowohl an genetische Aspekte als auch an Modellernen denken läßt) und schließlich gaben diese Kinder auch für die vergangenen Monate an, mehr belastende Erfahrungen gemacht zu haben als Vergleichskinder, so daß ihr “life change unit” für die Zeit vor Krankheitsausbruch erhöht war.

Traumatische Lebensereignisse

In der Einleitung wurde darauf hingewiesen, daß es auch besonders traumatische Lebensereignisse gibt, die durch einmaliges Auftreten, auch ohne Summationseffekte durch andere Lebensereignisse, Erkrankungsphasen auslösen können. Hierzu zählen z.B. Kriege, Vergewaltigungen oder Flugzeugentführungen. Vor allem bezüglich Kriegsteilnehmern liegen entsprechende Forschungsergebnisse vor. Solomon et al. (1987) untersuchten israelische Soldaten, die sich im Libanonkrieg in lebensgefährdenden Situationen befunden hatten. Es zeigte sich, daß die Betroffenen sowohl ein als auch zwei Jahre später im Vergleich zu einer Kontrollgruppe mehr über geistige Abwesenheit klagten, Verdauungsprobleme und Brustschmerzen angaben, sowie mehr Medikamente nahmen, mehr Alkohol konsumierten und mehr rauchten. Das besondere an dieser Studie ist, daß über mehrere Jahre die Gruppen untersucht wurden und dabei zu jedem Zeitpunkt die erwähnten Unterschiede gefunden wurden, was dafür spricht, daß es sich in der Entwicklung dieser Beschwerden um stabile Phänomene handelt.

Eine ähnliche Studie stammt von Westermeyer et al. (1989), die Somatisierungssymptome unter Vertriebenen untersuchten, wobei es sich hierbei um 97 Personen aus Südostasien handelte, die seit mehreren Jahren in den Vereinigten Staaten lebten. Somatisierung wurde über mehrere Fragebogen erfaßt. Es stellte sich heraus, daß Somatisierungssymptome begleitet sind von mehreren demographischen Variablen, die ein Scheitern der sozialen Integration andeuten. Diese Daten lassen natürlich keine kausalen Schlüsse zu; die Autoren vermuten jedoch, daß eine schlechte soziokulturelle Eingliederung das Auftreten somatoformer Symptome mitbedingen kann. Zu einem ähnlichen Schluß kommen auch Chiu & Rimon (1987) bezüglich der erhöhten Rate somatoformer Symptome bei chinesischen Immigranten. Dauerstreß, ob durch fehlende soziale Integration oder auch durch Faktoren wie Schichtarbeit (Müller 1992), scheint die Entstehung somatoformer Symptome zu begünstigen.

Positive Lebensereignisse als stabilisierende Faktoren

Die Ergebnisse von chronischen Rückenschmerzpatienten (chronic low back pain) können nur begrenzt auf somatoforme Störungen übertragen werden, trotzdem soll eine Arbeit von Smith et al. (1985) aufgeführt werden. Diese Autoren unterschieden zwischen negativen und positiven Lebensereignissen und stellten fest, daß negative Lebensereignisse in erster Linie den Ausbruch von depressiven Phasen und von sozialen Anpassungsstörungen förderten. Für positive Lebensereignisse zeigte sich eine negative Korrelation zu somatischen Beschwerden. Dies bedeutet, daß bei weniger positiven Lebensereignissen die Gefahr höher ist, somatische Beschwerden zu erleiden. Nach diesen Ergebnissen können positive Lebensereignisse als stabilisierende Faktoren angesehen werden, die die Gesundheit fördern.

Kindheits- und Jugenderfahrungen

Der Ansatz der kritischen Lebensereignisse berücksichtigt in der Regel nur wenige Monate vor Krankheitsausbruch bis hin zu zwei oder fünf Jahren vorher. Wenn das Problem der Vergeßlichkeit kontrolliert wird, spricht inhaltlich jedoch viel dafür, diesen Zeitrahmen auszudehnen auf die gesamte Lebensspanne und somit auch Kindheits- und Jugenderfahrungen aufzunehmen.

Diese Überlegung griffen auch Hartvig & Sterner (1985) auf. Sie untersuchten 53 Frauen mit somatoformen Störungen sowie 53 Frauen, die gesund waren. Für die Frauen mit somatoformen Störungen fanden sie in deren Kindheit deutlich öfters Erfahrungen von Tod, Scheidung, schweren körperlichen Krankheiten und Schmerzphasen bei Mitgliedern der Kernfamilie. Es wuchsen mehr Frauen in sogenannten "broken home"-Situationen auf und hatten bereits in der Kindheit Krankheitsmodelle, die in der späteren Entwicklung von somatoformen Störungen bedeutsam sein konnten. Zum Teil können diese Ergebnisse auch im Rahmen eines genetischen Ansatzes interpretiert werden, der jedoch nicht erklären kann, warum auch Personen mit Angehörigen, die schwer körperlich krank waren, später gehäuft somatoforme Störungen entwickeln.

Sexueller Mißbrauch/ Belästigung durch	*Frauen mit Som.-Störung*	*Frauen mit Depression*
Vater	8%	3%
Stiefvater	5%	--
Bruder	13%	6%
and. Verwandte	10%	3%
sonstige	17%	3%

Tabelle 7.2 Häufigkeit sexueller Belästigungen/ sexuellen Mißbrauchs bei Frauen mit Somatisierungsstörungen und Depressionen nach Morrison (1989 a).

Sexueller Mißbrauch

Einzelne Fallberichte aus den 70er Jahren wiesen bereits darauf hin, daß sexuelle Mißbrauchserfahrungen und inzestuöse Erlebnisse mit dem späteren Auftreten von psychogenen Krampfanfällen im Sinne einer Konversionsstörung in Zusammenhang stehen können. Gross (1979) beschreibt vier Patientinnen mit "hysterischen Anfällen", bei denen sich eine inzestuöse Beziehung zu ihren Vätern herausstellte. Deshalb weist der Autor darauf hin, nach Möglichkeit diesen Bereich bei psychogenen Krampfanfällen zu berücksichtigen. Auch Goodwin et al. (1979) beschreiben sechs Patientinnen mit psychogenen Anfällen, die frühere inzestuöse Beziehungen angaben. Hierbei zeigte sich, daß nach ausreichender psychotherapeutischer Bearbeitung der Inzestproblematik die Krampfanfälle verschwanden. LaBarbera & Dozier (1980) plädieren ergänzend hierzu, generell auf sexuelle Übergriffe zu achten (nicht nur auf Inzest) und begründen dies mit entsprechenden Fallberichten.

Morrison (1989 a) befragte Frauen mit dem Vollbild der Somatisierungsstörung (N = 60) sowie Frauen mit affektiven Störungen (N = 31) nach frühen und aktuellen sexuellen Erfahrungen wie Doktorspiele, Masturbation, erster Kuß, Petting, Geschlechtsverkehr, jedoch auch nach dem Erleben von sexuellen Übergriffen. Frauen mit einer Somatisierungsstörung gaben seltener an, beim Geschlechtsverkehr einen Höhepunkt zu erleben; des weiteren gaben diese Frauen an, häufiger sexuelle Belästigungen oder Mißbrauch erlebt zu haben. In Tabelle 7.2 wird die Häufigkeit sexuellen Mißbrauchs durch verschiedene Angehörige bei Patientinnen mit Somatisierungsstörungen und Patientinnen mit Depressionen verglichen.

Die Studie von Morrison (1989 a) erscheint vor allem interessant, weil die Vergleichsgruppe ebenfalls eine klinisch-psychiatrische Gruppe darstellte. Negative sexuelle Erfahrungen wirken sich nach den Ergebnissen häufiger in Richtung Somatisierungsstörung aus als in Richtung Depression. Die aufgrund sexueller Traumen entwickelte negative Körperakzeptanz scheint vermehrt dazu beizutragen, daß Körpersensationen negativ interpretiert und selektiv wahrgenommen werden. Chu & Dill (1990) erweitern diese Ergebnisse auf dissoziative Symptome. Sie fanden bei einer Personengruppe mit dissoziativen Störungen ebenfalls gehäufte Kindheitserfahrungen von körperlicher Gewalt und sexuellem Mißbrauch. Trotz der zum Teil großen methodischen Mängel der zitierten Studien scheint sich ein Zusammenhang zwischen dem Schildern früherer sexueller Übergriffe und dem Entwickeln von somatoformen Symptomen abzuzeichnen. Da sich bezüglich der Thematik "sexueller Mißbrauch" zur Zeit eine rege Forschungsaktivität ergeben hat, dürften in Kürze zu diesem Themenbereich noch genauere Ergebnisse zu erwarten sein.

7.4. Die Bewältigung von Lebensproblemen: Somatoforme Störungen im Kontext der Coping-Forschung

Es gibt Situationen, auf die die meisten Menschen in ähnlicher Weise reagieren. Traumatische Kriegserlebnisse, Flugzeugentführungen und Gewaltverbrechen sind Ereignisse, die für jeden Menschen belastend sind und Streßreaktionen hervorrufen. Trotzdem reagieren die Menschen sowohl in solchen extremen Belastungssituationen als auch bei weniger ausgeprägten Stressoren höchst unterschiedlich. Je nach dem, welche Bewältigungsmechanismen die Person zur Verfügung hat und in der entsprechenden Situation aktivieren kann, wird ihre Reaktion anders ausfallen. Aus dem amerikanischen Sprachraum hat sich für die Erforschung von Bewältigungsverhalten der Begriff Coping-Forschung eingebürgert.

Wenn auch bislang noch keine Studien einen direkten Zusammenhang zwischen Coping-Verhalten und somatoformen Störungen untersucht haben, so soll diesem Thema hier trotzdem Raum gegeben werden, da für die Zukunft aus diesem Gebiet interessante Ergebnisse zu erwarten sind. Dies betrifft zum einen die Frage eingesetzter Bewältigungsstrategien bezüglich der somatoformen Symptomatik (z.B. Umgang mit den Beschwerden), jedoch auch allgemein den Einsatz und die Verfügbarkeit verschiedener Coping-Strategien bei Alltagsproblemen von Patienten mit somatoformen Störungen. Langfristig ist zu hoffen, daß Ergebnisse erhalten werden können, welche Coping-Strategien eher zu einer Chronifizierung und zu Depressivität führen und welches Coping-Verhalten mit einer langfristigen Reduktion des Leidensdrucks einhergeht.

Das Modell von Lazarus & Folkman (1987)

Die zur Zeit bekanntesten Ansätze der Coping-Forschung stammen von der Arbeitsgruppe um Richard S. Lazarus (Lazarus & Folkman 1987). Seine "transaktionale Theorie" (s. Abbildung 7.4) betont die Interaktion zwischen Person und Umwelt in der Entstehung von Emotionen, hierbei vor allem dem Gefühl der Belastung, sowie in der Bewältigung schwieriger Situationen und Emotionen. Die Emotion Angst ist zum Beispiel nicht allein ein Kennzeichen einer Person oder einer Situation, sondern entsteht aus der Kombination aus einer Situation, die bestimmte Merkmale hat, und einer Person, die diese Situationsmerkmale zu diesem Zeitpunkt als bedrohlich bewertet, da sie eigene Bewältigungsstrategien für diese belastenden Merkmale als unzureichend erlebt.

Merkmale der Situation ("environmental antecedents") wie Aufforderungscharakter, Möglichkeiten und Beschränkungen, Eindeutigkeit etc. interagieren mit den persönlichen Voraussetzungen ("personal antecedents") wie Zielhierarchien, persönliche Annahmen und ähnlichem. Dabei werden vermittelnde Prozesse ("mediating processes") wie Bewertung der Situation oder eigener Bewältigungsmöglichkeiten in Gang gesetzt und erste Coping-Strategien werden realisiert. Die

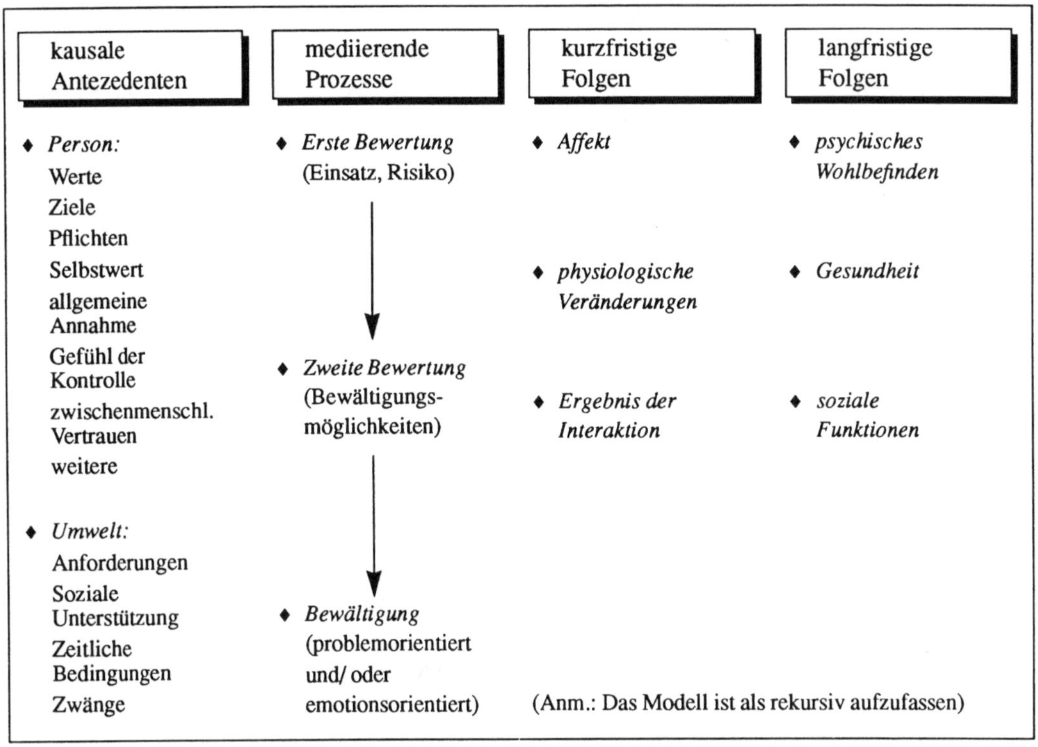

Abbildung 7.4 Person-Situation-Interaktion nach Lazarus & Folkman (1987).

kurzfristigen Folgen ("short term outcomes") bestehen in erster Linie aus Emotionen, die während und kurz nach der situativen Anforderung auftreten. Langfristige adaptive Folgen sind Auswirkungen auf das psychische Wohlbefinden, Selbstwertgefühl, soziale Funktionsfähigkeit und somatische Gesundheit.

Erfassung von Coping-Strategien

Die Aktivierung von Coping-Strategien ist die Folge von einer Bewertung als Herausforderung, Gefahr oder Bedrohung. Diese Bewältigungsstrategien können zwei verschiedenen Zielen folgen: die Bedingungen der problematischen Person-Umwelt-Interaktion verändern (problemorientiert) oder die emotionale Belastung zu beeinflussen (emotionsorientiert). Lazarus entwickelte einen Fragebogen, um diese Stile von verwendeten Bewältigungsstrategien in belastenden Situationen erfassen zu können (Folkman & Lazarus 1980). Die "Ways of Coping Checklist" (WCC) besteht aus 60 Fragen, die sich auf eine kürzlich erlebte Belastung beziehen. Die Fragen entstammen vier Grundkategorien: Informationssuche, direkte Handlungen, Hemmung direkter Handlungen, intrapsychische Prozesse. Eine Faktorenanalyse über die einzelnen Ergebnisse erbrachte acht Unterskalen, die verschiedene Coping-Strategien beinhalten: konfrontative Bewältigung ("das boxe ich durch"), Distanzierung (so tun, als sei nichts geschehen), Selbstkontrolle ("ich versuche, meine Gefühle für mich zu behalten"), Suche nach sozialer Unterstützung (jemand um Hilfe bitten), Verantwortung übernehmen ("ich habe einen Fehler gemacht"), Flucht-Vermeidung, geplante Problemlösung ("ich weiß, was ich tun muß"), positive Neubewertung (Erkennen von positiven Aspekten).

Eine deutsche Version der WCC wurde von Ferring & Filipp (1989) eingeführt unter dem Namen "Skala zur Erfassung des Bewältigungsverhaltens" (SEBV). In dieser Arbeit wird auch eine Kurzform mit 35 Items vorgestellt, die eine Differenzierung von emotionszentriertem Problemlöseverhalten (SEBV-E) und problemzentriertem Problemlöseverhalten (SEBV-P) ermöglicht.

Situationsbezogener Einsatz von Bewältigungsverhalten

Bewältigung stellt einen Prozeß dar, der oftmals durch den Einsatz *verschiedener* Coping-Strategien gekennzeichnet ist. Dies sei am Beispiel einer bevorstehenden Prüfung veranschaulicht. In der Prüfungs-Vorbereitungsphase mögen konfrontative Aktionen, Selbstkontrolle und geplantes Vorgehen sinnvolle Coping-Strategien sein; für die Pausen oder den Abend vor der Prüfung ist es vermutlich besser, Distanzierung und Ablenkung einzusetzen, um erholt den Prüfungstag anzugehen. Eine Bewertung der Prüfungssituation als "Herausforderung" dürfte zum besseren Abschneiden führen als Beschäftigung mit Fluchtgedanken. Eine anschließende Verantwortungsübernahme ermöglicht einen weiteren Lernprozeß, der für zukünftige Prüfungssituationen bessere Vorbereitung ermöglicht und bei einem positiven Ausgang sich stabilisierend auf das Selbstwertgefühl auswirkt.

An diesem Beispiel wird deutlich, daß Menschen laufend ihre Bewältigungsstrategien bei Problemen ändern müssen und man nicht von "einer adäquaten Bewältigung" sprechen kann. Entsprechend fanden auch Lazarus & Folkman (1987) nur mäßige intraindividuelle Korrelationen zwischen Bewältigungsstrategien in verschiedenen Situationen. Psychische oder psychosomatische Probleme entstehen nicht zwingend aus einem zeitstabilen Persönlichkeitszug, sondern aus dem situationsspezifischen inadäquaten Einsatz von Bewältigungsstrategien.

Funktionale Coping-Strategie

Ob eine Coping-Strategie funktional ist, hängt von folgendem ab:

1. Wer benützt die Strategie ?
2. Wann wird die Strategie benützt ?
3. Unter welchen Umgebungsbedingungen und intrapsychischen Bedingungen wird die Strategie eingesetzt ?
4. In welcher Abfolge werden verschiedene Coping-Strategien eingesetzt ?
5. Welche adaptiven Folgen sind zu erwarten ?

Folkman & Lazarus (1980) untersuchten 100 Personen über ein Jahr in der Art der Bewältigung von Alltagsbelastungen. Sie konnten bestätigen, daß Bewältigungsverhalten eher als variabel denn als konstant anzusehen ist. Kontextuelle Faktoren und ihre Bewertung durch die betroffene Person sind die entscheidenden Variablen zur Vorhersage, welche Coping-Strategie eingesetzt wird. So werden am Arbeitsplatz eher problemorientierte Strategien eingesetzt, während bei Gesundheitsthemen (hierzu zählen auch somatoforme Störungen) eher emotionsorientierte Strategien eingesetzt werden.

Einflüsse des Lebensalters

Nach vorläufigen Ergebnissen ändert sich die Art der Coping-Strategien über die Lebensspanne. Während jüngere Menschen eher durch aktive, problemorientierte Vorgehensweisen gekennzeichnet sind, neigen ältere Menschen eher zu passiven, emotionsbezogenen Verhaltensweisen. Aber auch die situativen Auslöser für Belastungssituationen sind altersabhängig. In jüngeren Jahren sind Beruf und Kindererziehung eher Auslöser für Streß, im Alter sind dies Gesundheitssorgen und eine negativere Einschätzung über Veränderungsmöglichkeiten in der Umwelt. Interessanterweise gelingt es Älteren auch eher, positive Neubewertungen vorzunehmen, was eine Folge des Umgangs mit Unveränderlichem sein kann (Lazarus & Folkman 1987).

Geschlechtsunterschiede

Vingerhoets & van Heck (1990) fanden Geschlechtsunterschiede in der Art, wie tägliche Belastungen verarbeitet werden. Männer neigen eher zu problemorientiertem Vorgehen, zu geplanten und rationalen Strategien, auch zu positiven Neubewertungen oder Tagträumereien. Demgegenüber neigten Frauen in der "Ways of Coping Checklist" eher zu emotionsorientiertem Vorgehen, zum Emotionsausdruck und zum Suchen von sozialer Unterstützung. Auch im Bereich Wunschdenken zeigten sich zugunsten von Frauen signifikante Unterschiede.

Coping als Belastung

Cooper (1988) betont, daß Coping nicht nur eine Reaktion auf Stressoren ist, sondern auch selbst als Quelle von Belastung aufgefaßt werden muß ("the stress of coping"). Bewältigungsverhalten selbst führt ebenfalls zu einer psychischen und physiologischen Destabilisierung. Somit kann der in Abbildung 7.4 dargestellte Prozeß als rekursives Phänomen aufgefaßt werden, in dem zahlreiche Interaktionen und Wiederholungen auftreten können. Auch kritisiert Cooper (1988) am Modell von Lazarus & Folkman (1987) die starke kognitive Betonung; nicht jedes Aktivieren von Bewältigungsstrategien ist ein überlegter Handlungsschritt, sondern es treten auch irrationale und spontane Verhaltensweisen auf, die nicht über bewußte Handlungsentscheidungen erklärbar sind.

Körperliche Korrelate von Bewertung und Bewältigung

Der Einsatz unterschiedlicher Bewertungs- und Bewältigungsstrategien ist nicht nur ein psychologischer Prozeß, sondern hat ausgeprägte Auswirkungen auf körperliche Prozesse. Das neuroendokrine System (Hypophysen-Nebennieren-Achse) reagiert sensibel auf die Bewertung einer Belastung als "unbeeinflußbar, unkontrollierbar". Auswirkungen auf den Plasma-Cortisol-Spiegel oder Monoamin-Metaboliten in der Rückenmarksflüssigkeit sind belegt (Levine & Wiener 1989). Diese wissenschaftlichen Ergebnisse können ein Hinweis auf die vermittelnden Prozesse bei der Entstehung von psychischen, psychosomatischen und körperlichen Erkrankungen sein.

Coping bei psychischen Störungen

Trotz der hohen intra- und interindividuellen Varianz im Coping-Verhalten wurden immer wieder Zusammenhänge mit Krankheitsbildern nachgewiesen. Ein Forschungsschwerpunkt lag bei der Untersuchung von Depressiven oder Suizidgefährdeten, die weniger aktive Bewältigungsstrategien verwenden als Kontrollpersonen (z.B. Asarnow et al. 1987). Swindle et al. (1989) zeigten, daß im Langzeitverlauf eine Verbesserung von Problemlöse-Fähigkeiten auch mit einer Verbesserung der depressiven Symptomatik einhergeht.

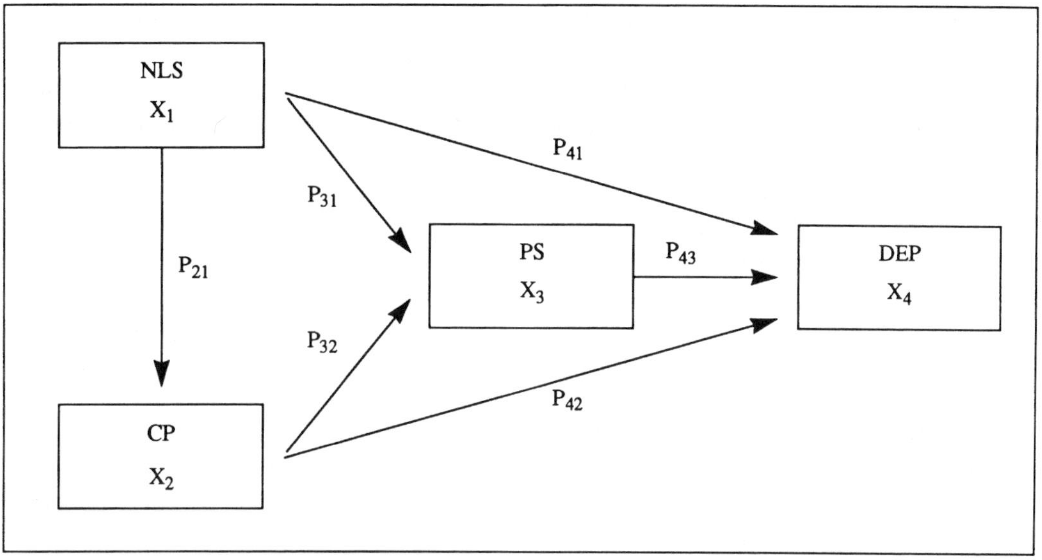

Abbildung 7.5 Modell zur Veranschaulichung von Beziehungen zwischen negativem Streß (NLS = negative life stress), gegenwärtigen Schwierigkeiten (CP = current problems), Problemlösungen (PS = problem solving) und Depression (DEP) im Rahmen eines pfadanalytischen Ansatzes (nach Nezu & Roman 1984).

Demgegenüber korrelierte die Reaktionsform "emotionale Entladung" positiv mit depressiver Symptomatik und körperlichen Symptomen; ein Therapieziel "Emotionen verbalisieren" scheint somit in der Behandlung von Depressionen nicht ausreichend zu sein.

Pfadanalytische Studie von Nezu & Ronan (1985)

In einer Studie von Nezu & Ronan (1985) wurde untersucht, wie die verschiedenen Komponenten negative Lebensereignisse, aktuelle Lebensbelastung, Problemlösestrategien und depressive Symptomatik zusammenhängen. Die Autoren wählten ein pfadanalytisches Modell, das eine Abschätzung der einzelnen Zusammenhänge ermöglicht (s. Abbildung 7.5). Es zeigte sich der größte Einfluß von kritischen Lebensereignissen auf depressive Symptomatik in einem direkten Weg, weniger über eine Modulation durch Coping-Strategien. Der Gesamteinfluß von Coping-Strategien lag bei 0,29, während aktuelle Probleme einen Gesamteinfluß von 0,37 auf die depressive Symptomatik hatten. Ein Nachteil dieser Studie ist, daß die Probanden "gesunde" Studenten waren und somit das Ausmaß der "Depressivität" und der "kritischen Lebensereignisse" begrenzt waren. Trotzdem zeigt dieses Vorgehen eine interessante Strategie, um die verschiedenen nachgewiesenen Einflußfaktoren in einem Modell zu integrieren und die Effekte der einzelnen Komponenten und ihrer Wechselwirkungen abzuschätzen.

Coping in einer Soldaten-Stichprobe

In der bereits zitierten Studie von Solomon et al. (1990) wurden Coping-Strategien bei israelischen Soldaten mit "Posttraumatic Stress Disorder" (PTSD) untersucht. Die Autoren verwendeten hierzu die "Ways of Coping

Checklist". Sie stellten fest, daß die Symptomatik der PTSD positiv korrelierte mit emotionsbezogenem (r = 0,44) und distanzierendem (r = 0,23) Coping-Verhalten. Demgegenüber zeigten sich negative Korrelationen mit problemorientierten Bewältigungsstrategien (r = -0,21). Dies bedeutet, daß die Symptomatik um so ausgeprägter war, je stärker emotionsbezogenes oder distanziertes Bewältigungsverhalten eingesetzt wurde. Andererseits war die Symptomatik um so geringer, je problemorientierter das Bewältigungsverhalten war. Das problemorientierte Vorgehen nach Traumata scheint eine bessere Bewältigung im Langzeitverlauf mit sich zu bringen und Chronifizierung zu verhindern. Die Autoren gehen jedoch nicht nur von einer unidirektionalen Beeinflussung aus, sondern von Regelkreisen. Die Symptome der PTSD lösen Coping-Strategien aus, die im negativen Fall die Symptome weiter verstärken oder stabilisieren, was wiederum neues oder intensiveres Coping-Verhalten bewirkt. Somit kann ein krankheitsaufrechterhaltender Kreislauf entstehen.

Korrelation zwischen Coping-Stilen und Somatisierung

Wie Solomon et al. (1990) zeigen, gelten diese Ergebnisse nicht nur allgemein für Symptome der PTSD, sondern auch für die Untergruppe der Somatisierungssymptome, die mittels der Symptom Check List SCL-90 R erfaßt wurden. Eine emotionsorientierte Bewältigungsstrategie zeigte einen Zusammenhang zur Somatisierung von r = 0,44, während problemorientierte Bewältigungsstrategien eher mit niedrigeren Somatisierungswerten einhergehen (r = -0,25). Auch Distanzierung zeigte eine positive Korrelation zu somatischen Symptomen (r = 0,20); je höher das Ausmaß an Distanzierungsversuchen, desto stärker war auch das Ausmaß an somatischen Symptomen.

Vingerhoets & van Heck (1990) verwendeten ebenfalls die Symptom Check List SCL-90R als Maß für psychosomatische Beschwerden. Sowohl für Männer als auch für Frauen zeigten sich Zusammenhänge zwischen Coping-Strategien und geschilderten psychosomatischen Beschwerden. "Selbstvorwürfe" als Bewältigungsstrategie waren positiv korreliert mit der Symptomanzahl (r = 0,33 bei Männer, r = 0,35 bei Frauen), genauso wie im übrigen "Tagträumen und Phantasien". Je höher das Ausmaß an Selbstvorwürfen und Tagträumereien, desto mehr Symptome lagen vor. Da es sich jedoch um eine Querschnittsanalyse handelt, weisen die Autoren zu Recht darauf hin, daß es sich um Wechselwirkungen handeln kann: körperliche Beschwerden können ebenfalls zu bestimmten Coping-Strategien führen wie umgekehrt.

Für die nächsten Jahre ist zu hoffen, daß Wissenschaftler für Patienten mit somatoformen Störungen folgende Fragen beantworten können:

- Welche Coping-Strategien setzen Personen beim Erstauftreten somatoformer Symptome ein ?
- Welche dieser Coping-Strategien sind mit Chronifizierung korreliert, welche sind eher günstige Prädiktoren ?
- Zeigen Personen mit somatoformen Störungen Besonderheiten im Bewältigungsverhalten allgemeiner Probleme ?
- Setzen sie einzelne Strategien gehäuft ein ?
- Haben sie zu wenig Bewältigungsstrategien im Verhaltensrepertoire ?
- Sind sie zu unflexibel im Einsatz von Bewältigungsstrategien ?

7.5 Neurophysiologische und experimentalpsychologische Aspekte

Zum Abschluß dieses Kapitels gehen wir auf einige Arbeiten zu neurophysiologischen und experimentalpsychologischen Besonderheiten bei Personen mit somatoformer Symptomatik ein.

7.5.1. Neurophysiologische Arbeiten

Körperlich nicht begründbare somatische Beschwerden scheinen häufiger an der linken als an der rechten Körperhälfte aufzutreten. Zu diesem Schluß kommen nach Literaturdurchsicht auch Axelrod et al. (1980) sowie Miller (1984). Der Unterschied ist in seinem Ausmaß zwar nicht besonders groß (55% der unilateralen Symptome waren linksseitig, 45% waren rechtsseitig; Axelrod et al. 1980), scheint jedoch eine gewisse Konsistenz zu haben. Es wurden hierzu drei Erklärungsmodelle herangezogen. Psychoanalytische Theorien vermuten, daß die rechte und linke Körperhälfte unterschiedlichen Symbolgehalt haben, ähnlich wie es in muslimischen Kulturen die "reine" und "unreine" Körperhälfte gibt. Demgegenüber gehen lerntheoretische Überlegungen davon aus, daß linksseitige Funktionsstörungen bei Rechtshändern zwar einerseits vergleichbaren Krankheitsgewinn bringen wie rechtsseitige (z.B. Aufmerksamkeitszuwendung), andererseits mit weniger Leistungseinbußen verbunden sind.

Von neurophysiologischer Seite aus wird angenommen, daß Zusammenhänge zur Hemisphärenspezialisierung des Gehirns vorliegen. Axelrod et al. (1980) präferieren das letztgenannte Erklärungsmodell, da für die beiden erstgenannten Modelle keine Belege vorliegen. So ist es möglich, daß rechtshemisphärisch innervierte Funktionen anfälliger für somatoforme Störungen sind. Jedoch kann eine einseitige Häufung auch Ausdruck von gestörten Hemisphäreninteraktionen sein.

Studie von James et al. (1987) zu Hemisphärenunterschieden

Die Untersuchung der Hemisphärenunterschiede setzt spezielle Methoden voraus, wie sie zum Beispiel durch lateralisierte Aufgabenstellungen (z.B. unilaterale Reizdarbietung) oder durch spezifische neurophysiologische Techniken (EEG, PET etc.) möglich sind. Eine entsprechende Studie stammt von James et al. (1987). Während visuospatialer Aufgaben (die vor allem rechtshemisphärisch verarbeitet werden) wurde der regionale cerebrale Blutfluß gemessen (rCBF). Alle Versuchspersonen zeigten während der Aufgabenbearbeitung in posterioren Gebieten einen stärkeren Blutfluß als in anterioren. Das rechts/ links-Verhältnis war bei Personen mit Somatisierungsstörungen ausgeprägter als bei Personen der Kontrollgruppe. Die Autoren vermuten, daß gerade der rechts-parietale Bereich im kortikalen Netzwerk eine bedeutende Rolle zur Aufmerksamkeitsfokussierung hat, so daß hier eine Verbindung zwischen physiologischen und kognitionspsychologischen Modellen möglich ist.

Untersuchungen mit ereigniskorrelierten Potentialen

Über ereigniskorrelierte Potentiale können weitere zentralnervöse Indikatoren von Informations-Verarbeitungsprozessen erfaßt werden. Die bereits erwähnte Arbeitsgruppe der University of Sidney in Australien führte zu diesem Themenbereich mehrere Untersuchungen bei Personen mit Somatisierungsstörungen durch. Die Untersucher gingen davon aus, daß Personen mit einer Somatisierungsstörung ebenfalls Störungen bei Aufmerksamkeitsprozessen (selektive Aufmerksamkeit, Aufmerksamkeitswechsel, Aufmerksamkeitsaufrechterhaltung) sowie der allgemeinen Reizverarbeitung haben. Gerade mittlere und spätere Komponenten des akustisch evozierten Potentials (ab 50 msec.) spiegeln diese Prozesse der Informationsverarbeitung wieder.

Deshalb verwendeten die Autoren (Gordon et al. 1986) eine Tondiskriminationsaufgabe, wobei verschieden Töne vorgegeben wurden und Personen die Aufgabe hatten, das Auftreten eines selteneren Tones unter einer Serie von regelmäßigen Tönen zu zählen ("oddball design"). 15 Personen mit Somatisierungsstörungen wurden mit 15 Gesunden verglichen. Die N1-Amplitude (Negativierung ca. 100 msec. nach Reizdarbietung) zeigte bei Personen mit Somatisierungsstörungen eher größere Ausprägungen, was von den Autoren als Störung der Stimulusfilterung (Aufmerksamkeitsverlagerung auf relevante Reizmerkmale) interpretiert wurde. In einer bedeutsamen späteren Komponente, der sogenannten P3 (v.a. parietale Positivierung nach ca. 300 bis 400 msec.) zeigte sich entgegen den Erwartungen der Autoren kein Unterschied zwischen den Gruppen. Diese Komponente ist stärker mit Stimulus-Evaluation und Reaktionsauswahl-Prozessen verbunden als die früheren Komponenten. Damit scheinen Personen mit einer Somatisierungsstörung keine Schwierigkeiten in der Reaktion auf abweichende Reize zu haben, jedoch in den frühen Wahrnehmungs- und Aufmerksamkeitsprozessen. Diese Ergebnisse können in Zusammenhang gebracht werden mit der Informationsverarbeitungstheorie von Broadbent (1971), der bei der Informationsverarbeitung die beiden Komponenten Stimulus-Set und Response-Set unterscheidet.

Analyse der "mismatch negativity"

Näheren Aufschluß über Aufmerksamkeitsprozesse sowie ihre elektrokortikalen Äquivalente kann über das Design zur "mismatch negativity" gewonnen werden. In einer Arbeit von James et al. (1987) wurden Personen mit Somatisierungsstörungen instruiert, auf einen speziellen, unilateral dargebotenen Ton ("target"-Stimulus) eine Reaktionszeittaste zu drücken. Weitere am gleichen Ohr sowie am anderen Ohr dargebotenen Töne ("noise"-Stimuli) sollten ignoriert werden. Hiermit wird eine Aufmerksamkeitslenkung auf einen Eingabekanal erreicht. Die Differenzkurve der ereigniskorrelierten Potentiale zwischen "target"- und "noise"-Reizen zeigt eine Negativierung, die noch vor N1 beginnt und bis ca. 350 msec nach Reizdarbietung anhält (s. Abbildung 7.6). Sie ist Ausdruck der unterschiedlichen Aufmerksamkeitszulenkung auf relevante und irrelevante Reize ("mismatch negativity"). Personen mit Somatisierungsstörungen zeigten vor allem zentral und parietal eine geringere "mismatch negativity", können in ihren Aufmerksamkeitsleistungen also weniger zwischen relevanten und nicht-relevanten Signalen unterscheiden.

Hierin liegt eine interessante Parallele zur Symptomatik der Personen. Werden wahrnehmbare, jedoch nicht-krankheitsrelevante Körpersignale mit zuviel Aufmerksamkeit belegt, so kann dies zu einer subjektiv gesteigerten Wahrnehmung führen und schließlich ein Symptom "entstehen" lassen.

In einer späteren Arbeit derselben Arbeitsgruppe (James et al. 1990) wurden ebenfalls akustisch evozierte Potentiale erfaßt. In dieser Untersuchung wurde die Reizintensität variiert, von der bekannt ist, daß sie die P1-N1-

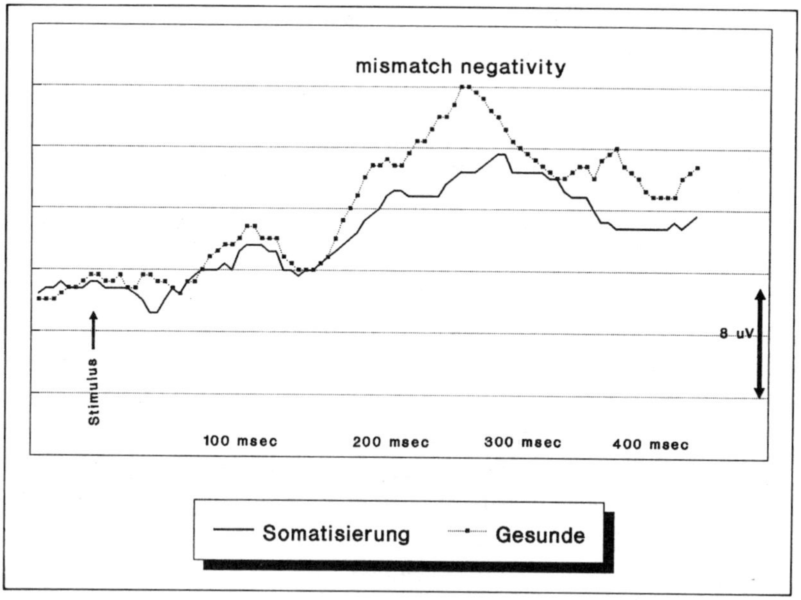

Abbildung 7.6 Geringere "mismatch negativity" bei Patienten mit Somatisierungsstörung im Vergleich zu gesunden Kontrollpersonen (nach James et al. 1987).

Amplitude beeinflußt. Diese Amplitudenveränderung zeigte sich bei Patienten mit somatoformen Störungen in Abhängigkeit von der Reizintensität erhöht, was nach Ansicht der Autoren Ausdruck einer erhöhten zentralnervösen Reaktion auf sensorische Eingaben ist. Danach wäre die Regulation und Verarbeitung afferenter Stimuli bei Somatisierungsstörungen gestört. Auch hier bietet sich die Parallele zur Wahrnehmung und Chronifizierung der Beschwerden an, die auf eine inadäquate Informationsverarbeitung interozeptiver Signale rückführbar sein könnten. Werden beispielhaft physiologische Prozesse mit erhöhter Intensität wahrgenommen, kann hieraus ein "Symptom" in der Bewertung für den Betroffenen entstehen.

Die Arbeiten von Wittling et al.

Eine weitere interessante Studie zum Zusammenhang zwischen Lateralität und "psychosomatischen Symptomen" stammt von Wittling et al. (1992). Hierbei wurden keine Personen mit diagnostizierten somatoformen Störungen untersucht, sondern Rechtshänder mit hohen (Stanine mindestens 6) bzw. niedrigen (Stanine höchstens 4) Werten in der FPI-R-Skala "Körperliche Beschwerden". Die Versuchspersonen sahen neutrale visuelle Reize (Dias von unauffälligen Gesichtern) sowie emotionale, aversive Stimuli (Dias von Gesichtern mit schweren Hauterkrankungen), während ereigniskorrelierte Potentiale erfaßt wurden. Bei neutralen Reizen zeigte sich zwischen psychosomatisch hoch belasteten und psychosomatisch niedrig belasteten Personen kein bedeutsamer Unterschied. Bei emotionalen, aversiven Reizen traten demgegenüber in einem Zeitraum von 700 bis 900 msec nach Reizdarbietung signifikante Unterschiede rechtshemisphärisch zwischen den Gruppen auf. Hierbei ist noch offen, ob allein der emotionale Gehalt für die Gruppenunterschiede verantwortlich ist oder im speziellen der aversive, körperbedrohende Inhalt, der für psychosomatisch Belastete sicherlich eine besondere Qualität hat.

Somit bestätigen diese Ergebnisse Auffälligkeiten bei EEG-Ableitungen unter besonderen Bedingungen über der rechten Hemisphäre. Von Wittling & Pflüger (1990) werden diese Ergebnisse auch in Zusammenhang gebracht mit neuroendokrinen Prozessen, da die Speichel-Cortisolsekretion ebenfalls von Lateralitätsprozessen abhängt.

Einfluß der Reizintensität

Miller (1984) stellt weitere Arbeiten zu neuropsychologischen Variablen dar. Er zitiert eine Studie von Levy & Behrman (1970), die eine Frau mit rechtsseitiger Hemianästhesie bei Verdacht auf Konversionsstörung untersuchten. Diese Autoren reizten den N. ulnaris und maßen die kontralateralen kortikalen somatosensorisch evozierten Potentiale. Es zeigte sich, daß die Hirnantworten bei Reizungen bei beiden Körperhälften vergleichbar waren, wenn starke Reize verwendet wurden; bei schwachen Reizungen der betroffenen Körperhälfte waren die kontralateralen Hirnreaktionen jedoch schwächer als bei Reizung der nichtbetroffenen Körperhälfte. Somit zeigte sich wie in der oben aufgeführten Studie von James et al. (1990), daß Unterschiede zwischen Gesunden und Personen mit somatoformen Störungen in diesen Aufgabenstellungen abhängig von der Reizintensität sind. Durch eine Steigerung der Reizstärke kann erreicht werden, daß die Schwelle kortikofugaler Hemm-Mechanismen überschritten wird und gleiche Reaktionen auftreten bei betroffenen und nichtbetroffenen Körperbereichen. Entscheidend wird von Miller (1984) die Interaktion zwischen Aufmerksamkeitsprozessen und physiologischer Erregung angesehen, wobei als eine Regelgröße Hirnstamm-Anteile der Formatio reticularis angenommen werden.

Jedoch wird von Miller (1984) auch vermutet, daß kortikale Strukturen von zentraler Bedeutung sind. Er vermutet hierbei vor allem Besonderheiten im zweiten somatosensorischen Feld (S II). Eine Reizung in diesem Feld kann zu Prickelsensationen, Taubheit oder Wärmegefühlen führen, jedoch auch zu gastrischen und abdominellen Beschwerden. Während diese Beschwerden durchaus an eine Parallele zu somatoformen Störungen denken lassen, muß jedoch auch angemerkt werden, daß eine Reizung der Area S II auch zu weiteren Symptomen führen kann, die nicht an eine somatoforme Störung denken lassen (z.B. komplexe Körperbewegungen).

Modell von Marsden (1986)

Marsden (1986) stellt ein neurophysiologisches Modell für hysterische Phänomene vor, das z.T. erweiterbar auf den Gesamtbereich somatoformer Störungen scheint. Er geht davon aus, daß bei hysterischen Sinnesausfällen die Reizleitung zum Gehirn normal verläuft, wie sich auch in entsprechend normalen frühen Komponenten bei evozierten Potentialen zeigt. Gleiches gilt für die motorische Aktivierung bei hysterischen Lähmungen. Ein Bewußtwerden der sensorischen Stimulation ist jedoch von weiteren kortikalen Mechanismen abhängig, die bei Personen mit somatoformen Störungen verändert sein können.

7.5.2. Experimentalpsychologische Arbeiten

Experimentelle Untersuchungen haben den Vorteil, daß durch die genau definierten Interventionen eine präzisere Interpretation der Ergebnisse möglich ist. Da jedoch oftmals die methodischen und apparativen Voraussetzungen hoch sind, ist die Anzahl experimenteller Untersuchungen gerade zum Bereich somatoformer Störungen gering. Dies zeigte sich bereits bei neurophysiologischen Ansätzen, gilt

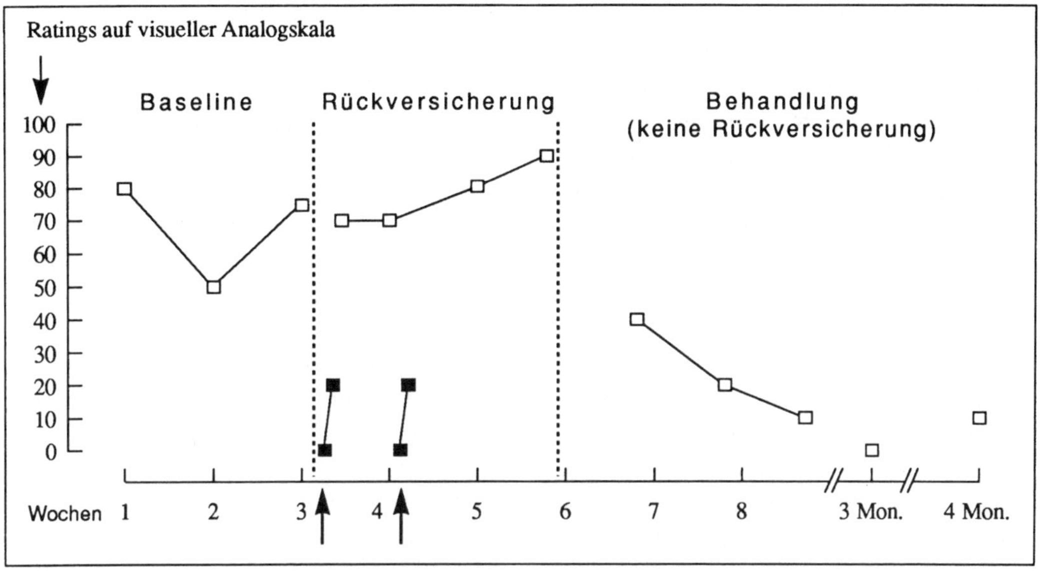

Abbildung 7.7 Einschätzung der Gesundheitsangst auf einer visuellen Analogskala (zwischen 0 und 100). Die Pfeile geben die Zeitpunkte an, an denen eine medizinische Rückversicherung gegeben wurde. Die mit schwarzen Kästchen gekennzeichneten Kurven veranschaulichen die unmittelbaren Reaktionen auf die Rückversicherungen (nach Salkovskis & Warwick 1986).

jedoch auch für die experimentalpsychologische Herangehensweise. Einige Ergebnisse dieses Ansatzes sollen dargestellt werden, um Möglichkeiten aufzuführen, sowie weitere experimentelle Untersuchungen anzuregen.

Salkovskis & Warwick (1986) untersuchten mit einem einzelfall-experimentellen Ansatz eine gerade auch für therapeutische Interventionen wichtige Variable, nämlich das Bedürfnis nach Rückversicherung bei Patienten mit hypochondrischen Störungen. Die Autoren konnten zeigen, daß eine Rückversicherung, der Patient sei gesund, bei einem von zwei Patienten zu einer kurzfristigen Reduktion des Bedürfnisses nach Rückversicherung führte, beim anderen waren die Reaktionsmuster weniger klar (s. Abbildung 7.7). Bei beiden untersuchten Patienten stieg jedoch im längeren Verlauf nach der Rückversicherung die Angst an, eine körperliche Erkrankung zu haben. Eine Rückversicherung führte zu einem langfristig höheren Bedürfnis, neue Rückversicherungen einzuholen. Die Therapie bestand deshalb darin, das Suchen nach Rückversicherungen beim Patienten zu unterbinden. Dies führte im weiteren Verlauf dazu, daß das Grundbedürfnis nach Rückversicherung beim Patienten sank und seine Überzeugung, eine Krankheit zu haben, sich ebenfalls reduzierte. Wenngleich diese Ergebnisse nur auf zwei untersuchten Patienten basieren, ist doch der Ansatz hervorzuheben, einzelne Variablen in ihren unterschiedlichen Auswirkungen zu untersuchen und gegebenenfalls therapeutische Konsequenzen abzuleiten.

Einzelfallstudien bei visueller Konversionsstörung

Eine interessante einzelfallanalytische Studie bei einem Patienten mit einer visuellen Konversionsstörung stammt von Bryant & Mc

Conkey (1989). Der Patient litt unter einer Sehverschlechterung im rechten Auge und berichtete bei Therapiebeginn, nichts auf diesem Auge zu sehen. Nach ausreichender ophthalmologischer und neurologischer Abklärung wurde von einer Konversionssymptomatik ausgegangen. Während der Untersuchung wurde das gesunde Auge des Patienten abgedeckt und seine Aufgabe bestand darin, bei Auftreten eines Tones eine von drei Tasten zu drücken. Vor dem Patienten stand ebenfalls ein Monitor, auf dem an drei verschiedenen Punkten entsprechend den drei Tasten ein Dreieck erschien, das bei normaler Sehfähigkeit die Entscheidung für eine der drei Tasten erleichtert hätte. Es zeigte sich, daß diese visuelle Information die Entscheidung des Patienten für jeweils einen der drei verschiedenen Knöpfe beeinflußte. Weiterhin war der Anteil richtiger Knopfdrucke auch durch motivationale Prozesse beeinflußbar; hierzu wurde dem Patienten bei einigen Sitzungen mitgeteilt, daß er deutlich unter dem zu erwartenden Leistungsniveau liege und die Sitzung erst beendet werden könne, wenn er sein normales Leistungsniveau wieder erreiche. Dies führte zu einer Leistungssteigerung des Patienten. Der Verlauf des Anteils richtiger Reaktionen über die einzelnen Testsitzungen spricht bei dieser Studie dagegen, daß es sich um einfache Symptomsimulation handelte, sondern um eine nicht der willentlichen Kontrolle unterliegende Konversionsstörung. Dies bedeutet, daß dem betroffenen Patienten die wahrgenommenen Informationen zwar nicht bewußt wurden, diese Informationen aber trotzdem seine Informationsverarbeitung beeinflußten.

Eine ähnliche Studie stammt von Miller (1986). Er untersuchte ebenfalls einen Patienten mit sensorischen Ausfällen, wobei er eine "forced-choice"-Technik anwendete. Hierbei muß der Patient in seinen Reaktionen zwei Möglichkeiten unterscheiden, wobei das Entscheidungskriterium über den sensorischen Kanal dargeboten wird, der von dem sensorischen Ausfall betroffen ist. Nach Ansicht des Autors zeichnet sich ein konversionsneurotischer Patient dadurch aus, daß der Anteil richtiger Reaktionen in verschiedenen Bedingungen jeweils vom Erwartungswert, der durch Zufall erreicht wurde, abweicht. Miller verwendete insgesamt sechs verschiedene Bedingungen, wobei der von ihm untersuchte Patient in zwei Bedingungen deutlich über dem Zufallsniveau lag, in vier Bedingungen deutlich unter Zufallsniveau.

Zusammenfassung

Während der Einfluß genetischer Faktoren bei Patienten mit somatoformen Störungen bis heute noch weitgehend unklar ist, haben sich in mehreren Studien beim Vergleich dieser Patientengruppe mit Gesunden Besonderheiten bei Persönlichkeitszügen gefunden. Dies betrifft vor allem erhöhte Werte für Introversion und emotionale Labilität (Neurotizismus). Jedoch verschwinden diese Unterschiede, wenn als Kontrollgruppe andere klinische Gruppen, in erster Linie mit psychischen Störungen, herangezogen werden. Bislang konnte nur eine Studie eine persönlichkeitspsychologische Besonderheit zeigen, wobei Personen mit somatoformen Störungen niedrigere Offenheitswerte erreichten, was dafür spricht, daß eine stärkere Tendenz zu sozial erwünschten Antworten vorliegt.

Häufig beobachten Personen mit somatoformen Störungen ihren Körper und die ablaufenden physiologischen Prozesse verstärkt. Wird die Aufmerksamkeit auf einen Körperprozeß gelenkt, wird dieser verstärkt wahrgenommen, was die Gefahr erhöht, daß dieser Prozeß als krankhaft oder schmerzhaft fehlinterpretiert wird. Auch erhöht sich die Gefahr, daß die Einstellung zum gesamten

Körper, also das körperliche Selbstbild, negativer wird.

Die bisherigen empirischen Untersuchungen zum Zusammenhang zwischen Alexithymie und somatoformen Störungen können die Alexithymie-Theorie noch nicht belegen. Einzig hervorzuheben ist ein Ergebnis von Bagby et al. (1988), die eine schwache, jedoch signifikante Korrelation zwischen Ergebnissen der "Toronto Alexithymia Scale" (TAS) und dem Faktor Somatisierung der SCL-90R erbrachten. Weitere Ergebnisse sprechen dafür, daß ein reduzierter Emotionsausdruck auch bei anderen psychischen Störungen auftritt und daß Alexithymie auch eine Folge körperlicher Beschwerden im Sinne einer Coping-Strategie sein kann. Die bisherigen Studien sind fast ausschließlich korrelative Studien, die keine Kausalschlüsse erlauben. Die meisten der oben geschilderten Befunde lassen jedoch verschiedene Möglichkeiten der Interpretation offen. So können Alexithymie, ein gestörtes Selbstbild, bestimmte Persönlichkeitszüge oder Einstellungen prädisponierende Faktoren für somatoforme Symptome sein, jedoch genauso Resultat des Erlebens der Beschwerden.

Es liegen Indizien dafür vor, daß in der Zeit vor Krankheitsausbruch zumindest bei Untergruppen von Personen mit somatoformen Störungen gehäuft kritische Lebensereignisse auftraten. Auch bei weiter zurückliegenden Lebensereignissen ergeben sich Unterschiede zu Normalpersonen, jedoch auch zu Personen mit depressiven Störungen. Frauen mit Somatisierungsstörung scheinen in Kindheit und Jugend gehäuft sexuellen Übergriffen ausgeliefert zu sein. Desweiteren liegen bei Eltern vermehrt Krankheitsmodelle vor, d.h. mindestens ein Elternteil litt in der Vergangenheit unter starken körperlichen Symptomen.

Es ist davon auszugehen, daß nicht nur die Häufigkeit von kritischen Lebensereignissen eine zentrale Variable zum Ausbruch somatoformer Störungen ist, sondern auch die Art und Weise, wie einerseits mit dem Symptom, andererseits mit allgemeinen Lebensproblemen umgegangen wird. Die Bewältigungs- oder Coping-Forschung hat jedoch bisher keine kontrollierte Studie mit Personen mit somatoformen Störungen durchgeführt.

Experimentelle psychologische und physiologische Untersuchungen stellen eine erfolgversprechende Methode dar, um weitere Informationen vor allem zu Grundlagen des Krankheitsgeschehen zu erhalten. Andererseits liegen kaum Gruppenuntersuchungen und auch nur wenig einzelfallanalytische Untersuchungen vor, die sich dieses Ansatzes bei somatoformen Störungen bedienten. Die australische Arbeitsgruppe um Gordon et al. (1986) bzw. James et al. (1987, 1990) konnte zeigen, daß bei evozierten Potentialen Patienten mit Somatisierungsstörungen eine ausgeprägtere P1-N1-Komponente haben, was auf Besonderheiten der Verarbeitung sensorischer Informationen hinweist. Auch zeigen sich Unterschiede in der Hemisphärenaktivierung, die mit dem gehäuften linksseitigen Auftreten somatoformer Symptome in Zusammenhang stehen können. Bei evozierten Potentialen finden sich am ehesten rechtsparietal Besonderheiten. Einzelfallanalytische Untersuchungen bei Patienten mit Konversionsausfällen zeigen, daß die betroffenen Organe durchaus Informationen wahrnehmen können, diese Wahrnehmung dem Patienten jedoch in der Regel nicht bewußt wird. Trotzdem können diese Wahrnehmungen Entscheidungen des Patienten beeinflussen.

8. Therapeutische Ansätze

In der allgemeinärztlichen und psychiatrischen Praxis besteht oftmals Unsicherheit, wie Personen mit somatoformen Störungen zu behandeln sind. Eine Umfrage von Andrews et al. (1987) zeigte, daß die Ansichten von Psychiatern über eine optimale Strategie bei der Behandlung dieser Patientengruppe weit auseinandergehen und kein einheitliches Bild ergeben. Sowohl auf psychotherapeutischer als auch auf psychopharmakologischer Seite werden unterschiedlichste Meinungen vertreten, welche Interventionen indiziert und kontraindiziert sind. Dies betrifft sowohl die Frage, ob die beiden Hauptgruppen Psychotherapie oder Pharmakotherapie überhaupt sinnvoll sind, genauso Entscheidungen über die einzelnen Strategien (welches Psychopharmakon ? - welche Psychotherapierichtung ?). Diese Unsicherheit ist die Folge davon, daß bisher noch zu wenige Therapieergebnisse vorliegen, die zusätzlich zu wenig bekannt sind. In diesem Kapitel wird deshalb versucht, Arbeiten aufzuführen, die Anhaltspunkte für die Therapie geben können.

Nach der Darstellung von möglichen Strategien der allgemeinärztlichen und psychiatrischen Konsultation werden Ansätze aus der Verhaltensmedizin näher beschrieben. Eine Bevorzugung des verhaltensmedizinischen Ansatzes erfolgt wegen seiner pragmatischen Vorgehensweise sowie der engen Verknüpfung zu einem wissenschaftlichen Vorgehen, dem sich die Autoren verpflichtet fühlen. Abschließend werden in diesem Kapitel ausführlich Arbeiten zur Psychopharmaka-Therapie referiert und Tendenzen skizziert.

8.1. Die ärztliche und psychiatrische Kurzkonsultation

Obwohl der behandelnde Hausarzt, Internist oder Psychiater häufig zunächst die Hauptkontaktstelle in der Behandlung darstellt, wurden bisher wenig Forschungsbemühungen aufgebracht, wie gerade dieser oftmals von den zeitlichen Möglichkeiten nur kurze Kontakt am effektivsten zu gestalten ist. Eine Ausnahme hierzu stellt eine Untersuchung von Smith et al. (1986 b) dar. Die Forschergruppe der University of Arkansas suchte in zahlreichen Arztpraxen Patienten mit multiplen, rekurrierenden somatischen Symptomen auf, die keiner körperlichen Ursache zuzuschreiben waren. Diese Patientengruppe wurde diagnostisch sowohl auf organmedizinischer Seite als auch psychiatrisch untersucht. 41 Patienten erfüllten die Kriterien für eine Somatisierungsstörung nach DSM-III. Bei der Hälfte der Patienten wurden die Hausärzte schriftlich instruiert, folgendermaßen vorzugehen:

- regelmäßige Kontakte alle 4 bis 6 Wochen mit dem Patienten vereinbaren
- bei jedem Kontakt eine orientierende Untersuchung durchführen, um mögliche organische Krankheitssymptome nicht zu übersehen
- Krankenhauseinweisungen, weitere diagnostische Prozeduren einschließlich Laboruntersuchungen und chirurgische Eingriffe zu vermeiden, soweit sie nicht eindeutig indiziert sind
- Keine Aussagen wie "Sie haben nichts, alles ist psychisch" gegenüber dem Patienten zu machen.

Über 18 Monate wurde beobachtet, wieviel Behandlungskosten bei diesem Vorgehen entstehen. Das Vorschreiben regelmäßiger Kontakte wurde angestrebt, damit der Patient nicht nur bei Symptomverschlechterungen zum Arzt gehen "darf", was einer positiven Verstärkung der Symptomverschlechterung gleichkommt. Es wurde also versucht, die Arztbesuche als mögliche positive Verstärker der Symptomatik nicht mehr symptomkontingent einzusetzen, sondern zeitkontingent. Nach den 18 Monaten wurde eine Abschlußuntersuchung durchgeführt, bei der auch subjektive Daten erhoben wurden.

Durch dieses Vorgehen des Arztes gelang es, die ambulanten Kosten im Vergleich zur Vorbehandlungszeit um 80% zu senken. Weiterhin wurden weniger stationäre Behandlungstage notwendig. Es ergaben sich keine Komplikationen oder "Nebenwirkungen". Auch in einer Vergleichsgruppe, in der die ambulanten Ärzte keine zusätzlichen Instruktionen bekamen, nahmen die Behandlungskosten ab, jedoch in deutlich geringerem Ausmaß. Neben diesem gesundheitspolitisch positiven Ergebnis zeigten sich jedoch auch negative Ergebnisse: die subjektive Einschätzung des Gesundheitszustandes sowie die persönliche Zufriedenheit blieben im auffälligen Bereich und veränderten sich weder in der Kontroll- noch in der Interventionsgruppe. Somit erbrachte dieses Vorgehen eine deutliche Kostensenkung, eine subjektive Verbesserung für den Patienten ergab sich jedoch nicht. Der erreichte Effekt kann jedoch langfristig bedeutsam sein; so sieht Murphy (1982) als ein Hauptziel der Behandlung, größere operative Interventionen sowie schlimmere, vor allem iatrogene Folgen zu verhindern.

Dreistufiges Beratungsmodell von Goldberg et al. (1989)

Goldberg et al. (1989; s. auch Gask et al. 1989) erstellten Videofilme und führten Rollenspiele mit Ärzten der ambulanten Versorgung durch, um diesen den Umgang mit Patienten mit somatoformen Störungen zu erleichtern. Sie schlagen folgende drei Stufen bei der Beratung vor:

1. Phase: Sich verstanden fühlen

In dieser Phase muß das Vertrauen des Patienten gewonnen werden. Dazu zählt, eine komplette Anamnese der Beschwerden zu erheben. Auch wenn der Untersucher Überdruß empfindet, die oftmals wechselnden Beschwerdebilder und zahlreichen Symptome zu explorieren, wird der Patient nur dann eine vertrauensvolle Beziehung zum Behandler aufbauen, wenn er auch seine Symptome diesem schildern kann. Eine Variation dieses Vorgehens kann darin liegen, einen "typischen Tag mit Beschwerden" sich schildern zu lassen. Neben der Symptomebene sollte der Behandler jedoch auch soziale und familiäre Faktoren erfragen sowie die Gesundheitsüberzeugungen des Patienten explorieren. Kritische Lebensereignisse, die zeitlich benachbart zur Krankheitsauslösung oder zu Verschlechterungen auftraten, sollen erfragt werden, ohne gleich eine Beziehung herzustellen zur Symptomatik. Sehr genau soll der Untersucher emotionale Äußerungen wahrnehmen, empathische Kommentare abgeben und die Bedeutung emotionaler Äußerungen aufwerten. Abschließend wird eine körperliche Untersuchung durchgeführt oder veranlaßt.

2. Phase: Das Thema verändern

Ziel dieser Phase ist es, neben den organmedizinisch orientierten Themen schrittweise vermehrt auch psychologische Themen aufzugreifen. Diese Phase beginnt mit der Mitteilung des Ergebnisses der körperlichen Untersuchung. Auch hier sollte Empathie dominieren (z.B. "Sie hatten viele Unannehmlichkeiten mit der Untersuchung. Trotzdem konnten wir keine körperliche Ursache finden. Es können jedoch auch andere Ursachen vorliegen. Manche Menschen bekommen Schmerzen, wenn sie traurig, überlastet, ängstlich, [...], sind"). Es sollte ein komplexes Beschwerdemodell geschildert werden, das organische und psychologische Faktoren integriert. Auch können bereits erste emotionale und kognitive Aspekte und Lebensereignisse des Patienten als Beispiele miteingebracht werden.

3. Phase: Die Verbindung herstellen

Dem Patienten werden nun mögliche mehrstufige Modelle angeboten, die seine Symptome in Zusammenhänge stellen. Beispiele für solche Modelle können sein:

- Bei ängstlichen Personen schüttet der Körper mehr Adrenalin aus. Deshalb schlägt deren Herz schneller in Angstsituationen. Sie sollten nun überprüfen, ob Ihre Beschwerden auch mit Angstsituationen zu tun haben.
- Wenn Menschen niedergeschlagen sind, verändert sich die Schmerzschwelle. Damit kann Arthrose-Gelenkschmerz plötzlich furchtbar werden.
- Wenn schlimme persönliche Ereignisse eintreten, verspannen sich in der Regel die Muskeln. Damit können Schmerzen sich verstärken.

Das Grundprinzip ist, daß jeweils dreistufig vorgegangen wird. Die Aussage muß zwischen Symptom und psychologischem Phänomen einen Zwischenschritt enthalten, der zum Beispiel psychophysiologische Prozesse aufgreift.

Gask et al. (1989) konnten nachweisen, daß sich Ärzte diese Vorgehensweise gut aneignen können. Inwiefern dieses Vorgehen für den Patienten erfolgreich ist, wurde wissenschaftlich noch nicht ausreichend untersucht. Ein entsprechendes Kommunikationsverhalten beeinflußt jedoch auf jeden Fall die Güte der Diagnostik, wie Verhaak (1988) nachweisen konnte. Er belegte, daß Ärzte mit einem offenen, patienten-orientierten Kommunikationsstil, die auch eine interessierte und klärende Haltung zum Ausdruck brachten, mehr funktionelle Beschwerden entdeckten und als solche einordnen konnten.

Der Ansatz von Ford (1986)

Auch Ford (1986) schlägt bestimmte Aspekte zum Umgang mit Patienten mit somatoformen Störungen vor. Invasive diagnostische und therapeutische Maßnahmen sollten nur durchgeführt werden, wenn objektive Kriterien hierfür vorliegen (z.B. Leukozytenerhöhung), also nicht nur bei subjektiven Klagen. Des weiteren sollten die sozialen Bezüge bei der Problemanalyse und den verbalen Äußerungen miteinbezogen werden. Auch auf eine mögliche verdeckte psychiatrische Erkrankung muß geachtet werden. Schließlich spricht vieles auch für systemische Ansätze, die das Problem in familiäre und soziale Zusammenhänge stellen. Die wichtigste Voraussetzung für den behandelnden Arzt sind Zeit, Geduld und bescheidene Zielsetzungen. Die Patienten benötigen nach Ansicht des Autors emotionale Unterstützung und Richtlinien für den Umgang mit der Störung (management), wobei Heilung oftmals ein unrealistisches Ziel ist.

Trotz einer unzureichenden empirischen Fundierung der einzelnen Vorschläge ergibt sich doch eine hohe Übereinstimmung zwischen den Meinungen der verschiedenen Autoren. Die einzelnen Punkte, wie sie auch Kaplan et al. (1988) aufführt, sind in Abbildung 8.1 dargestellt.

- *Ermutige persönliche Entwicklung durch Aufbau einer vertrauensvollen Beziehung*
- *Diskutiere nicht über die Realität der Beschwerden*
- *Evaluiere respektvoll die Symptome wie sie auftreten; widerstehe der Versuchung, zu früh Verbindungen zwischen körperlichen Symptomen und psychologischen Stressoren herzustellen*
- *Erarbeite angemessene therapeutische Ziele; erstrebe nicht immer eine "Heilung"*
- *Nachuntersuchungen sollten regelmäßig alle 1 bis 4 Wochen stattfinden, unabhängig vom Symptomstatus (zeitkontingent, nicht symptomkontingent)*
- *Behandle angemessen Depressionen, Ängste oder andere psychiatrische Erkrankungen; versuche ansonsten Medikationen zu vermeiden*
- *Überweise nur, wenn dies angemessen ist; betone daß eine Überweisung kein "Wegschicken" ist, sondern die Behandlung danach fortgesetzt wird*

Abbildung 8.1 Vorschläge zum Umgang mit Patienten mit somatoformen Störungen nach Kaplan et al. (1988).

8.2. Verhaltensmedizinische Ansätze

Bei der Behandlung von Patienten mit chronischen Schmerzsyndromen haben sich kognitiv-verhaltensmedizinische Ansätze als äußerst sinnvoll erwiesen. Deshalb liegt die Überlegung nahe, diese Ansätze auch generell auf die Therapie von Patienten mit somatoformen Störungen auszuweiten. Dabei könnten Ansätze, wie sie zum Beispiel Sanders et al. (1989) zur Behandlung von Schulkindern mit rezidivierenden unspezifischen abdominellen Beschwerden einsetzen, auf das Gesamtgebiet der somatoformen Störungen übertragen werden. In diesem Therapieprogramm wurde die Methode der Selbstbeobachtung zur Förderung von Selbstkontrolle über das Symptom eingesetzt ("self-monitoring"), desweiteren differentielle Verstärkungspläne für krankheitsinkompatible Verhaltensweisen, Aufbau von Aktivitäten, Selbstinstruktionstraining, Erhöhung der Selbst-Wirksamkeits-

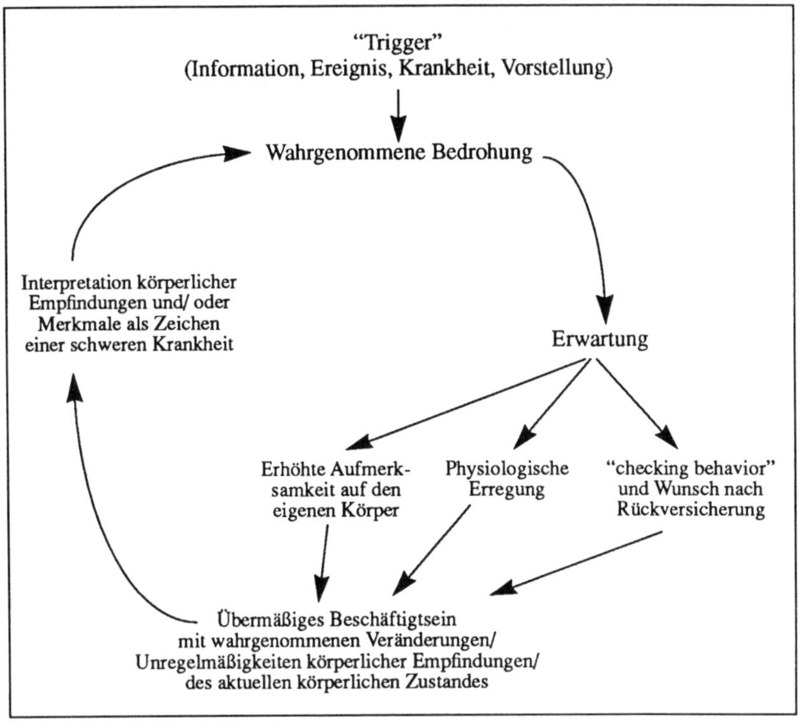

Abbildung 8.2 Kognitiv-verhaltensbezogenes Krankheitsmodell für somatoforme und speziell hypochondrische Beschwerden (n. Warwick 1989).

erwartung ("self-efficacy"), Entspannung und Imagination, Generalisierung und Rückfallprophylaxe. Ein follow-up drei Monate später ergab deutlichere Verbesserungen in der behandelten Gruppe.

Der kognitive Ansatz von Warwick & Salkovskis (1989)

Warwick (1989) stellt ein in Abbildung 8.2 skizziertes Krankheitsmodell dar, das eine Übertragung solcher Ansätze auf somatoforme Störungen ermöglicht, den Zugang zur verhaltensmedizinischen Therapie erleichtert und dem Patienten auch gut als Therapierational zu vermitteln ist. Entsprechend dem Arbeitsansatz von Warwick ist dieses Modell stark auf Hypochondrie zugeschnitten, so daß es in erster Linie auf Patienten mit somatoformen Störungen anzuwenden ist, die auch hypochondrische Züge aufweisen.

Ein Aspekt dieses Ansatzes stellen die *Überzeugungen* ("cognitive sets") der Patienten zur Gesundheit und zu körperlichen Prozessen dar. Solche Überzeugungen, die von Patienten oftmals erst nach genauer Exploration geäußert werden, können sein: "eine Hautrötung ist ein Zeichen für Hautkrebs"; "Schmerzen im Bein sind Zeichen einer drohenden Lähmung"; "Schmerzen dürfen nicht sein"; "körperliche Beschwerden sind immer Anzeichen von körperlichen Erkrankungen" etc. Zum Teil können solche Überzeugungen auch bizarr wirken, weswegen Patienten die einzelnen Annahmen aus Scham nur gehemmt schildern. So berichtet Warwick (1989) das Beispiel eines Patienten, der davon ausging, daß zwischen der rechten großen Zehe und dem Herz direkte Verbindungen bestehen, so daß Beschwerden in der Zehe Anzeichen einer Herzkrankheit sind.

Diese zum Teil irrationalen Überzeugungen

können über Modelle im Bekanntenkreis, über medizinische Fehlinformationen oder ähnliches entstehen. Sie sind oftmals fehlerhaft, zu absolut oder irrational und lösen Ängste aus. Angst verändert die Wahrnehmung, so daß selektiv vermehrt solche Informationen wahrgenommen werden, die angststeigernd sind. Angst erhöht ebenfalls die *physiologische Erregung* ("arousal"), was zu wahrnehmbaren Veränderungen im Körper führt. Diese Veränderungen werden vom Patienten als Bestätigung für sein Krankheitsmodell gewertet und führen zu einer Verfestigung der Überzeugungen sowie zu veränderten Verhaltensweisen. Die selektive Wahrnehmung sowie die erhöhte physiologische Erregung führen dazu, daß vormals als unbedenklich gesehene körperliche Variationen eher bewußt wahrgenommen werden und ebenfalls als Krankheitssignal gewertet werden.

Vermeidungsverhalten mit negativen Konsequenzen

Diese Prozesse führen zu veränderten Verhaltensweisen, die im Sinne von *Vermeidungsverhalten* die Prozesse aufrechterhalten. Solches Vermeidungsverhalten kann beim einen Patienten bedeuten, daß er allen Informationen aus dem Wege geht, die ihn an seine mögliche Krankheit erinnern, wie zum Beispiel Krankenhäusern, Zeitschriftenartikeln, Fernsehsendungen etc. Andere Patienten verändern ihr Verhalten, in dem sie möglichst alle Informationen über Krankheiten aufsuchen; der Wunsch, Sicherheit über den Gesundheitszustand zu erhalten, führt bei diesem Verhalten zu einer kurzfristigen Entlastung, langfristig jedoch zu einer sensibleren Wahrnehmung eigener Körpersignale, die noch wahrscheinlicher als Krankheitssignale interpretiert werden.

Nach Warwick (1989) hat Vermeidungsverhalten in der Regel folgende drei Konsequenzen:

- es verhindert beim Patienten, die Erfahrung zu machen, daß die befürchteten Ereignisse nicht eintreten werden
- die Aufmerksamkeit des Patienten bleibt fokussiert auf negative Bewertungen, verbunden mit einer negativen Erwartungshaltung
- einige Verhaltensweisen (sog. Kontrollverhaltensweisen) führen zu einer direkten Symptomverschlechterung; wird zum Beispiel aus Sorge über eine maligne Veränderung ständig auf entzündete Hautstellen getastet, führt dies zu einer Erhöhung der Hautrötung, was wiederum Katastrophenphantasien aus der Sicht des Patienten bestätigt.

Warwick & Salkovskis (1989) veranschaulichen das Bedingungsmodell am Beispiel einer hypochondrischen Patientin mit Krebsangst. Sie beobachtete ihren Körper auf mögliche Krankheitssymptome, empfand eine erhöhte Mundtrockenheit, Schmerzen im Rachenraum, Schluckbeschwerden, Stimmveränderungen, und sie sah mögliche Hautveränderungen als Bestätigung ihrer Krankheit an. Abbildung 8.3 gibt eine Übersicht über die krankheitsrelevanten Bedingungen dieses Falles.

Therapeutisches Vorgehen

Es sollen dem Patienten solche Informationen vermittelt werden, die eine für ihn akzeptable alternative Sicht anbieten. Irrelevante oder sich ständig wiederholende Informationen werden vom Patienten fehlinterpretiert oder ignoriert. Wurde der körperliche Befund ausreichend erhoben, sollen keine neuen Untersuchungen durchgeführt werden, solange keine strenge Indikation hierfür vorliegt.

Abbildung 8.3 Bedingungsmodell für die Entstehung hypochondrischer Beschwerden und Symptome, am Beispiel einer Patientin mit Krebsangst (nach Warwick & Salkovskis 1989).

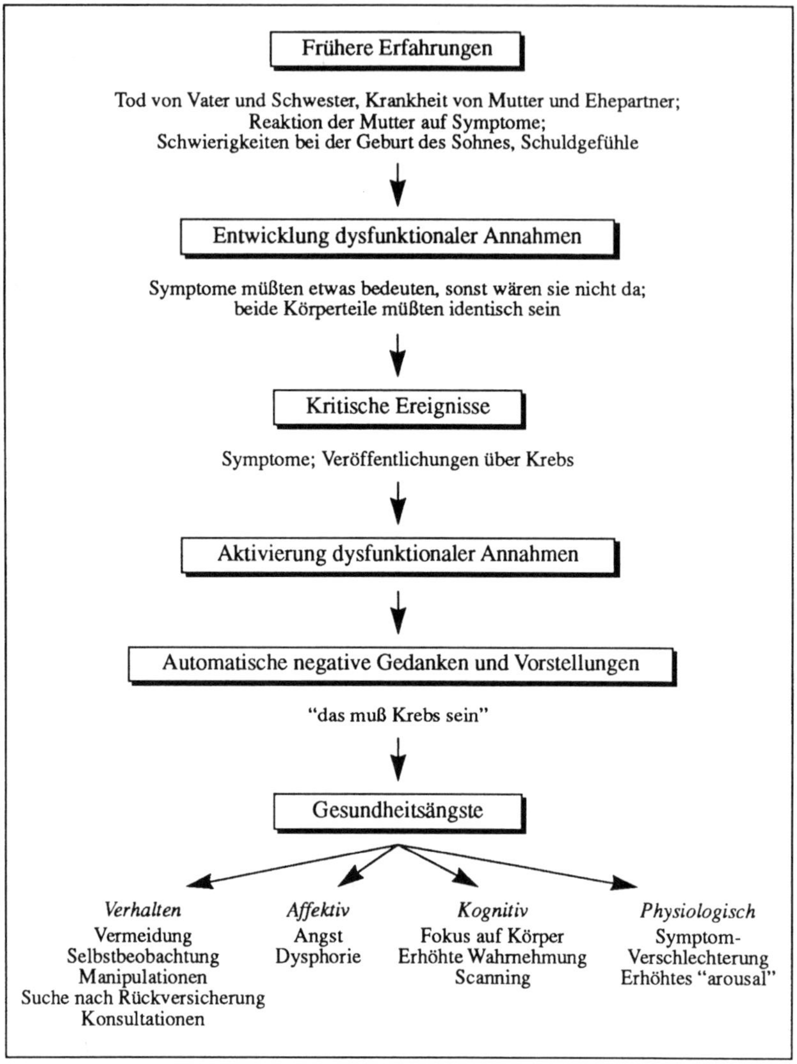

Selbstbeobachtung und Einsatz von Symptomtagebüchern

Der Verlauf der Behandlung beginnt durch eine Zusicherung an den Patienten, daß die Existenz seiner Beschwerden geglaubt wird, und daß psychologische Ansätze gegebenenfalls diese Beschwerden erklären können. Die nächste Phase ist eine genaue Beobachtung der Beschwerden durch den Patienten ("self-monitoring"). Patienten sollen dadurch Ereignisse ausmachen, die Einfluß auf die Beschwerden haben. Gerade diese Technik hat sich in der verhaltensmedizinischen Praxis als sehr hilfreich gezeigt, um langsam organmedizinische Krankheitsvorstellungen der Patienten zu verändern und psychosoziale Einflußfaktoren aufzuzeigen. Abbildung 8.4 zeigt ein einfaches Beispiel eines Symptomtagebuchs, auf dem die Patienten täglich Stimmung, Angst und körperliche Beschwerden bewerten, so daß im zeitlichen Verlauf Zusammenhänge zwischen diesen Merkmalen aufgezeigt werden und zur Evaluation der Behandlung eingesetzt werden können. So schildern manche Patienten, daß sie nur depressiv sind, weil sie körperliche Symptome haben und negieren anfangs einen anderen Zusammenhang (z.B. mit persönlichen Unsicherheiten) oder eine andere Kausalität. Genaueren Aufschluß über das Bedingungsgefüge kann über ein Symptomtagebuch, wie in Abbildung 8.5 dargestellt, erhalten werden. Hierbei geben die Patienten besondere Tagesereignisse in ihren situativen, emotionalen und kognitiven Komponenten an und bewerten ebenfalls das körperliche und seelische Wohlbefinden.

Weiterhin sollen automatische Gedanken und Annahmen über Faktoren, die aus Sicht des Patienten gesundheitsbedrohlich sind, erarbeitet werden. Auch krankheitsbezogene Verhaltensweisen werden beschrieben. Ansätze zur kognitiven Umstrukturierung und Reattribution der Symptomveränderungen finden anschließend Anwendung. Verhaltensexperimente dienen zur Absicherung des psychophysiologischen Modells. Bei Verhaltensexperimenten wird der Patient angewiesen, bestimmte Handlungen durchzuführen, und währenddessen die Veränderung der körperli-

Symptom-Tagebuch

Name: .... Tag: ....

1. Wie würden Sie die Stimmung im Gesamtverlauf des heutigen Tages beurteilen ? - Markieren Sie die betreffende Stelle bitte mit einem Kreuz.

so deprimiert wie noch nie — überhaupt nicht deprimiert

0 — 50 — 100

2. Wie stark hatten Sie heute unter Ängsten gelitten ? - Markieren Sie die betreffende Stelle bitte mit einem Kreuz.

so starke Angst wie noch nie — gar keine Angst

0 — 50 — 100

3. Wie würden Sie das Auftreten von körperlichen Beschwerden im Gesamtverlauf des heutigen Tages beurteilen ? - Markieren Sie die betreffende Stelle bitte mit einem Kreuz.

unerträgliche körperl. Beschwerden — keine körperlichen Beschwerden

0 — 50 — 100

Welche körperlichen Beschwerden waren dies ?

Name: .... Datum: ....

Führen Sie mindestens drei besondere Ereignisse des heutigen Tages auf:

Uhrzeit	Ereignis	Gedanken	Verhalten	Stimmung 0 = katastrophal 100 = sehr gut	körperliches Wohlbefinden (0- 100)

Abbildung 8.4 (oben links), 8.5 (unten). Ausschnitte aus einem Symptomtagebuch, das zur Veranschaulichung von Zusammenhängen zwischen psychischen und körperlichen Beschwerden dienen kann.

chen und psychischen Symptomatik zu beobachten. Hierbei werden solche Handlungen ausgesucht, von denen auf Grund verhaltensanalytischer Überlegungen angenommen wird, daß sie auch einen entsprechenden positiven oder negativen Einfluß auf die Symptomatik haben (z.B. klärendes Gespräch mit Partner führen, sich öffentlicher Beachtung aussetzen, Entspannungsübungen durchführen).

In der Arbeit von Warwick & Salkovskis (1989) wird vor allem auch der kognitive Aspekt in der Therapie betont. Ein besonderes Augenmerk gilt hierbei dem Bedürfnis des Patienten nach *Rückversicherung*, daß seine Beschwerden nicht schwere Krankheitssignale seien ("reassurance seeking"). Gibt man dem Patienten laufend diese Rückversicherung, so scheint dies eher negative Effekte zu haben: kurzfristig findet zwar eine Angstreduktion statt, langfristig werden Gesundheitsängste nach Ansicht der Autoren hierdurch jedoch verfestigt (s. auch Kapitel 7). Deshalb empfehlen die Autoren, dem Patienten diesen Prozeß zu erläutern, Angehörige ebenfalls entsprechend zu informieren und auf eine selbständige Bewältigung dieser Gesundheitssorgen hinzuarbeiten.

Die Arbeit von Warwick (1989) bietet zahlreiche Möglichkeiten für die Patientenführung und die Therapie bei Patienten, die vor allem durch Hypochondrie und Ängste um ihre Gesundheit gekennzeichnet sind. Mit einer Zusammenfassung des Vorgehens zur Umstrukturierung bei Hypochondrie wird der kognitive Therapieansatz in Kasten 8.1 veranschaulicht.

Der Ansatz von Kellner (1982)

Etwas abweichend von dem oben beschriebenen Ansatz sind die Vorschläge von Kellner (1982) zur Psychotherapie bei Hypochondrie. Kellner sieht folgende Aspekte als wesentlich bei der Behandlung an:

- Genaue Informationen über beteiligte psychophysiologische Prozesse
- Betonung der körperlichen Unbedenklichkeit der Phänomene sowie der guten Prognose bezüglich ernster körperlicher Erkrankungen
- Betonung der selektiven Wahrnehmung des Patienten
- Wiederholte körperliche Untersuchungen und verbale Rückversicherungen der Unbedenklichkeit.

Gerade in dem letzten Punkt ist ein Gegensatz zu den Ansichten von Warwick und Mitarbeitern. Kellner beschreibt ebenfalls die positive, kurzfristige Wirkung von Rückversicherungen, schließt jedoch hieraus auch auf einen langfristig positiven Effekt. Zum Zeitpunkt der Publikation von Kellner waren die experimentellen Arbeiten von Warwick jedoch noch nicht veröffentlicht. Außerdem achtete Kellner weniger auf diagnostische Präzision: einige seiner Fallbeispiele erinnern eher an Patienten mit Angststörungen (z.B. ein Patient, der vor allem Herzrasen als somatisches Symptom und herzphobische Bewertungen als Beschwerden angab). Empirisch-wissenschaftlich liegt bisher mehr Evidenz für die Sichtweise der Warwick-Arbeitsgruppe vor, daß ständige verbale Rückversicherungen und wiederholte körperliche Untersuchungen langfristig die Gesundheitsängste eher verfestigen.

Kellner (1982) berichtet bei den nach oben genanntem Konzept behandelten Patienten von guten Erfolgen. Auf einem subjektiven Rating von 1 (geheilt) bis 6 (verschlechtert) wurden die Patienten eingeschätzt und es ergab sich bei 64% (N = 23) die Bewertung "verbessert" oder "geheilt", während 36% (N = 13) als "leicht gebessert", "gleich" oder

Kasten 8.1
Kognitive Umstrukturierung bei Hypochondrie (nach Warwick & Salkovskis 1989)

1. Identifikation der Krankheitsüberzeugungen des Patienten, prägnante Formulierung seiner Annahmen.

2. Einschätzung der persönlichen Überzeugung für diese Annahmen von 0 bis 100 (0 = glaube ich nicht; 100 = bin absolut überzeugt, daß dies so ist).

3. Was bestätigt meine Krankheitsüberzeugungen? - Was spricht dafür ? - Spricht auch etwas dagegen ?

4. Welche Alternativen wären zumindest theoretisch möglich ? - Was spricht für diese Alternativen ? - Kann ich sie irgendwie überprüfen ?

5. Nach Möglichkeit: Überprüfen der in Punkt 4 formulierten Hypothesen durch Experimente.

6. Erneute Einschätzung der Glaubwürdigkeit von den eingangs genannten Krankheitsüberzeugungen; Betonung von positiven Veränderungen

Das Vorgehen sei nochmals veranschaulicht an einem Fallbeispiel aus der praktischen Arbeit:

• Im Gespräch wurde als eine Hypothese abgeleitet, daß Aufmerksamkeitsfokussierung die Beschwerden verschlimmern kann.

• Daraufhin wird folgendes Experiment durchgeführt: Nach kurzer Entspannungsinstruktion soll der Patient einen Stift mit ausgestreckter Hand halten. Der Therapeut instruiert, sich auf das Gewicht des Stiftes zu konzentrieren, beschreibt, wie schwer der Arm durch das Gewicht wird etc. Nach ein bis zwei Minuten soll der Patient (immer noch mit gestreckter Hand) einschätzen, wie lang er die Hand noch gestreckt halten kann. Dann wird als neue Vorstellungsinduktion vorgegeben, sich eine angenehme Vorstellung in Erinnerung zu rufen. Der Patient soll sich vor allem an die verschiedenen Sinneseindrücke wieder erinnern (Licht, Farben, Geruch, Geräusche, Hautsensationen). Dann soll der Patient in Gedanken eine Einschätzung vornehmen, wie lange er bei dieser angenehmen Vorstellung die Hand noch ausgestreckt lassen könnte.

• Dieses Experiment wird ausgewertet. Dabei muß der Therapeut nicht darauf bestehen, daß so die Beschwerden des Patienten entstehen würden. Die Betonung soll vielmehr darauf liegen, daß durch Vorstellungen "reale" Empfindungen beeinflußbar sind und daß der Patient somit auch die Möglichkeit hat, seine Beschwerden zu beeinflussen.

"verschlechtert" eingeschätzt wurden. Hierbei sind jedoch "drop-out"-Raten nicht berücksichtigt. Ursprünglich gingen 45 Patienten in die Studie ein; 9 wurden aus verschiedenen Gründen wieder ausgeschlossen; davon brachen 5 Patienten vor der 5. Therapiesitzung ab, bei 3 wurde eine endogene Depression vermutet und entsprechend mit tricyclischen Antidepressiva behandelt, bei einem Patienten wurde schließlich doch eine organische Erkrankung angenommen.

Der Ansatz von Wickramasekera (1989)

Wickramasekera (1989) beschreibt die Schwierigkeiten in der Psychotherapie bei Personen mit somatoformen Störungen auch unter dem gesundheitspolitischen Aspekt. Der Ausdruck psychosozialer Konflikte über körperliche Symptome wird nach Ansicht des Autors verstärkt durch persönliche, soziale, berufliche und finanzielle Konsequenzen. Unser Gesundheitssystem enthält eine eindeutige Bevorzugung somatischer Erkrankungen vor psychischen Erkrankungen. Auch kritisiert der Autor die "negative" Diagnosestellung durch Ausschluß körperlicher Erkrankungen. Er plädiert für eine weitere Suche nach psychologischen oder psychophysiologischen "Positiv-Symptomen", die für eine Diagnose somatoformer Störungen sprechen.

"High-risk"-Modell

Der therapeutische Ansatz von Wickramasekera (1989) geht von dem "high-risk"-Modell aus. Dieses wird aufgeteilt in die drei Komponenten Prädisposition, Trigger (Auslöser) und Puffer. Einzelne Unterkomponenten sind nach Ansicht des Autors:

Prädisposition:
- stark erhöhte oder stark reduzierte Hypnotisierbarkeit
- "katastrophisierende" kognitive Denkmuster
- "negative affectivity" (d.h. eine Tendenz, Ereignisse oder Emotionen negativ zu beschreiben)

Trigger:
- kritische Lebensereignisse ("life events")
- Anhäufung alltäglicher Belastungen ("minor daily hazzles")

Puffer-Variablen:
- System sozialer Unterstützung
- Coping-Strategien

Eine erhöhte Hypnotisierbarkeit (gemessen zum Beispiel mit der "Harvard Hypnotisierbarkeitsskala") führt zu erleichterten operanten Lernprozessen. Ein leicht hypnotisierbarer Mensch lernt schneller durch Verstärkung bzw. Aufmersamkeitszuwendung als ein durchschnittlich oder schwer hypnotisierbarer Mensch. Dadurch können auch psychophysiologische Reaktionen und Wahrnehmungsprozesse leichter maladaptiv konditioniert werden.

Niedrige Hypnotisierbarkeit führt demgegenüber zu einer Bagatellisierung psychologischer Variablen bei körperlichen Krankheiten. Somit wird die somatische Symptomatik überbetont und es fehlen bei psychosozialen Belastungen entsprechende Erklärungsmodelle für psychophysiologische Symptome, da die psychischen Einflußfaktoren negiert werden.

"Trojanisches Pferd"

Wickramasekera (1989) leitet aus seinem "high-risk"-Modell verschiedene zur Psychotherapie motivierende sowie therapeutische Strategien ab. Sein erstes Vorgehen nennt er "Prozedur des Trojanischen Pferdes", was das "biologische Verpacken" von psychologischen Interventionen beinhaltet. Eine Möglichkeit, den Übergang von organmedizinischen Ansätzen zur Psychotherapie zu erleichtern, sieht er auch darin, die räumliche Distanz zwischen Arzt und Psychotherapeut möglichst gering zu halten, zum Beispiel durch Gemeinschaftspraxen von Ärzten und Psychologen. Das "Trojanische Pferd" wird repräsentiert durch ein Erstgespräch beim Psychotherapeuten, der jedoch nochmals die medizinische Anamnese, bisherige körperliche Symptome und somatisch-orientierte Therapiemaßnahmen exploriert. Dieses Erstgespräch sollte in einem psychophysiologischen Labor durchgeführt werden, wobei zusätzlich physiologische Parameter (z.B. EMG oder Hautwiderstand) erfaßt werden, die anschließend zur Verdeutlichung psychophysiologischer Zusammenhänge herangezogen werden können. Auch werden hypnotische Induktionstests sowie psychologische Testverfahren eingesetzt. Der Psychotherapeut ist im Erstgespräch sehr aktiv und stellt viele Fragen. Er versucht dem Patienten zu vermitteln, daß es mehr um das Erkennen positiver Indizien für psychologische Interventionen geht, während der Patient bisher die Erfahrung gemacht hat, daß Ausschlußkriterien für eine organische Krankheit gesucht wurden.

Wickramasekera (1989) schlägt vor, auch in den folgenden Sitzungen psychophysiologische Zusammenhänge zu demonstrieren. Dazu können mentale Stressoren zählen oder weitere Hypnose-Demonstrationen. Für die weitere Therapie werden nur Patienten aufgenommen, für die sich positive Anhaltspunkte nach dem "high-risk"-Profil ergeben. Der weitere Therapieverlauf ist ähnlich wie bei dem Ansatz von Warwick (1989) gekennzeichnet durch 'self-monitoring'. Durch ausführliche Selbstbeobachtung bildet der Patient Hypothesen, welche Faktoren seine Symptomwahrnehmung beeinflussen. Wenn schließlich ausreichend Interesse für Antezedenzen und Konsequenzen der Symptomwahrnehmung gegeben ist, öffnet sich der Blick für intrapsychische und psychosoziale Konflikte, die eine breitere Psychotherapie möglich machen.

Das stationäre Behandlungsprogramm von Lipowski (1988 a)

Lipowski (1988 a) stellt ein *stationäres* Programm vor, das weniger strukturiert als die oben genannten Programme ist, jedoch einige weitere Aspekte beinhaltet. Ziele bei der stationären Behandlung sind Aufbau von Coping-Skills zur Krankheitsbewältigung, Aufbau sozialer Kompetenz, Ermunterung zu unabhängiger Lebensgestaltung und zum Abbau von Schonverhalten, Vorbereitung einer Wiederaufnahme des Berufs, Ablegen der Krankenrolle und Erhöhung körperlichen Wohlbefindens ("fitness"). Als Methoden werden eingesetzt: Einzel- und Gruppenpsychotherapie, Familientherapie, Arbeitstherapie, Physiotherapie, Entspannungstrainings, Biofeedback, Berufsberatung und Psychopharmaka.

Das stationäre Behandlungsprogramm von Wooley et al. (1978)

Ein sehr breites stationäres verhaltensmedizinisches Therapieprogramm wird von Wooley et al. (1978) beschrieben. Nachteil dieser Arbeit ist, daß die diagnostischen Untergruppen ungenau beschrieben sind, so daß nur davon ausgegangen werden kann, daß ein Großteil der Patienten unter somatoformen Störungen litt. Die Autoren gehen davon aus, daß lerntheoretische Ansätze zum Verständnis der Entstehung und Aufrechterhaltung von chronischem Krankheitsverhalten von Bedeutung sind. Krankheitsverhalten sei eine gelernte soziale Rolle, die durch soziale Aufmerksamkeit seitens der Bezugspersonen und Ärzte verstärkt wird. Sie beziehen sich auf Untersuchungen, bei denen Patienten in Anwesenheit eines "Arztes" (mit weißem Kittel) deutlich schlechter Schmerzen ertragen konnten als bei Anwesenheit einer neutralen Person (Wooley et al. 1975). Schmerzverhalten ist somit abhängig von gelernten Umgebungsvariablen.

Kennzeichen von Personen mit chronischem Krankheitsverhalten seien die Forderung nach Betreuung und Aufmerksamkeit, Ausdruck von Hilflosigkeit und Passivität, ausgeprägter Ausdruck von Lob und Respekt für die aktuellen ärztlichen Handlungen, verdeckte Feindseligkeit, Drohungen, Argumentieren, Spaltung von Teams, sowie weiteres auffälliges Verhalten (kindliches Gebaren, irrelevante Äußerungen, Ignorieren von Aussagen). Auf diese Verhaltensweisen wird oft-

Patient drückt aus:	Therapeutische Strategien zur ... Verfestigung des Krankheitsverhaltens	Therapeutische Strategien zur ... Förderung von Unabhängigkeit
♦ Hilflosigkeit	• Ratschläge; Unterstützung	• ignorieren; auch kleinere Bestrebungen nach Unabhängigkeit verstärken
♦ Ansprüche	• Nachgiebigkeit; Grenzen setzen	• Plänen des Patienten früh zustimmen; ermuntern, weitere Vorschläge zur Behandlung zu machen
♦ Unterwürfigkeit	• Dankbarkeit; weitere Anleitungen geben	• für Einschmeicheln kein Lob aussprechen; zur Selbsthilfe ermuntern
♦ verdeckte Feindseligkeit	• Versuche zur Aufdeckung des Ärgers; erhöhtes therapeutisches Bemühen	• begrenzte Möglichkeiten des Therapeuten betonen
♦ Team-Spaltung	• Versuche zur Klärung; eigene Verteidigung	• Probleme an Patienten und andere zurückweisen
♦ Drohung mit Suizid oder Therapieabbruch	• enge Kontrollen; Veränderung des Therapieplans	• Patient auf seine eigenverantwortliche Wahl für das weitere Vorgehen hinweisen; längere Diskussionen vermeiden
♦ Argumentieren	• Konfrontationen; Gegen-Erklärungen abgeben	• aus Diskussionen heraushalten; Patient nach Relevanz für die Therapie befragen
♦ kindliches Verhalten	• Führung; Deutung	• Diskussion beenden u. erst fortsetzen, wenn Patient Interesse an Weiterarbeit signalisiert

Abbildung 8.6 Chronisches Krankheitsverhalten und mögliche therapeutische Strategien (nach Wooley et al. 1978).

mals in einer Weise reagiert, die das chronische Krankheitsverhalten noch weiter verfestigt (s. Abbildung 8.6).

Diese acht Verhaltensweisen sind nach Ansicht der Autoren gelernt, da der Patient oftmals die Erfahrung machte, daß sie stets mit Fürsorge belohnt wurden. Wird für eine dieser Verhaltensweisen die Zuwendung unterbunden, zeigt der Patient eine der restlichen sieben Verhaltensweisen. Als Lernprozesse zur Aneignung dieser Verhaltensweisen kommen in Frage: Modellernen vor allem in der Kindheit, direkte soziale Verstärkung und Lernen von Vermeidungsverhalten.

Interventionsziele und Bausteine der Behandlung

Auf diese Grundsätze aufbauend setzten die Autoren sich folgende Ziele für die Intervention: Entzug von sozialen Verstärkern für Krankheitsverhalten, Entwicklung von Konflikt-Bewältigungsstrategien, die auch sofort verstärkt werden können, Abbau von Schon-

Kasten 8.2
Biofeedback

Beim Biofeedback werden physiologische Parameter, die als schwer wahrnehmbar oder beeinflußbar gelten, apparativ erfaßt, verstärkt und in wahrnehmbarer Form dem Patienten zurückgemeldet (z.B. durch Töne, die sich mit der Muskelspannung verändern). Mögliche Parameter neben Muskelspannung (durch EMG) sind z.B. Herzfrequenz, Hautleitfähigkeit, Vasokonstriktion, Hauttemperatur, Atmung oder Blutdruck.

Mögliche Ziele beim Einsatz von Biofeedback:

- Direkte Symptombeeinflussung (z.B. Vasokonstriktionstraining bei Migräne, muskuläre Entspannung über Schmerz-Arealen oder bei Bruxismus, Hauttemperatur-Erhöhung bei M. Raynaud, etc.; s. Kröner-Herwig & Sachse 1988).
- Lernen allgemeiner Entspannung (v.a. bei Personen, die auf übliche Entspannungsverfahren schlecht ansprechen)
- Demonstration psychophysiologischer Zusammenhänge

Gerade der letztgenannte Punkt kann bei der Behandlung von Personen mit somatoformen Störungen sehr hilfreich sein. Über Biofeedback ist es möglich, dem Patienten zu zeigen, daß Veränderungen von physiologischen Funktionen nicht ausschließlich Krankheitssymptome sind, sondern allgemeine Phänomene, die auch psychisch beeinflußbar sind. Biofeedback ist als ein Medium zu sehen, das in das psychotherapeutische Vorgehen integriert wird und Einstellungsveränderungen unterstützten kann.

Oftmals wurde Biofeedback als eine Technik mißverstanden, die Psychotherapie ersetzt. Beschränkt man sich im Einsatz von Biofeedback alleine auf die apparative Seite, so ist jedoch nur von einer geringen Effektivität auszugehen. Erst das sinnvolle Einbetten in einen Gesamtplan macht Biofeedback zu einem effektiven Therapiebaustein.

Peper & Sandler (1987) fassen ihre Erfahrungen sowie den Stand der Literatur zu den "nichtapparativen Wirkfaktoren" beim Biofeedback folgendermaßen zusammen:

- Der Erfolg beim Patienten wird erhöht durch die Erfolgsüberzeugung beim Therapeuten
- Der Erfolg beim Patienten wird erhöht durch das Erfahren von Selbst-Kontrolle
- Der Erfolg beim Patienten wird erhöht durch die Förderung von Entspannung
- Der Erfolg beim Patienten wird erhöht durch die emotionale Akzeptanz des Betroffenen durch den Therapeuten
- Der Erfolg beim Patienten wird erhöht, wenn Einstellungen des Therapeuten und Patienten kongruent sind
- Der Erfolg beim Patienten wird erhöht, wenn der Therapeut den Betroffenen von angstauslösenden Gedanken abbringt

und Vermeidungsverhalten, erfolgreiche Modelle hervorheben. Der Beginn der Behandlung ist gekennzeichnet durch die Frage, von was die Patienten durch die Krankheit abgehalten werden, was sie eigentlich gern machen möchten. Daraufhin werden Ziele formuliert, wobei eine Abstufung vorgenommen wird in bestmöglich erreichbare Ziele und akzeptable Ergebnisse. Nachfolgende Interventionen sind Entspannungstraining, Aufmerksamkeits-Umlenkungsstrategien, Biofeedback (s. Kasten 8.2), Selbstkontroll-Programme, Angstbewältigungsprogramme. Gemäß dem Grundsatz "Über Beschwerden reden macht sie oft schlimmer" werden im Therapieverlauf Beschwerdenäußerungen nach Möglichkeit nicht aufgegriffen, während das Behandlungsteam Äußerungen Richtung Verantwortungsübernahme, Aktivität, Selbstbestimmung gezielt verbal verstärkt.

Jeden Tag finden "Fortschrittsgruppen" statt, in denen die aktuellen Veränderungen angesprochen werden. Eigeninitiative wird auch gefördert, selbst wenn keine direkten klinischen Indikationen vorliegen. Schildert ein Patient den Wunsch nach Biofeedback, so kann er dies ausprobieren, auch wenn keine muskulären Verspannungen als krankheitsspezifisch angesehen werden. In Gruppentherapien zum Thema "Familieninteraktionen" wird erarbeitet, wie Familienmitglieder Krankheitsverhalten verstärkten und es werden Alternativen entwickelt. Familientherapeutische Sitzungen dienen zur Rekonstruktion des Lernprozesses sowie zur Demonstration, daß der Patient u.U. gar nicht so hilflos ist, wie die Familie bisher annahm. In der Sexualitätsgruppe wird ein Bereich aufgegriffen, der von Patienten oftmals vermieden wird oder zur Steuerung des Partnerverhaltens dient. Realitätserprobungen in Form von Therapiebeurlaubungen, Arbeitsplatzsuche, Arbeitserprobungen und Freizeitgestaltung dienen zur Stabilisierung der Therapieerfolge.

Evaluation des Programms

Eine Evaluation dieses Behandlungsprogramms zeigte, daß vor allem jene Patienten profitieren konnten, die ihre Therapie aktiv gestalteten und Therapieziele benennen konnten. Auch Familientherapie war ein prognostisch positiver Faktor. Patienten zeigten weniger Verhalten, das auf Versorgung ausgerichtet war, und mehr selbständiges Verhalten. In offenen Gesprächen wurden weniger Beschwerden geäußert, dafür mehr andere Lebensinhalte. Die Erfolge während der Behandlung generalisierten auch auf eine bessere Bewältigung von Symptomen, die nicht Thema der Behandlung waren.

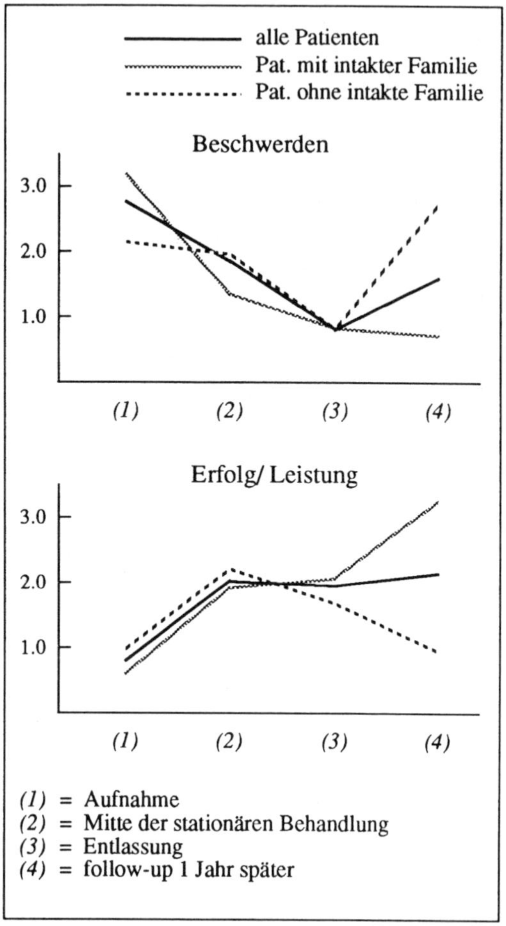

Abbildung 8.7 Beschwerden und Erfolg/Leistung im Therapieverlauf und ein Jahr nach Entlassung (nach Wooley et al. 1978).

Bei den meisten Patienten waren die Erfolge auch ein Jahr nach Behandlung konstant. Aus Abbildung 8.7 wird ersichtlich, was bei jenen, die Rückfälle nach der Therapie hatten, ein Hauptgrund für Mißerfolg war. Patienten aus intakten Familien konnten im Mittel ihre Therapieerfolge noch verbessern, während Patienten aus gestörten Familienverhältnissen (geschieden, verwitwet, Leben mit nur einem Elternteil, usw.) trotz Therapieerfolg großteils wieder Rückschläge erleiden. Wooley et al. (1978) leiten daraus ab, daß ihr Behandlungsprogramm mehr berücksichtigen muß, daß Personen aus problematischen familiären Verhältnissen nach der Therapie eine intensivere Nachsorge benötigen (z.B. durch ambulante Therapie, Selbsthilfegruppen, Beratungsstellen).

Die Arbeit von Wooley et al. (1978) besticht durch die ausführliche Darstellung und Umsetzung in ein Stationsprogramm. Obwohl zwischenzeitlich über zehn Jahre vergangen sind, können die meisten Aspekte dieser Studie sicherlich auch heute noch als Eckpunkte eines Therapieprogramms gesehen werden. Die direkte Anwendung ausschließlich bei Personen mit somatoformen Störungen muß jedoch noch überprüft werden.

8.3. Therapie mit Psychopharmaka

W. Rief, W. Hiller & M.M. Fichter

Das klassische Untersuchungsdesign, um die Effektivität von pharmakologischen Interventionen bei einzelnen Erkrankungen nachzuweisen, ist die Doppel-Blind-Studie. Bei diesem Verfahren, wo weder der Patient noch der medizierende Arzt informiert sind, ob der Patient Placebo oder Verum bekommt, wird die Wirkungsweise über den Vergleich der Veränderung bei Placebo-Medikation und bei Verum-Medikation bestimmt. Dieses Vorgehen stellt sicherlich zur Zeit eines der besten Nachweisverfahren dar, obwohl es auch nicht unkritisiert blieb. So wurde hinterfragt, was "Placebo" überhaupt bedeuten soll, da in dieser Gruppe in der Regel ebenfalls deutliche positive Änderungen auftreten (Maier & Hillert 1989; Frank 1989). Auch zeigt unter anderem eine Studie von Margraf et al. (1991 c) bei Panikpatienten, daß weder der Patient noch der Arzt über die gesamte Behandlungsdauer "blind" sind; bereits nach wenigen Tagen können sowohl Arzt als auch Patient bei Psychopharmaka (in dieser Studie Antidepressiva und Benzodiazepine) relativ sicher angeben, ob der Patient Verum oder Placebo bekommt. Dem Arzt gelingt sogar relativ sicher, bei Verum zwischen Tranquilizern und Antidepressiva zu unterscheiden, obwohl er nicht darüber informiert wurde. Dabei kommt sicherlich dem Erkennen von Nebenwirkungen und zeitlich verzögert (vor allem bei Antidepressiva) dem Erkennen der therapeutischen Wirkung zentrale Bedeutung zu.

Trotz dieser Kritikpunkte gelten Doppel-Blind-Studien als wichtige Methode der Erforschung von Indikationsgebieten psychopharmakologischer Therapie. Für die neu formulierte Gruppe der somatoformen Störungen nach DSM-III-R liegen nach Literaturrecherchen der Autoren jedoch keine kontrollierten Doppel-Blind-Studien vor. Es ergeben sich jedoch einige Anhaltspunkte aus unkontrollierten Studien, Einzelfalluntersuchungen sowie Untersuchungen, die andere Krankheits-Klassifikationssysteme verwendeten. Exemplarisch, also nicht vollständig, werden einige entsprechende Arbeiten im folgenden aufgeführt.

Antidepressiva

Antidepressiva zielen in erster Linie auf eine Beeinflussung der Neurotransmitter Noradrenalin und Serotonin. Die Wirkung dieser Transmitter an der Synapse wird beeinflußt, indem deren Freisetzung erhöht wird (z.B. bei einigen tricyclischen und tetracyclischen Antidepressiva), indem die Wiederaufnahme gehemmt wird (z.B. bei Serotonin-Reuptake-Hemmern) oder indem die Konzentration des Enzyms Monoaminooxidase verändert wird, das für den Abbau von Monoaminen verantwortlich ist (z.B. bei MAO-Hemmern). Auch

Kombinationen der Wirkmechanismen sowie eine direkte Beeinflussung der Rezeptorempfindlichkeit sind möglich. Zur genauen Biochemie wird auf die gängigen Standardwerke der Psychopharmakologie verwiesen (z.B. Langer & Heimann 1983). Trotz zahlreicher Weiterentwicklungen stellen tricyclische Präparate im europäischen Raum immer noch die größte Gruppe medizierter Antidepressiva dar. Sie werden auch häufig bei somatoformen Störungen eingesetzt, da von dem Konzept der "somatisierten Depression" ausgegangen wird.

Die Wirkung von Amitriptylin bei 20 Personen mit Depressionen und hypochondrischen Ängsten wurde in einer Arbeit von Kellner et al. (1986) untersucht. Es handelte sich nicht um ein Doppel-Blind-Design, jedoch wurde eine gesunde Kontrollgruppe verwendet, um deren "Spontanverläufe" als Vergleich zu haben. Über die "Illness Attitude Scales" (IAS), einer Skala zur Erfassung hypochondrischer Ängste, wurde festgestellt, daß ein Drittel der Patienten mit Melancholie vor Behandlungsbeginn starke hypochondrische Ängste hatten, jedoch nach 4wöchiger Behandlung diese Beschwerden auf das Vergleichsmaß Gesunder remittierten. Amitriptylin hatte somit bei Personen mit primär depressiven Störungen bei hypochondrischer Zusatzsymptomatik positive Effekte.

Eine Studie von Stroband (1988) konzentrierte sich auf die Behandlung von Personen mit funktionellen Magen-Darm-Erkrankungen mit Opipramol (Dosierung 100 mg/die). Es wurden 52 Personen dieser Symptomgruppe untersucht, wobei das Ausmaß der Symptomatik subjektiv durch den Untersucher eingeschätzt wurde und bedauerlicherweise keine weiteren Angaben zur Diagnostik gemacht werden. Dies muß als problematisch bewertet werden, wie sich auch in dramatischen "Erfolgsquoten" ausdrückt: 98% wurden als "gebessert", davon 52% als "beschwerdefrei" eingeschätzt. Diese Erfolgsraten liegen deutlich über den in psychopharmakologischen Studien mit objektiverer Erfolgsmessung üblichen Ansprechraten.

Die Ergebnisse von Stroband (1988) legen zwar eine Effektivität von Opipramol bei funktionellen Beschwerden nahe, jedoch sind die Erfolgsraten vermutlich nicht so hoch wie angegeben und können aus den Angaben nicht abgeschätzt werden. Zum einen ist eine ausreichende diagnostische Erfassung notwendig (auch z.B. der DSM-III-R-Diagnosen), zum anderen hat die subjektive Beurteilung des Therapieerfolgs von in der Regel nicht "blinden" Untersuchern wenig Aussagekraft und muß durch objektive Beurteilungsverfahren (z.B. Fragebögen) und/ oder Einschätzungen "blinder" Beurteiler gestützt werden.

Ähnliches gilt auch für eine Studie von Adjan (1987) zur Behandlung von Personen mit funktionellen Herz-Kreislauf-Beschwerden mit Opipramol (Dosierung 100 bis 150 mg/ die). Nach Beurteilungen von "nicht-blinden" Behandlern wurden 90% der Patienten als gebessert eingestuft. Der Autor gibt an, daß nur Personen in die Studie aufgenommen wurden, bei denen die psychische Symptomatik im Vordergrund stand, was für Personen mit somatoformen Störungen nicht obligat ist. Wie bei allen Studien würde auch hier die objektivere Erfassung von Diagnosen und Therapieeffekten eine Interpretation der Ergebnisse erleichtern. Dies gilt um so mehr, als es sich bei Personen mit funktionellen Herzbeschwerden häufig um jene mit "Panikstörungen" nach DSM-III-R handelt; also eine Störung, bei der vermutlich andere psychopathologische Merkmale und Prozesse vorliegen als bei somatoformen Störungen.

Eine Doppel-Blind-Studie mit 40 Patienten zum Therapievergleich von Dothiepin-HCl

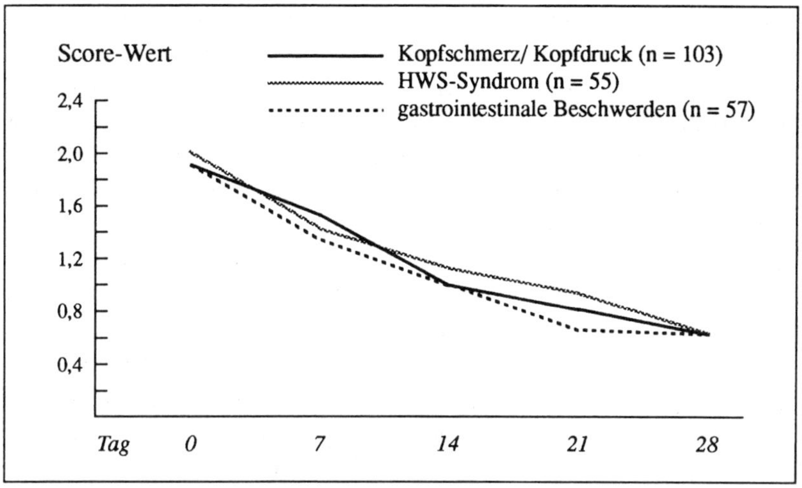

Abbildung 8.8 Ergebnisse einer Studie mit Maprotilin bei Patienten mit somatoformer und depressiver Symptomatik (nach Liebau et al. 1981).

und Amitriptylin bei Personen mit "maskierter Depression", also vermutlich mit mehreren funktionellen somatischen Symptomen, liegt von Dahl et al. (1981) vor. Auf der Hamilton-Depressionsskala sowie der "Comprehensive Psychopathological Rating Scale" (CPRS) zeigten beide Medikamente vergleichbar positive Effekte. Bezüglich Nebenwirkungen in der Ansetzphase zeigten sich jedoch Vorteile für Dothiepin.

Auch über das tetracyclische Antidepressivum Maprotilin liegen Studien vor, die auf eine Wirksamkeit bei somatoformen Symptomen, vor allem bei Komorbidität mit depressiven Erkrankungen, hinweisen. So berichten Liebau et al. (1981) von der Behandlung von 183 Patienten mit abendlichen Dosen von 75 mg Maprotilin über vier Wochen. Nach subjektiver Einschätzung des Behandlers dominierte bei 62% der Patienten die depressive Symptomatik, während bei 36% die somatoforme Symptomatik im Vordergrund stand. Bei einer "drop-out"-Rate von 15% wurden wöchentlich auf einer Skala von 0 bis 3 verschiedene Symptome vom behandelnden Arzt eingeschätzt. Abbildung 8.8 zeigt den Verlauf einzelner somatischer Symptome.

Ähnlich positive Ergebnisse für Maprotilin berichten auch Vachon et al. (1986) sowie Vencovsky (1982). Vencovsky, der auch den sozialtherapeutischen Aspekt über eine spezielle Skala erfaßte, schildert seine Beobachtung, daß vor allem bei gastrointestinalen Beschwerden Maprotilin zu hohem Prozentsatz Verbesserungen erbringen würde. Auch weist dieser Autor darauf hin, daß es "die reine Psychopharmakotherapie" nicht gibt; die psychiatrische Untersuchung, das Herstellen eines Kontaktes, die Anamneseerhebung sind Variablen, die positiv oder negativ die Wirkung eines Pharmakons beeinflussen können.

Schließlich sei noch eine Studie von Valdes et al. (1989) erwähnt, bei der 31 Personen mit somatoformen Schmerzstörungen nach DSM-III-R mit Imipramin behandelt wurden. Neben der Hamilton Depressionsskala wurde eine visuelle Analogskala zur Erfassung des Schmerzgeschehens verwendet. Sowohl die Stimmung als auch die Schmerzen zeigten sich nach der Behandlung deutlich gebessert, wobei in dieser Studie keine Kontrollgruppe verwendet wurde und sowohl die Untersucher als auch die Patienten das Studiendesign kannten.

Weitere Ergebnisse mit tricyclischen Antidepressiva wurden auch in Einzelfalluntersuchungen beschrieben, zum Beispiel von Fernando (1988) bei einem Patienten mit Hypochondrie, von Brotman & Jenike (1984) bei zwei Patienten mit Hypochondrie, oder von Brown et al. (1986) bei drei Patienten mit Globus hystericus. Maany (1981) beschreibt des weiteren einen Fall, wobei eine Frau mit Briquet-Syndrom gut auf die Therapie mit Amitriptylin angesprochen habe. Der Autor diskutiert auf Grund dieser Ergebnisse die Notwendigkeit von kontrollierten Studien, um den Zusammenhang zwischen Somatisierung, Depression und "maskierter Depression" zu erforschen.

Monoaminooxidase-Hemmer (MAO-Hemmer)

MAO-Hemmer zur Depressionstherapie kamen Ende der 50er und in den 60er Jahren häufig zum Einsatz, jedoch hat sich die Anfangseuphorie wieder gelegt, nachdem gehäuft hepatotoxische Nebenwirkungen und hypertensive Krisen auftraten. Aus diesem Grund wird zur Zeit an der klinischen Prüfung einer neuen MAO-Hemmer-Generation gearbeitet, den reversiblen Inhibitoren der Monoaminooxidase A (RIMA), die weniger Nebenwirkungen haben sollen (Schmauss & Erfurth 1989).

Im Vergleich zu dem Standard-Antidepressivum Imipramin wiesen MAO-Hemmer der neuen Generation (z.B. Brofaromin) ähnlich gute Wirkungsprofile auf und zeigten auch ein vergleichbares Nebenwirkungsprofil. Als abhängige Variablen dienten die Hamilton Depressionsskala (HAMD) oder die Befindlichkeitsskala (Bf) von v. Zerssen (Fischer et al. 1988; Möller & Wendt 1989). Ein ähnliches Ergebnis fand sich auch beim Vergleich von Moclobemid mit Maprotilin (Laux 1989).

Über die Behandlung somatoformer Störungen mit MAO-Hemmern finden sich in der Literatur zwei Fallberichte. Der erste beschreibt die Behandlung eines Patienten mit einer körperdysmorphen Störung. Dieser stammt von Jenike (1984), der nach erfolglosen Therapieversuchen mit anderen Medikamenten bei einem Patienten mit körperdysmorpher Störung Tranylcypromin einsetzte und gute Erfolge beschreibt. Maany (1981) berichtet ebenfalls von einer erfolgreichen Therapie durch Tranylcypromin bei einer Person mit multiplen psychischen Störungen sowie einem Briquet-Syndrom. Diese Anhaltspunkte für eine therapeutische Wirksamkeit von MAO-Hemmern bei somatoformen Störungen sollten, vor allem mit den neueren RIMA-Präparaten, einer kontrollierten Studie unterzogen werden.

Serotonin-Reuptake-Hemmer

Da bei klassischen Antidepressiva vor allem während der Ansetzphase (in der Regel 10 bis 14 Tage), jedoch auch später anticholinerge, antihistamine und v.a. kardiale Nebenwirkungen auftreten können, wurde an der Entwicklung anderer, ähnlich effektiver Antidepressiva gearbeitet. Die sogenannten Serotonin-Reuptake-Hemmer, die den Noradrenalin-Stoffwechsel nur wenig beeinflussen, sollen diese Nebenwirkungen nicht aufweisen.

Einer der ersten in Deutschland zugelassenen Serotonin-Reuptake-Hemmer war Fluvoxamin. In einer großangelegten Multicenter-Studie mit 481 Patienten wurde dieses Medikament im Doppel-Blind-Versuch mit Imipramin und Placebo bei Personen mit Major Depression verglichen (Wagner et al. 1985). Die "drop-out"-Raten waren zwischen den Gruppen vergleichbar, liegen jedoch insgesamt hoch (zwischen 40 und 45%). Die Wirksamkeit wurde anhand der Hamilton Depressionsskala erfaßt, deren erster Faktor psychische und somatische Aspekte der Angst, jedoch auch weitere somatoforme Symptome erfaßt. Dieser Faktor korreliert mit r = 0.43 mit der SCL-90R-Skala Somatisierung (Westermeyer et al. 1989). In diesem Faktor zeigte Fluvoxamin bereits in der 2. Behandlungswoche einen signifikanten Effekt gegen Placebo, während dies für Imipramin erst in der 3. Behandlungswoche der Fall war. Bis zur vierten Behandlungswoche zeigte sich bei der Studie von Wagner et al. (1985) im Hamilton-Gesamt-Depressionswert eine Besserung um 59 Prozentpunkte in der Fluvoxamin-Gruppe, um 52 Prozentpunkte in der Imipramin-Gruppe und um auch immerhin 32 Prozentpunkte in der Placebo-Gruppe. Die Ergebnisse müssen jedoch wegen der hohen "drop-out"-Raten sowie zusätzlich bestehender Begleitmedikationen, die zum Teil erlaubt waren, relativiert werden (zum Fluvoxamin siehe auch Stollmaier et al. 1989).

Hollander et al. (1989) beschreiben gute Erfolge bei der Behandlung von 5 Personen mit körperdysmorphen Störungen durch einen Serotonin-Reuptake-Hemmer. Auch dies kann als Anhaltspunkt für die positive Wirkung zumindest bei dieser Diagnosen-Untergruppe gesehen werden, wobei kontrollierte Studien möglichst zum Gesamtgebiet somatoformer Störungen genauere Aussagen zulassen würden.

Tranquilizer

Die Hauptgruppe der Tranquilizer sind Benzodiazepine. Die anxiolytische Wirkung von Benzodiazepinen gilt zwischenzeitlich als hinreichend belegt (Laux 1989). Für den Wirkmechanismus werden spezifische Benzodiazepin-Rezeptoren vermutet. Benzodiazepine verstärken hierbei die hemmende Funktion GABAerger Neurone. Der Betroffene empfindet oftmals schnell eine Erleichterung der Symptome und eine euphorisierende Wirkung, die zumindest bei suchtgefährdeten Personen schon nach wenigen Wochen auch zu einer körperlichen und/ oder psychischen Abhängigkeit führen kann. Gerade die somatisch und psychisch oftmals schwierigen Entzüge von Tranquilizern, die neben den üblichen vegetativen Zeichen bis hin zu Krampfanfällen auch oftmals von panischen Angstzuständen begleitet sind, fordern ein verantwortungsbewußtes Vorgehen nach strengen Indikationen. Deshalb sollten Benzodiazepine als Krisenmedikation nur über einen kurzen Zeitraum verschrieben werden.

Eine positive, anxiolytische Wirkung von Benzodiazepinen bei Personen mit Angst- und Panikstörungen läßt noch nicht automatisch darauf schließen, daß ebenfalls positive Wirkungen auf somatoforme Symptome zu erwarten sind. Es ist erstaunlich, daß gerade für den Einsatz von Benzodiazepinen bei Personen mit somatoformen Störungen bislang kein wissenschaftlich gesicherter Nachweis vorliegt. In der klinischen Praxis dagegen werden diese Medikamente wohl wegen ihrer geringen pharmakologischen Nebenwirkungen bevorzugt verordnet.

Einige Medikamenten-Vergleichsstudien, in denen unter anderem auch Benzodiazepine verwendet wurden, sind im nachfolgenden Kapitel dargestellt.

Neuroleptika

Gerade bei psychosomatischen Störungen wurden die Vorteile von niedrigdosierten Depotneuroleptika, die intramuskulär appliziert werden, immer wieder betont. Die Anforderungen an die Medikamenten-Compliance des Patienten sind relativ gering und die Gefahr der pharmakologischen Abhängigkeit ist minimiert. Am gängigsten ist hierbei die Anwendung von Fluspirilen, die mehrfach für den psychosomatischen Beschwerdebereich überprüft wurde. Die übliche Dosierung beim genannten Indikationsbereich beträgt 1 ml/ Woche, wobei zum Teil auch Dosierungen zwischen 0,5 ml und 1,5 ml verwendet wurden.

Eine der ersten Untersuchungen, die über positive Effekte des Fluspirilen bei psychosomatischen Erkrankungen berichtete, stammt von Pach et al. (1973). In dieser Studie wurden 19 Patienten mit nicht näher spezifizierten "psychosomatischen Störungen" anfangs für vier Wochen mit Fluspirilen, anschließend drei Wochen mit Placebo-Injektionen behandelt. Unter Fluspirilen zeigte sich eine deutliche Besserung bei somatischen Symptomen (subjektiv vom Arzt eingeschätzt, der das Design kannte), während bei der Placebo-Phase ein Rückfall fast auf das Ausgangsniveau auftrat. Interessanterweise zeigte sich in der Skala "Nervosität" des Freiburger Persönlichkeitsinventars, die schwerpunktmäßig psychosomatische Symptome aus der Sicht des Patienten erfaßt, keine signifikante Verbesserung unter Fluspirilen. Demgegenüber war ein positiver Effekt des Medikaments auf Selbsteinschätzungen, die die momentane Stimmungslage betrafen, eindeutig.

Deberdt et al. (1980) verwendeten ein Doppel-Blind-Design (Fluspirilen vs. Placebo) bei 124 ängstlichen und asthenischen Personen mit funktionellen körperlichen Beschwerden. Sowohl psychische als auch somatische Beschwerden wurden vom Untersucher jeweils nach einer Woche auf einer vierstufigen Skala bewertet. Während sich bei psychischen Symptomen ein deutlicher Vorteil zugunsten von Fluspirilen ergab, konnte ein solcher Vorteil generell bei funktionellen somatischen Symptomen statistisch nicht ausreichend abgesichert werden; für einzelne Symptome zeigte sich jedoch eine statistisch abgesicherte Überlegenheit der Verum-Behandlung (Kopfschmerzen, Übelkeit), dessen klinische Relevanz jedoch offen bleibt, da für diesen Teilbereich keine Mittelwerte oder andere Kennwerte mitgeteilt werden.

In einer Studie von Hassel (1985) wurden Personen mit "neurotischen Störungen" mit Fluspirilen oder Bromazepam behandelt, wobei die psychiatrische Diagnostik unklar bleibt. Jedoch wurden zahlreiche psychometrische Verfahren (z.B. auch die Skala "Somatisierung" aus der Symptom Check List SCL-90R) eingesetzt, die Aufschluß über die Auswirkung auf somatoforme Störungen geben können. Zwischen den Gruppen zeigten sich Unterschiede in den Bereichen "Depression" der Adjektiv-Checkliste (einer Skala zur Erfassung der Befindlichkeit; CIPS 1986) sowie in den Bereichen "Aggressivität" und "soziale Unsicherheit" der Symptom Check List (SCL-90R). Das Neuroleptikum schien vor allem dann Vorteile aufzuweisen, wenn Ängste mit stark somatischer Komponente vorlagen. Für die Skala "Somatisierung" der SCL-90R werden jedoch keine Unterschiede berichtet.

Auch in einer Studie von Pach & Waniek (1976) wurde Fluspirilen mit einem Benzodiazepin verglichen (Diazepam). Untersucht wurden 28 Patienten mit funktionellen Organbeschwerden, bei denen ängstlich-depressive Verstimmungen bestanden. Obwohl dies für die vorliegende Fragestellung eine interessante Selektion darstellt, zeigte sich doch, daß es sich vermutlich weniger um Patienten mit somatoformen Störungen handelte, sondern eher um Patienten mit Panikstörungen, da von den Autoren als somatisches Hauptsymptom fast ausschließlich Herzsensationen angegeben werden. Um Placebo-Effekte durch die Applikation zu kontrollieren, erhielten alle Patienten über 8 Wochen sowohl Tabletten als auch Spritzen, wobei im Cross-Over-Design jeweils für 4 Wochen ein Verum und ein Placebo eingesetzt wurden. In der Skala "Nervosität" des Freiburger Persönlichkeitsinventars zeigte sich eine stärkere Verbesserung während Fluspirilen-Behandlung im Vergleich zur klassischen Tranquilizer-Behandlung, während sich in allen anderen Skalen kein signifikanter Unterschied ergab. In der Beschwerdenliste (BL) von v. Zerssen (vgl. CIPS 1986) zeigten beide Medikamente eine positive Beeinflussung der damit erfaßten körperbezogenen Beschwerden. Somit scheinen beide Medikamente vor allem bei ängstlich-depressiven Verstimmungen mit somatischen Begleiterscheinungen Verbesserungen zu erzielen.

Von Waniek & Pach wurde bereits 1974 eine Studie veröffentlicht, die mit Fluspirilen behandelte Personen retrospektiv nach der subjektiv eingeschätzten Verbesserung befragte. Unter der Zielvariablen "Allgemeinbefinden", die vom Patienten bewertet wurde, sollten auch somatische und somatoforme Symptome berücksichtigt werden. Von 225 befragten Personen wurden 180 Fragebögen ausgewertet, wobei unklar bleibt, warum 45 Fragebögen (20%) nicht verwendet werden konnten. Einschlußkriterium für die Studie waren "Patienten einer Nervenarztpraxis", ohne daß die psychiatrische Diagnose genauer beschrieben wurde. Eine allgemeine Frage zum Behandlungsverlauf wurde von 50% der Patienten, die seit mindestens 6 Wochen behandelt wurden, mit mindestens "merklich gebessert" beantwortet, wobei bei kürzerer Behandlungsdauer die "Besserungsangaben" entsprechend niedriger lagen, was für einen verzögerten Effekt spricht.

In einer großangelegten multizentrischen Studie von Seufert & Speer (1978) wurden 1389 Personen mit dem Leitsymptom ängstliche Verstimmung mit Fluspirilen behandelt. Neben dem Leitsymptom wurden weitere psychische und psychosomatische Beschwerden von den behandelnden Ärzten, denen die Untersuchungsfragestellung bekannt war, eingeschätzt. Eine Kontrollgruppe wurde nicht verwendet, genausowenig werden Abbruchraten mitgeteilt. Die Beurteiler entschieden bei 72% der Patienten, daß sich funktionelle Organbeschwerden reduziert hätten.

Vieles spricht für eine positive Wirkung von Fluspirilen bei funktionellen Herzbeschwerden (z.B. Sebald 1982; Fischer 1981; Thilman 1983; Lehmann 1989). Herzbeschwerden treten in hoher Anzahl bei Personen mit Panikstörungen, jedoch auch weiteren Angststörungen auf (Rief 1992). Da sich jedoch die Krankheitsbilder eines Paniksyndroms und somatoformer Störungen deutlich unterscheiden, kann von der Wirkungsweise pharmakologischer Interventionen bei Herzsensationen nicht auf die Wirkungsweise bei somatoformen Störungen geschlossen werden.

de Munter (1978) berichtet jedoch auch von einem positiven Effekt des Fluspirilen bei anderen funktionellen Beschwerden. Der Autor belegt eine Reduktion der durch den Arzt subjektiv eingeschätzten gastrointestinalen Beschwerden, also nicht nur kardiovaskulärer Beschwerden wie bei Seufert & Speer (1978).

Die therapeutischen Effekte von Fluspirilen bei hypochondrischen Beschwerden, die von den Autoren eigens definiert wurden, wurden von Kalis et al. (1980) bei 311 Patienten untersucht. Um den Einschlußkriterien zu genügen, mußte der Patient sich ständig um seine Gesundheit sorgen, mit der berechtigten oder unberechtigten Überzeugung, krank zu sein. Weder Patient noch beurteilender Arzt waren "blind". Sie wußten also, daß und zu welchem Zeitpunkt das Medikament appliziert wurde. Das subjektive Therapieergebnis wurde in der Mehrzahl der Fälle als gut bezeichnet (60%), wobei die deutlichste Besserung im Bereich gastrointestinaler Beschwerden zu verzeichnen war. In diese Erfolgszahlen wurde jedoch nicht die hohe Zahl von Therapieabbrechern miteinbezogen (123 Patienten = 40%).

Wie bereits erwähnt, liegen zur konkreten Zielgruppe der somatoformen Syndrome keine kontrollierten Therapiestudien mit Fluspirilen vor. Für eine Teilgruppe, nämlich pseudovertebragene Syndrome (unklare Rückenschmerzen), wurde jedoch eine kontrollierte Doppel-Blind-Studie von Jochum et al. (1985) durchgeführt, bei der Fluspirilen mit Dikaliumclorazepat bei 33 Patienten verglichen wurde. Hierbei zeigte sich Fluspirilen deutlich überlegen, wie sich auch in Angaben in der Freiburger Beschwerdenliste zeigte. Diese Verbesserungen waren jedoch nur auf die Schmerzsymptomatik bezogen, nicht auf zusätzliche gastrointestinale oder kardiovaskuläre Symptome.

Weitere Studien mit Fluspirilen (z.B. Schwab et al. 1982 - bei psychovegetativen gynäkologischen Störungen; Klimm 1984 - bei Wirbelsäulensyndromen) sollen wegen größerer methodischer Mängel nicht weiter aufgeführt werden.

Ein Problem bei der längerfristigen Applikation von Neuroleptika stellt die Gefahr von Spätdyskinesien dar. Für hochpotente Präparate (z.B. Haloperidol) muß davon ausgegangen werden, daß ein beträchtlicher Anteil der Patienten bei Langzeitmedikation Spätdyskinesien entwickelt; für das Fluspirilen können diesbezüglich noch keine Aussagen gemacht werden, da Untersuchungen mit entsprechend langen Beobachtungszeiträumen noch nicht vorliegen. Bei einem Beobachtungszeitraum von drei Jahren konnte ein spezifischer, Spätdyskinesien auslösender Effekt des Fluspirilen noch nicht nachgewiesen werden (Tegeler et al. 1989). Wegen der bestehenden Unklarheit wird jedoch empfohlen, immer wieder Behandlungspausen einzulegen.

Zusammenfassung

Ziel bei der Behandlung somatoformer Störungen ist oftmals, größere Schäden zum Beispiel iatrogener Genese zu verhindern, dem Patienten eine Führung anzubieten und eine Akzeptanz der Beschwerden zu ermöglichen. Daneben bieten sich psychotherapeutische und psychopharmakologische Ansätze an, die jedoch noch genauer wissenschaftlich überprüft werden müssen.

Die oben beschriebenen psychotherapeutischen Interventionen stellen gute Möglichkeiten dar, um Patienten mit chronischen körperlichen Symptomen ohne organische Ursache zu behandeln. Häufig handelt es sich um Übertragungen bereits installierter und effektiver Therapieprogramme (z.B. aus der Schmerzbehandlung) auf den Bereich somatoformer Störungen. Hierzu zählt die genaue Exploration der Symptomatik mit den Aspekten kognitive, emotionale, physiologische und Verhaltensmerkmale, die Verwendung von Protokollen zum "self-monitoring" und von Verhaltensexperimenten, das Vermitteln eines für den Patienten annehmbaren und schlüssigen Erklärungsmodells sowie das Durchführen der aus diesem Erklärungsmodell abgeleiteten Interventionen. Neben der allgemeinen Effektivität von entsprechenden Programmen sollte überprüft werden, für welche Untergruppen Indikationen vorliegen sowie wann welche Kombinationen mit weiteren Therapieverfahren (zum Beispiel pharmakologischer Art) sinnvoll und wichtig sind.

Auch zum Bereich Psychopharmakologie liegen nach Literaturrecherchen der Autoren noch keine kontrollierten Studien bei Personen mit gut beschriebenen somatoformen Störungen vor. Dies liegt zum einen sicherlich an dem kurzen Zeitraum der erst 1980 in die klinisch-psychiatrische Diagnostik eingeführten Störungsgruppe. Jedoch auch traditionelle Vorstellungen, die somatoforme Störungen lediglich als Subsymptom depressiver Störungen sahen und deshalb als Therapie der Wahl Antidepressiva empfahlen, waren einer exakten Indikationsprüfung nicht förderlich. Zahlreiche Studien, die "funktionelle Symptome" wenigstens als Begleitfaktoren miterfaßten, leiden unter erheblichen Mängeln: Patient und/ oder Arzt war das Untersuchungsdesign bekannt (also nicht "blind"), was Erwartungseffekte und Beurteilungsfehler fördert; ein Versuch der Objektivierung von Veränderungen zum Beispiel über Symptomskalen oder psychologische Fragebögen unterblieb; es wurden keine Kontroll- oder Vergleichsgruppen verwendet; oftmals unterblieben Angaben von "drop-out"-Raten, was zu einer Überschätzung von Effekten führt. Am wenigsten aussagekräftig erscheinen die zwar oftmals großangelegten Studien (mit teilweise mehr als 1000 Patienten), bei denen jedoch keine exakte Diagnostik durchgeführt und dokumentiert wurde und allein der applizierende Arzt am Schluß ohne genaue Kriterien entschied "gebessert" oder "nicht gebessert".

Zahlreiche Studien liegen vor allem zu Antidepressiva sowie zu Depot-Neuroleptika vor, dabei vor allem zu Fluspirilen. Vieles deutet darauf bin, daß diese beiden Präparate-Gruppen somatoforme Symptome lindern können. Auch geht die Tendenz der Untersuchungen in Richtung einer Überlegenheit gegenüber Benzodiazepinen. Für die Zukunft ist zu hoffen, daß kontrollierte Doppel-Blind Studien zur Effektivitätsabschätzung einzelner Präparate bei dieser Indikationsgruppe durchgeführt werden, des weiteren vergleichende Studien zur Kombination und Interaktion von pharmakologischen und psychotherapeutischen Interventionen.

Literatur

Abramowitz, S.I., Carroll, J., Schaffer, C.B. (1984). Borderline personality disorder and the MMPI. Journal of Clinical Psychology, 40, 410-413.

Acklin, M.W., Alexander, G. (1988). Alexithymia and somatization. A Rorschach study of four psychosomatic groups. Journal of Nervous and Mental Disease, 176, 343-350.

Adjan, M. (1987). Behandlung von funktionellen Herz-Kreislauf-Beschwerden mit dem tricyclischen Psychopharmakon Opipramol. Die Medizinische Welt, 38, 147-150.

Adler, G., Schüffel, W. (1991). Funktionelle Syndrome im gastrointestinalen Bereich. Internist, 32, 19-25.

Adler, R. (1986). Konversion. In von Uexküll, T. (ed.). Psychosomatische Medizin. München: Urban & Schwarzenberg.

Ahrens, S., Deffner, G. (1985). Alexithymie - Ergebnisse und Methodik eines Forschungsbereiches der Psychosomatik. Psychotherapie & Medizinische Psychologie, 35, 147-159.

American Psychiatric Association (APA) (1980). Diagnostic and Statistical Manual of Mental Disorders, 3rd ed. Washington D.C.: APA.

American Psychiatric Association (APA) (1987). Diagnostic and Statistical Manual of Mental Disorders, 3rd ed. revised. Washington D.C.: APA.

Andrews, G., Hadzi-Pavlovic, D., Christensen, H., Mattick, R. (1987). Views of practicing psychiatrists on the treatment of anxiety and somatoform disorder. American Journal of Psychiatry, 144, 1331-1334.

Apfel, R.J., Sifneos, P.E. (1979). Alexithymia: concept and measurement. Psychotherapy and Psychosomatics, 32, 180-190.

Aplin, D.Y., Rowson, V.J. (1986). Personality and functional hearing loss in children. British Journal of Clinical Psychology, 25, 313-314.

Arkonac, O., Guze, S.B. (1963). A family study of hysteria. New England Journal of Medicine, 268, 239-242.

Asarnow, J.R., Carlson, G.A., Guthrie, D. (1987). Coping strategies, self-perception, hopelessness, and perceived family environments in depressed and suicidal children. Journal of Consulting and Clinical Psychology, 55, 361-366.

Axelrod, S., Noonan, M., Atanacio, B. (1980). On the laterality of psychogenic somatic syptoms. Journal of Nervous and Mental Disease, 168, 517-525.

Bagby, R.M., Taylor, G.J., Atkinson, L. (1988). Alexithymia: a comparative study of three self-report measures. Journal of Psychosomatic Research, 32, 107-116.

Bagby, R.M., Taylor, G.J., Parker, J.D.A., Loiselle, C. (1990). Cross-validation of the factor structure of the Toronto Alexithymia Scale. Journal of Psychosomatic Research, 34, 47-51.

Baker, M., Dorzab, J., Winokur, G., Cadoret, R. (1971). Depressive disease - classification and clinical characteristics. Comprehensive Psychiatry, 12, 354-365.

Barsky, A.J., Klerman, G.L. (1983). Overview: hypochondriasis, bodily complaints, and somatic styles. American Journal of Psychiatry, 140, 273-283.

Barsky, A.J., Wyshak, G., Klerman, G.L. (1986). Hypochondriasis. Archives of General Psychiatry, 43, 493-500.

Barsky, A.J. (1988). Somatoform Disorders. In Kaplan, H.I., Sadock, B.J. (eds.). Comprehensive Textbook of Psychiatry 5th ed. Baltimore: Williams & Wilkins

Barsky, A.J., Wyshak, G. (1989). Hypochondriasis and related health attitudes. Psychosomatics, 30, 412-420.

Barsky, A.J., Wyshak, G. (1990). Hypochondriasis and somatosensory amplification. British Journal of Psychiatry, 157, 404-409.

Barsky, A.J., Wyshak, G., Klerman, G.L. (1990). Transient hypochondriasis. Archives of General Psychiatry, 47, 746-752.

Barsky, A.J., Frank, C.B., Cleary, P.D., Wyshak, G., Klerman, G.L. (1991). The relation between hypochondriasis and age. American Journal of Psychiatry, 148, 923-928.

Bass, C.M. (ed.). (1990). Somatization. Physical Symptoms and Psychological Illness. Oxford: Blackwell Scientific Publications.

Beaber, R.J., Mac Millan Rodney, W. (1984). Underdiagnosis of hypochondriasis in family practice. Psychosomatics, 25, 39-46.

Bech, P. (1987). Quality of life in psychosomatic research. A psychometric model. Psychopathology, 20, 169-179.

Beutler, L.E., Engele, D., Oro'-Beutler, M.E., Daldrup, R. (1986). Inability to express intense affect: a common link between depression and pain? Journal of Consulting and Clinical Psychology, 54, 752-759.

Bhatt, A., Tomenson, B., Benjamin, S. (1989). Transcultural patterns of somatization in primary care: a preliminary report. Journal of Psychosomatic Research, 33, 671-680.

Bibb, R.C., Guze, S.B. (1972). Hysteria (Briquet's syndrome) in a psychiatric hospital: the significance of secondary depression. American Journal of Psychiatry, 129, 224-228.

Bishop, E.R., Torch, E.M. (1979). Dividing "hysteria": a preliminary investigation of conversion disorders and psychalgia. Journal of Nervous and Mental Disease, 167, 348-356.

Bishop, E.R., Holt, A.R. (1980). Pseudopsychosis: a reexamination of the concept of hysterical psychosis. Comprehensive Psychiatry, 21, 150-161.

Blashfield, R.K. (1984). The Classification of Psychopathology - Neo-Kraepelinian and Quantitative Approaches. New York: Plenum Press.

Bliss, E.L. (1984). A symptom profile of patients with multiple personalities including MMPI results. Journal of Nervous and Mental Disease, 172, 197-202.

Blumer, D., Heilbronn, M. (1981). The pain-prone disorder: a clinical and psychological profile. Psychosomatics, 22, 395-402.

Blumer, D., Heilbronn, M. (1982). Chronic pain as a variant of depressive disease. The pain-prone disorder. Journal of Nervous and Mental Disease, 170, 381-406.

Bohmann, M., Cloninger, R., von Knorring, A.-L., Sigvardsson, S. (1984). An adoption study of somatoform disorders. Cross-fostering analysis and genetic relationship to alcoholism and criminality. Archives of General Psychiatry, 41, 872-878.

Boyd, J.H., Burke, J.D., Gruenberg, E., Holzer, C.E., Rae, D.S., George, L., et al. (1984). Exclusion criteria of DSM-III-R: a study of co-occurence of hierarchy-free syndromes. Archives of General Psychiatry, 41, 983-989.

Bridges, K.W., Goldberg, D.P. (1985). Somatic presentation of DSM-III psychiatric disorders in primary care. Journal of Psychosomatic Research, 29, 563-569.

Briquet, P. (1859). Traité clinique et thérapeutique de l'Hystérie. Paris: Baillière et fils.

Broadbent, D.E. (1971). Decision and Stress. New York: Academic Press.

Bronisch, T., Hecht, H. (1990). Major depression with and without a coexisting anxiety disorder: social dysfunction, social integration, and personality features. Journal of Affective Disorders, 20, 151-157.

Brotman, A.W., Jenike, M.A. (1984). Monosymptomatic hypochondriasis treated with tricyclic antidepressants. American Journal of Psychiatry, 141, 1608-1609.

Brown, F.W., Smith, G.R. (1989). Birth order of patients with DSM-III-R somatization disorder. American Journal of Psychiatry, 146, 1193-1200.

Brown, F.W., Golding, J.M., Smith, G.R. (1990). Psychiatric comorbidity in primary care somatization disorder. Psychosomatic Medicine, 52, 445-451.

Brown, F.W., Smith, G.R. (1991). Diagnostic concordance in primary care somatization disorder. Psychosomatics, 32, 191-195.

Brown, G.K. (1990). A causal analysis of chronic pain and depression. Journal of Abnormal Psychology, 99, 127-137.

Brown, G.W. (1981). Contextual measures of life events. In Dohrenwend, B.S., Dohrenwend, B.P. (eds.). Stressfull Life Events and Their Context. New York: Neale Watson.

Brown, S.R., Schwartz, J.M., Summergard, P. Jenike, M.A. (1986). Globus hystericus syndrome responsive to antidepressants. American Journal of Psychiatry, 143, 917-918.

Bryant, R.A., McConkey, K.M. (1989). Visual conversion disorder: a case analysis of the influence of visual information. Journal of Abnormal Psychology, 98, 326-329.

Buchborn, E. (1991). Einführung zum Thema: Nosologie funktioneller Störungen. Internist, 32, 1-2.

Buddeberg, C. (1991). Behandlung funktioneller Störungen aus psychotherapeutischer Sicht. Internist, 32, 50-55.

Burnam, N.A., Karno, M., Hough, R.L., Escobar, J.I., Forsythe, A.B. (1983). The Spanish Diagnostic Interview Schedule. Reliability and comparison with clinical diagnoses. Archives of General Psychiatry, 40, 1189-1196.

Byrne, D. (1964). Repression-sensitization as a dimension of personality. In Maher, B.A. (ed.). Progress in Experimental Personality Research. New York: Academic Press.

Cadoret, R.J., Widmer, R.B., Throughton, E.B. (1980). Somatic complaints. Harbinger of depression in primary care. Journal of Affective Disorders, 2, 61-70.

Cadoret, R.J., Wilson, D.R. (1983). Somatization among depressed patients in industrialized nations. American Journal of Psychiatry, 140, 1103-1105.

Carter, R.B. (1853). On the Pathology and Treatment of Hysteria. London: John Churchill.

Chandler, J.D., Gerndt, J. (1988). Somatization, depression, and medical illness in psychiatric inpatients. Acta Psychiatrica Scandinavica, 77, 67-73.

Chiu, L.P.W., Rimon, R. (1987). Relationship of migration to paranoid and somatoform symptoms in chinese patients. Psychopathology, 20, 203-212.

Chu, J.A., Dill, D.L. (1990). Dissociative symptoms in relation to childhood physical and sexual abuse. American Journal of Psychiatry, 147, 887-892.

CIPS (1986). Internationale Skalen für Psychiatrie. Weinheim: Beltz Test.

Clancy, J., Noyes, R. (1976). Anxiety neurosis: a disease for the medical model. Psychosomatics, 17, 90-93.

Cloninger, C.R., Guze, S.B. (1970). Psychiatric illness and female criminality: the role of sociopathy and hysteria in the antisocial women. American Journal of Psychiatry, 127, 303-311.

Cloninger, C.R., Guze, S.B. (1975). Hysteria and parental psychiatric illness. Psychological Medicine, 5, 27-31.

Cloninger, C.R. (1978). The link between hysteria and sociopathy: an integrative model of pathogenesis based on clinical, genetic, and neurophysiological observations. In Akiskal, H.S., Webb, W.L. (eds.). Psychiatric Diagnosis. New York: SP Medical & Scientific Books.

Cloninger, C.R., Sigvardsson, S., von Knorring, A.-L., Bohmann, M. (1984). An adoption study of somatoform disorders. Identification of two discrete somatoform disorders. Archives of General Psychiatry, 41, 863-871.

Cloninger, C.R., Martin, R.L., Guze, S.B., Clayton, P.J. (1986). A prospective follow-up and family study of somatization in men and women. American Journal of Psychiatry, 143, 873-878.

Cohen, I.H. (1969). Masked depression in the medical patient. Modern Treatment, 6, 688-694.

Cohen, M.J., Swanson, G.A., Naliboff, B.D., Schandler, S.L., McArthur, D.L. (1986). Comparison of electromygraphic response patterns during posture and stress tasks in chronic low back pain patients and controls. Journal of Psychosomatic Research, 30, 135-141.

Coons, P.M., Milstein, V. (1986). Psychosexual disturbances in multiple personality: characteristics, etiology, and treatment. Journal of Clinical Psychiatry, 47, 106-110.

Coons, P.M. (1988). Psychophysiologic aspects of multiple personality disorder: a review. Dissociation, 1, 39-42.

Cooper, C.L. (1988). Research in stress, coping, and health: theoretical and methodological issues. Psychological Medicine, 18, 15-20.

Coryell, W. (1980). A blind family history study of Briquet's syndrome: further validation of the diagnosis. Archives of General Psychiatry, 37, 1266-1269.

Coryell, W. (1981). Diagnosis-specific mortality. Archives of General Psychiatry, 38, 939-942.

Costa, P.T., Mc Crea, R.R. (1985). Hypochondriasis, neuroticism, and aging. When are somatic complaints unfounded ? American Psychologist, 40, 19-28.

Creed, F., Firth, D., Timol, M., Metcalfe, R., Pollock, S. (1990). Somatization and illness behaviour in a neurology ward. Journal of Psychosomatic Research, 34, 427-437.

Dahl, L.E., Dencker, S.J., Lundin, L. (1981). A double-blind study of dothiepin hydrochloride and amitriptilin in out-patients with masked depression. Journal of Internal Medicine Research, 9, 103-107.

Davis, A.D.M., Saunders, C., Newton, T.J. (1987). Age differences in the rating of life stress events: does contextual detail make a difference ? British Journal of Clinical Psychology, 26, 299-303.

Deberdt, R., Thio-Siebling, M., Parlevliet, D.J. (1980). Treatment of functional complaints with a weekly injection of a low dose of fluspirilen in anxious and asthenic patients. Current Therapeutic Research, 28, 857-866.

Degkwitz, R., Helmchen, H., Kockott, G., Mombour, W. (1980). Diagnosenschlüssel und Glossar psychiatrischer Krankheiten. Deutsche Ausgabe der Internationalen Klassifikation der Krankheiten der WHO, ICD, 9. Revision. Berlin: Springer.

de Good, D.E., Buckelew, S.P., Tait, R.C. (1985). Cognitive-somatic anxiety response patterning in chronic pain patients and non-patients. Journal of Consulting and Clinical Psychology, 53, 137-138.

de Gruy, F., Crider, J., Hashimi, D.K., Dickinson, P., Mullins, H.C., Troncal (1987). Somatization disorder in a university hospital. Journal of Family Practice, 25, 579-584.

Deighton, C.M., Nicol, A.R. (1985). Abnormal illness behaviour in young women in a primary care setting: is Briquet's syndrome a useful category ? Psychological Medicine, 15, 515-520.

de Leon, J., Saiz-Ruiz, J., Chinchilla, A., Morales, P. (1987). Why do some psychiatric patients somatize? Acta Psychiatrica Scandinavica, 76, 203-209.

Delius, L., Fahrenberg, J. (1966). Psychovegetative Syndrome. Stuttgart: Thieme.

de Munter, W. (1978). Imap (fluspirilen) as an injectable weekly tranquilizer in patients with neurovegetative disorders. Ars Medici, 33, 1859-1872.

Derogatis, L.R., Lipman, R.S., Covi, L. (1973). The SCL-90: an outpatient psychiatric rating scale. Psychopharmacology Bulletin, 9, 13-28.

Derogatis, L.R., Lipman, R.S., Rickels, K., Uhlenhuth, E.H., Covi, L. (1974). The Hopkins Symptom Check List HSCL: a self-report inventory. Behavioral Science, 19, 1-15.

Derogatis, L.R., Cleary, P.A. (1977). Confirmation of the dimensional structure of the SCL-90: a study in construct validation. Journal of Clinical Psychology, 33, 981-989.

DeSouza, C., Othmer, E. (1984). Somatization disorder and Briquet's syndrome. An assessment of their diagnostic concordance. Archives of General Psychiatry, 41, 334-336.

Dilling, H., Mombour, W., Schmidt, M.H. (eds.) (1991). Internationale Klassifikation psychischer Störungen: ICD-10, Kapitel V (F), klinisch-diagnostische Leitlinien, Weltgesundheitsorganisation. Bern: Huber.

DiNardo, P.A., O'Brien, G.T., Barlow, D.H., Waddell, M.T., Blanchard, E.B. (1983). Reliability of DSM-III anxiety disorder categories using a new structured interview. Journal of General Psychiatry, 40, 1070-1074.

Dohrenwend, B.S., Krasnoff, L., Askenasy, A.R., Dohrenwend, B.P. (1978). Exemplification of a method for scaling life events: the PERI Life Events Scale. Journal of Health and Social Behavior, 19, 205-229.

Dohrenwend, B.S., Dohrenwend, B.P., Dodson, M., Shrout, P.E. (1984). Symptoms, hazzles, social supports, and life events: the problem of confounded measures. Journal of Abnormal Psychology, 93, 222-230.

Dohrenwend, B.S., Shrout, P.E., Link, B.G., Skodol, A.E. (1987). Social and psychological risk factors for episodes of schizophrenia. In Häfner, H., Gattaz, W.F., Janzarik, W. (eds.). Search for the Causes of Schizophrenia. Berlin: Springer.

Durso, F.T., Reardon, R., Shore, W.J., Delys, S.M. (1991). Memory processes and hypochondriacal tendencies. Journal of Nervous and Mental Disease, 179, 279-283.

Dworkin, S.F., Von Korff, M., LeResche, L. (1990). Multiple pains and psychiatric disturbance. An epidemiologic investigation. Archives of General Psychiatry, 47, 239-244.

Egan, K.J., Betrus, P. (1987). Psychological functioning in five pain syndromes: tension headache, backache, migraine, and temporomandibular and gastrointestinal pain syndromes. Clinical Journal of Pain, 2, 233-238.

Escobar, J.I., Tuason, V.B. (1980). Antidepressant agents: a cross-cultural study. Psychopharmacology Bulletin, 16, 49-52.

Escobar, J.I., Gomez, J., Tuason, V.B. (1983). Depressive phenomenology in north and south American patients. American Journal of Psychiatry, 140, 47-51.

Escobar, J.I., Randolph, E.T., Hill, M.D. (1986). Symptoms of schizophrenia in hispanic and anglo veterans. Culture, Medicine, and Psychiatry, 10, 259-276.

Escobar, J.I. (1987). Cross-cultural aspects of

the somatization trait. Hospital and Community Psychiatry, 38, 174-180.
Escobar, J.I., Burnam, M.A., Karno, M., Forsythe, A., Golding, J.M. (1987 a). Somatization in the community. Archives of General Psychiatry, 44, 713-718.
Escobar, J.I., Golding, J.M., Hough, R.L., Karno, M., Burnam, M.A., Wells, K.B. (1987 b). Somatization in the community: relationship to disability and use of services. American Journal of Public Health, 77, 837-840.
Escobar, J.I., Canino, G. (1989). Unexplained physical complaints. Psychopathology and epidemiological correlates. British Journal of Psychiatry, 154, 24-27.
Escobar, J.I., Rubio-Stipec, M., Canino, G., Karno, M. (1989). Somatic symptom index (SSI): a new and abridged somatization construct. Prevalence and epidemiological correlates in two large community samples. Journal of Nervous and Mental Disease, 177, 140-146.
Fabrega, H., Mezzich, J., Jacob, R., Ulrich, R. (1988). Somatoform disorder in a psychiatric setting. Systematic comparisons with depression and anxiety disorders. Journal of Nervous and Mental Disease, 176, 431-439.
Fahrenberg, J., Hampel, R., Selg, H. (1989). Das Freiburger Persönlichkeitsinventar, FPI (5. Aufl.). Göttingen: Hogrefe.
Fava, G.A., Grandi, S. (1991). Differential diagnosis of hypochondriacal fears and beliefs. Psychotherapy & Psychosomatics, 55, 114-119.
Feddersen, C.O., Podszus, T. (1991). Funktionelle Atmungsstörungen. Internist, 32, 26-30.
Feighner, J.P., Robins, E., Guze, S.B., Woodruff, R.A., Winokur, G. (1972). Diagnostic criteria for use in psychiatric research. Archives of General Psychiatry, 26, 57-63.
Ferber, C.v., Ferber, L.v., Kohlhausen, K., Silomon, H. (1972). Die Aussagefähigkeit der kassenärztlichen Begründung der Arbeitsunfähigkeit für die Analyse von Krankheitszuständen. Arbeitsmedizin - Sozialmedizin - Arbeitshygiene, 7, 1-7.
Fernando, N. (1988). Monosymptomatic hypochondriasis treated with a tricyclic antidepressant. British Journal of Psychiatry, 152, 851-852.
Ferring, D., Filipp, S.H. (1989). Bewältigung kritischer Lebensereignisse: Erste Erfahrungen mit einer deutschsprachigen Version der "Ways of Coping Checklist". Zeitschrift für Differentielle und Diagnostische Psychologie, 10, 189-199.
Fisch, R.Z. (1987). Masked depression: its interrelations with somatization, hypochondriasis, and conversion. International Journal of Psychiatry in Medicine, 17, 367-379.
Fischer, E.K., Börner, I., Heim, M., Möller, H.J., Uebelhack, R., Wunderlich, P. (1988). The selective and reversible MAO-inhibitor brofaromin in comparison to imipramine. München: 16. CINP Congress.
Fischer, G. (1981). Die klinische Anwendung von niedrig dosiertem Fluspirilen bei Patienten mit funktionellen Herzbeschwerden. Therapiewoche, 31, 2938-2942.
Folkman, S., Lazarus, R.S. (1980). An analysis of coping in a middle-aged community sample. Journal of Health and Social Behavior, 21, 219-239.
Ford, C.V. (1983). The Somatizing Disorder: Illness as a Way of Life. New York: Elsevier Science.
Ford, C.V. (1986). The somatizing disorders. Psychosomatics, 27, 327-337.
Ford, C.V., Folks, D.G. (1985). Conversion disorders: an overview. Psychosomatics, 26, 371-383.
Foulds, G.A. (1976). Hierarchical Nature of Personal Illness. London: Academic Press.
France, R.D., Skott, A., Krishnan, K.R.R.,

Urban, B., Haupt, J.L. (1988). Subtypes of depression in patients with chronic pain. Southern Medical Journal, 81, 485-488.

Frank, D. (1989). Attributionsmodelle in der Placebo-Forschung. Verhaltensmodifikation & Verhaltensmedizin, 10, 291-314.

Fröhlich, W.D. (1987). dtv-Wörterbuch zur Psychologie. München: dtv.

Garnefski, N., van Egmont, M., Straatman, A. (1990). The influence of early and recent life stress on severity of depression. Acta Psychiatrica Scandinavica, 81, 295-301.

Garrick, T., Ostrov, E., Offer, D. (1988). Physical symptoms and self-image in a group of normal adolescents. Psychosomatics, 29, 73-80.

Gask, L., Goldberg, D., Porter, R., Creed, F. (1989). The treatment of somatization: evaluation of a teaching package with general practice trainees. Journal of Psychosomatic Research, 33, 697-703.

Goldberg, D.P. (1979). Detection and assessment of emotional disorders in primary care settings. International Journal of Mental Health, 8, 30-48.

Goldberg, D.P., Bridges, K. (1988). Somatic presentations of psychiatric illness in primary care settings. Journal of Psychosomatic Research, 32, 137-144.

Goldberg, D.P., Gask, L., O'Dowd, T. (1989). The treatment of somatization: teaching techniques of reattribution. Journal of Psychosomatic Research, 33, 689-695.

Golding, J.M., Smith, G.R., Kashner, T.M. (1991). Does somatization disorder occur in men? Archives of General Psychiatry, 48, 231-235.

Golston, D.B., Turnquist, D.C., Knutson, J.F. (1989). Presenting problems of sexually abused girls receiving psychiatric services. Journal of Abnormal Psychology, 98, 314-317.

Goodwin, J., Simms, M., Bergman, R. (1979). Hysterical seizures: a sequel of incest. American Journal of Orthopsychiatry, 49, 698-703.

Goodyer, I.M., Mitchell, C. (1989). Somatic emotional disorders in childhood and adolescence. Journal of Psychosomatic Research, 33, 681-688.

Gordon, E., Kraiuhin, C., Kelly, P., Meares, R. (1984). The development of hysteria as a psychiatric concept. Comprehensive Psychiatry, 25, 532-537.

Gordon, E., Kraiuhin, C., Kelly, P., Meares, R., Howson, A. (1986). A neurophysiological study of somatization disorder. Comprehensive Psychiatry, 27, 295-301.

Gordon, G.H. (1987). Treating somatizing patients. The Western Journal of Medicine, 147, 88-91.

Gross, M. (1979). Incestuous rape: a cause for hysterical seizures in four adolescent girls. American Journal of Orthopsychiatry, 49, 704-708.

Gustin, Q., Goodpastor, W.A., Sajadi, C., Pitts, W.M., LaBasse, D.L., Snyder, S. (1983). MMPI characteristics of the DSM-III borderline personality disorder. Journal of Personality Assessment, 47, 50-59.

Guze, S.B., Perley, M.J. (1963). Observations on the natural history of hysteria. American Journal of Psychiatry, 119, 960-965.

Guze, S.B. (1964). Conversion symptoms in criminals. American Journal of Psychiatry, 121, 580-583.

Guze, S.B. (1967). The diagnosis of hysteria: what are we trying to do ? American Journal of Psychiatry, 124, 491-498.

Guze, S.B., Woodruff, R.A., Clayton, P.J. (1971). Hysteria and antisocial behavior: further evidence of an association. American Journal of Psychiatry, 127, 957-960.

Guze, S.B. (1975). The validity and significance of the clinical diagnosis of hysteria (Briquet's syndrome). American Journal of

Psychiatry, 132, 138-141.

Hagnell, O., Rorsman, B. (1978). Suicide and endogenous depression with somatic symptoms in the Lundby study. Neuropsychobiology, 4, 180-187.

Hamilton, M. (1989). Frequency of symptoms in melancholia (depressive illness). British Journal of Psychiatry, 154, 201-206.

Hartvig, P., Sterner, G. (1985). Childhood psychologic environmental exposure in women with diagnosed somatoform disorders. Scandinavian Journal of Social Medicine, 13, 153-157.

Hassel, P. (1985). Experimental comparison of low doses of 1.5 mg fluspirilen and bromazepam in out-patients with psychovegetative disturbances. Pharmacopsychiatry, 18, 297-302.

Hecht, H., von Zerssen, D., Krieg, C., Pössl, J., Wittchen, H.-U. (1989). Anxiety and depression: comorbidity, psychopathology, and social functioning. Comprehensive Psychiatry, 30, 420-433.

Hecht, H., von Zerssen, D., Wittchen, H.-U. (1990). Anxiety and depression in a community sample: the influence of comorbidity on social functioning. Journal of Affective Disorders, 18, 137-144.

Helzer, J.E., Robins, L.N., McEvoy, L.T., Spitznagel, E.L., Stoltzman, R.K., Farmer, A., Brockington, I.F. (1985). A comparison of clinical and Diagnostic Interview Schedule diagnoses. Archives of General Psychiatry, 42, 657-666.

Hendler, N. (1984). Depression caused by chronic pain. Journal of Clinical Psychiatry, 45, 30-36.

Hiller, W., Mombour, W., Rummler, R., Mittelhammer, J. (1988). Divergence and convergence of diagnoses for depression between ICD-9 and DSM-III-R. European Journal of Psychiatry and Neurological Sciences, 238, 39-46.

Hiller, W., Zaudig, W., von Bose, M., Rummler, R. (1989). Anxiety disorders: a comparison of the ICD-9 and DSM-III-R classification systems. Acta Psychiatrica Scandinavica, 79, 338-347.

Hiller, W., von Bose, M., Dichtl, G., Agerer, D. (1990 a). Reliability of checklist-guided diagnoses for DSM-IIIR affective and anxiety disorders. Journal of Affective Disorders, 20, 235-247.

Hiller, W., Zaudig, M., Mombour, W. (1990 b). Development of diagnostic checklists for use in routine clinical care. Archives of General Psychiatry, 47, 782-784.

Hiller, W., Zaudig, M., Mombour, W. (1992). MDCL - Münchner Diagnosen Checklisten für ICD-10 und DSM-III-R. Bern: Huber.

Hoehn-Saric, R., McLeod, D.R., Zimmerli, W.D. (1989). Symptoms and treatment responses of generalized anxiety disorder patients with high versus low levels of cardiovascular complaints. American Journal of Psychiatry, 146, 854-859.

Hollaender, J., Florin, I. (1983). Expressed emotions and airway conductance in children with bronchial asthma. Journal of Psychosomatic Research, 27, 307-311.

Hollander, E., Liebowitz, M.R., Winchel, R., Klumker, A., Klein, D.F. (1989). Treatment of body dysmorphic disorder with serotonin reuptake blockers. American Journal of Psychiatry, 146, 768-770.

Holmes, T.H., Rahe, R.H. (1967). The Social Readjustment Scale. Journal of Psychosomatic Research, 11, 213-218.

House, A.O., Andrews, H.B. (1988). Life events and difficulties preceding the onset of functional dysphonia. Journal of Psychosomatic Research, 32, 311-319.

Hughes, A.M., Medley, I., Turner, G.N., Bond, M.R. (1987). Psychogenic pain: a study of marital adjustment. Acta Psychiatrica Scandinavica, 75, 166-170.

Hyler, S.E., Spitzer, R.L. (1978). Hysteria split asunder. American Journal of Psychiatry, 135, 1500-1504.

Hyler, S.E., Williams, J.B.W., Spitzer, R.L. (1982). Reliability in the DSM-III field trials. Archives of General Psychiatry, 39, 1275-1278.

Hyler, S.E., Sussman, N. (1984). Somatoform disorders: before and after DSM-III. Hospital and Community Psychiatry, 35, 469-478.

Hyyppä, M.T, Kronholm, E. (1987). Sleep movements and poor sleep in patients with non-specific complaints - II. Affective disorders and sleep quality. Journal of Psychosomatic Research, 31, 631-637.

Ierodiakonou, C.S., Iacovides, A. (1987). Somatic manifestations of depressive patients in different psychiatric settings. Psychopathology, 20, 136-143.

Inouye, E. (1972). Genetic aspects of neurosis: a review. International Journal of Mental Health, 1, 176-189.

Jacobs, T.J., Charles, E. (1980). Life events and the occurence of cancer in children. Psychosomatic Medicine, 42, 11-24.

James, L., Singer, A., Zurynski, Y., Gordon, E., Kraiuhin, C., Harris, A., Howson, et al. (1987). Evoked response potentials and regional cerebral blood flow in somatization disorder. Psychotherapy & Psychosomatics, 47, 190-196.

James, L., Gordon, E., Kraiuhin, C., Howson, A., Meares, R. (1990). Augmentation of auditory evoked potentials in somatization disorder. Journal of Psychiatric Research, 24, 155-163.

Jawed, S.H. (1991). A survey of psychiatrically ill asian children. British Journal of Psychiatry, 158, 268-270.

Jenike, M.A. (1984). A case report of successful treatment of dysmorphophobia with tranylcypromine. American Journal of Psychiatry, 141, 1463-1464.

Jensen, J. (1988). Pain in non-psychotic psychiatric patients: life events, symptomatology and personality traits. Acta Psychiatrica Scandinavica, 78, 201-207.

Jochum, J.J., Barz, F.B., Karrass, W. (1985). Fluspirilen und Dikaliumclorazepat bei Krankheiten des Stütz- und Bewegungsapparates mit psychosomatischer Komponente (Doppelblindvergleich). Orthopädische Praxis, 11, 921-926.

Jones, D., Hall, S.B. (1963). Significance of somatic complaints in patients suffering from psychotic depression. Acta Psychotherapeutica, 11, 193-199.

Kalis, D., ten Oever, J.H.M., Erdmann, J.F. (1980). Fluspirilen zur Behandlung psychosomatischer Beschwerden bei hypochondrischen Patienten. Acta Psychiatrica Belgica, 80, 321-328.

Kaminsky, M.J., Slavney, P.R. (1983). Hysterical and obsessional features in patients with Briquet's syndrome (somatization disorder). Psychological Medicine, 13, 111-120.

Kaplan, C., Lipkin, M., Gordon, G.H. (1988). Somatization in primary care: patients with unexplained and vexing medical complaints. Journal of General Internal Medicine, 3, 177-190.

Katon, W. (1982). Depression: somatic symptoms and medical disorders in primary care. Comprehensive Psychiatry, 23, 274-287.

Katon, W., Kleinmann, A., Rosen, G. (1982 a). Depression and somatization: a review Part I. American Journal of Medicine, 72, 127-135.

Katon, W., Kleinman, A., Rosen, G. (1982 b). Depression and somatization: a review Part II. American Journal of Medicine, 72, 241-247.

Katon, W. (1984 a). Depression: relationship

to somatization and chronic medical illness. Journal of Clinical Psychiatry, 45, 4-12.

Katon, W. (1984 b). Panic disorder and somatization. American Journal of Medicine, 77, 101-106.

Katon, W., Ries, R.K., Kleinmann, A. (1984 a). The prevalence of somatization in primary care. Comprehensive Psychiatry, 25, 208-215.

Katon, W., Ries, R.K., Kleinmann, A. (1984 b). Part II: a prospective DSM-III study of 100 consecutive somatization patients. Comprehensive Psychiatry, 25, 305-314.

Katon, W., Egan, K., Miller, D. (1985). Chronic pain: lifetime psychiatric diagnoses and family history. American Journal of Psychiatry, 142, 1156-1160.

Katon, W., Berg, A.O., Robins, A.J., Risse, S. (1986). Depression - medical utilization and somatization. The Western Journal of Medicine, 144, 564-568.

Katon, W., Vitaliano, P.P., Russo, J., Jones, M., Anderson, K. (1987). Panic disorder - spectrum of severity and somatization. Journal of Nervous and Mental Disease, 175, 12-19.

Katon, W., Lin, E., von Korff, M., Russo, J., Lipscomb, P., Bush, T. (1991). Somatization: a spectrum of severity. American Journal of Psychiatry, 148, 34-40.

Kellner, R. (1982). Psychotherapeutic strategies in hypochondriasis: a clinical study. American Journal of Psychotherapy, 36, 146-157.

Kellner, R. (1985). Functional somatic symptoms and hypochondriasis. Archives of General Psychiatry, 42, 821-833.

Kellner, R. (1986). Somatization and Hypochondriasis. New York: Praeger Publishers.

Kellner, R., Fava, G.A., Lisansky, J., Perini, G.J., Zielezny, M. (1986 a). Hypochondriacal fears and beliefs in DSM-III melancholia. Changes with amitriptiline. Journal of Affective Disorders, 10, 21-26.

Kellner, R., Wiggins, R.G., Pathak, D. (1986 b). Hypochondriacal fears and beliefs in medical and law students. Archives of General Psychiatry, 43, 487-489.

Kellner, R., Abbott, P., Winslow, W.W., Pathak, D. (1987). Fears, beliefs, and attitudes in DSM-III hypochondriasis. Journal of Nervous and Mental Disease, 175, 20-25.

Kellner, R., Abbott, P., Winslow, W.W., Pathak, D. (1989). Anxiety, depression, and somatization in DSM-III hypochondriasis. Psychosomatics, 30, 57-64.

Kellner, R. (1990). Somatization. Theories and research. Journal of Nervous and Mental Disease, 178, 150-160.

Kendell, R.E. (1987). Hysteria. Medicine International, 1790-1794.

Kenyon, F.E. (1964). Hypochondriasis: a clinical study. British Journal of Psychiatry, 110, 478-488.

Kerns, R.D., Haythornthwaite, J.A. (1988). Depression among chronic pain patients: cognitive-behavioral analysis and effect on rehabilitation outcome. Journal of Consulting and Clinical Psychology, 56, 870-876.

Kielholz, P. (1973). Masked Depression. Bern: Huber.

Kimble, R., Williams, J.G., Agras, S. (1975). A comparison of two methods of diagnosing hysteria. American Journal of Psychiatry, 132, 1197-1199.

King, R., Margraf, J., Ehlers, A., Maddock, R. (1986). Panic disorder - overlap with symptoms of somatization disorder. In Hand, I., Wittchen, H.-U. (eds.). Panic and Phobias. Berlin: Springer.

Kirmayer, L.J. (1984). Overview: culture, affect and somatization. Transcultural Psychiatric Research Review, 21, 159-188.

Kirmayer, L.J., Robbins, J.M, Kapusta, M.A. (1988). Somatization and depression in fibromyalgia syndrome. American Journal of

Psychiatry, 145, 950-954.

Kleiger, J.H., Kinsman, R.A. (1980). The development of a MMPI alexithymia scale. Psychotherapy and Psychosomatics, 34, 17-24.

Kleinmann, A.M. (1977). Depression, somatization, and the "new cross-cultural psychiatry". Social Science and Medicine, 11, 3-10.

Klimm, H.D. (1984). Das therapieresistente Wirbelsäulensyndrom. Zeitschrift für Allgemeinmedizin, 60, 922-925.

Köhle, K. (1991). Funktionelle Syndrome in der inneren Medizin. Internist, 32, 3-11.

Koehler, K., Saß, H. (1984). Diagnostisches und Statistisches Manual Psychischer Störungen, DSM-III (Übersetzt nach der dritten Auflage des Diagnostic and Statistical Manual of Mental Disorders der American Psychiatric Association). Weinheim: Beltz.

Koenigsberg, H.W., Kaplan, R.D., Gilmore, M.M., Cooper, A.M. (1985). The relationship between syndrome and personality disorder in DSM-III. Experience with 2.462 patients. American Journal of Psychiatry, 142, 207-212.

Krishnan, K.R.R., France, R.D., Pelton, S., McCann, K.D., Davidson, J., Urban, B. (1985). Chronic pain and depression I. Classification of depression in chronic low back pain patients. Pain, 22, 279-287.

Kröner-Herwig, B., Sachse, R. (1988). Biofeedbacktherapie (2. Aufl.). Stuttgart: Kohlhammer.

Kronholm, E., Alanen, E., Hyyppä, M.T. (1987). Sleep movements and poor sleep in patients with non-specific somatic complaints - I. No first-night effect in poor and good sleepers. Journal of Psychosomatic Research, 31, 623-629.

Krystal, J.H., Giller, E.L., Cichetti, D.V. (1986). Assessment of alexithymia in posttraumatic stress disorder and somatic illness: introduction of a reliable measure. Psychosomatic Medicine, 48, 84-94.

LaBarbera, J.D., Dozier, J.E. (1980). Hysterical seizures: the role of sexual exploitation. Psychosomatics, 21, 897-903.

Langeluddecke, P., Goulstont, K., Tennant, C. (1990). Psychological factors in dyspepsia of unknown cause: a comparison with peptic ulcer disease. Journal of Psychosomatic Research, 34, 215-222.

Langer, G., Heimann, H. (eds.) (1983). Psychopharmaka. Berlin: Springer.

Laux, G. (1989). Tranquilizer. Möglichkeiten - Grenzen - Gefahren. Stuttgart: Hippokrates.

Lazarus, R.S., Folkman, S. (1987). Transactional theory and research on emotions and coping. European Journal of Personality, 1, 141-169.

Lecompte, D. (1989). Psychotherapy in nonorganic somatization: a comparative study. European Journal of Psychiatry, 3, 82-90.

Lehmann, E. (1989). The dose-effect relationship of 0.5, 1.0 and 1.5 mg fluspirilen on anxious patients. Neuropsychology, 21, 197-204.

Lehmkuhl, G., Blanz, B., Lehmkuhl, U., Braun-Scharm, H. (1989). Conversion disorder (DSM-III 300.11): symptomatology and course in childhood and adolescence. European Archives of Psychiatry and Neurological Sciences, 238, 155-160.

Lehrer, S. (1980). Life change and gastric cancer. Psychosomatic Medicine, 42, 499-502.

Lesse, S. (1974). Masked Depression. New York: Aronson.

Lesse, S. (1979). Behavioral problems masking depression: cultural and clinical survey. American Journal of Psychotherapy, 33, 41-53.

Lesse, S. (1983). The masked depression syndrome - results of a seventeen year clinical study. American Journal of Psychotherapy, 37, 456-475.

Levine, S., Wiener, S.G. (1989). Coping with uncertainty: a paradox. In Palermo, D.S. (ed.). Coping with Uncertainty: Behavioral and Developmental Perspectives. Hillsdale, NJ: Lawrence Erlbaum Ass.

Levy, R., Behrman, J. (1970). Cortical evoked responses in hysterical hemianesthesia. Electroencephalography and Clinical Neurophysiology, 29, 400-404.

Lichtstein, P.R. (1986). Caring for the patient with multiple somatic complaints. Southern Medical Journal, 79, 310-314.

Liebau, H., Binz, U., Wendt, G. (1981). Behandlung depressiver Verstimmungszustände in der Praxis mit Maprotilin. Zeitschrift für Allgemeinmedizin, 34, 2403-2408.

Lilienfeld, S.O., van Valkenburg, C., Larntz, K., Akiskal, H.S. (1986). The relationship of histrionic personality disorder to antisocial personality and somatization disorders. American Journal of Psychiatry, 143, 718-722.

Linden, W., Paulhus, D.L, Dobson, K.S. (1986). Effects of response styles on the report of psychological and somatic distress. Journal of Consulting and Clinical Psychology, 54, 309-313.

Lipowski, Z.J. (1986 a). Psychosomatic medicine: past and present Part I. Historical background. Canadian Journal of Psychiatry, 31, 2-7.

Lipowski, Z.J. (1986 b). Psychosomatic medicine: past and present Part II. Current state. Canadian Journal of Psychiatry, 31, 8-13.

Lipowski, Z.J. (1986 c). Psychosomatic medicine: past and present Part III. Current research. Canadian Journal of Psychiatry, 31, 14-21.

Lipowski, Z.J. (1986 d). Somatization: a borderland between medicine and psychiatry. Canadian Medical Association Journal, 135, 609-614.

Lipowski, Z.J. (1987 a). Somatization: medicine's unsolved problem. Psychosomatics, 28, 294-297.

Lipowski, Z.J. (1987 b). The interface of psychiatry and medicine: towards integrated health care. Canadian Journal of Psychiatry, 32, 743-747.

Lipowski, Z.J. (1988 a). An inpatient program for persistent somatizers. Canadian Journal of Psychiatry, 33, 275-278.

Lipowski, Z.J. (1988 b). Somatization: the concept and its clinical application. American Journal of Psychiatry, 145, 1358-1368.

Lipowski, Z.J. (1989). Psychiatry: mindless or brainless, both or neither. The Canadian Journal of Psychiatry, 34, 249-254.

Lipowski, Z.J, (1990). Somatization and depression. Psychosomatics, 31, 13-21.

Liskow, B.I., Clayton, P., Woodruff, R., Guze. S., Cloninger, R. (1977). Briquet's syndrome, hysterical personality, and the MMPI. American Journal of Psychiatry, 134, 1137-1139.

Liskow, B., Othmer, E., Penick, E.C., DeSouza, C., Gabrielli, W. (1986). Is Briquet's syndrome a heterogeneous disorder ? American Journal of Psychiatry, 143, 626-629.

Lloyd, C., Overall, J.E., Kimsey, L., Click, M. (1983). A comparison of the MMPI-168 profiles of borderline and non-borderline outpatients. Journal of Nervous and Mental Disease, 171, 207-215.

Lloyd, G. (1983). Medicine without signs. British Medical Journal, 287, 539-542.

Lloyd, G. (1986). Psychiatric syndromes with a somatic presentation. Journal of Psychosomatic Research, 30, 113-120.

Lloyd, G. (1989). Somatization: a psychiatrist's perspective. Journal of Psychosomatic Research, 33, 665-669.

Lobo, A. (1989). On multiaxial psychiatric

diagnosis for general medical patients. British Journal of Psychiatry, 154, 38-41.
Looney, J.G., Lipp, M.R., Spitzer, R.L. (1978). A new method of classification for psychophysiologic disorders. American Journal of Psychiatry, 135, 304-308.
Lopez-Ibor, J.J. (1972). Masked depressions. British Journal of Psychiatry, 120, 245-258.
Lyketsos, C.G., Richardson, S.C., Beis, A. (1987). Dysthymic states and depressive syndromes in physical conditions of presumably psychogenic origin. Acta Psychiatrica Scandinavica, 76, 529-534.
Magarian, G.J. (1982). Hyperventilation syndromes: infrequently recognized common expressions of anxiety and stress. Medicine (Baltimore), 61, 219-235.
Magni, G. (1987). On the relationship between chronic pain and depression when there is no organic lesion. Pain, 31, 1-21.
Mai, F.M., Merskey, H. (1980). Briquet's treatise on hysteria - a synopsis and commentary. Archives of General Psychiatry, 37, 1401-1405.
Mai, F.M. (1982). Briquet's syndrome (hysteria) and the physician. Canadian Medical Association Journal, 127, 99-100.
Maier, W., Hillert, A. (1989). Placebo als Kontrollmedikation in Prüfstudien mit psychotropen Substanzen. Verhaltensmodifikation & Verhaltensmedizin, 10, 343-357.
Manu, P., Matthews, D.A., Lane, T.J. (1988). The mental health of patients with a chief complaint of chronic fatigue. A prospective evaluation and follow-up. Archives of Internal Medicine, 148, 2213-2217.
Manu, P., Lane, T.J., Matthews, D.A. (1989). Somatization disorder in patients with chronic fatigue. Psychosomatics, 30, 388-395.
Margraf, J., Schneider, S., Ehlers, A., DiNardo, P.A., Barlow, D.H. (1991 a). Diagnostisches Interview für psychische Störungen. Berlin: Springer.
Margraf, J., Schneider, S., Spörkel, H. (1991b). Therapiebezogene Diagnostik: Validität des diagnostischen Interviews für psychische Störungen (DIPS). Verhaltenstherapie, 1, 110-119.
Margraf, J., Ehlers, A., Roth, W.T., Clark, D., Sheikh, J., Agras, W.S., Taylor, C.B. (1991 c). How blind a double blind study is. Journal of Consulting and Clinical Psychology, 59, 184-187.
Marsden, C.D. (1986). Hysteria - a neurologist's view. Psychological Medicine, 16, 277-288.
Martin, R.L., Cloninger, C.R., Guze, S.B. (1979). The evaluation of diagnostic concordance in follow-up studies II: A blind prospective follow-up of female criminals. Psychiatric Research, 15, 107-125.
Martin, R.L., Roberts, W.V., Clayton, P.J. (1980). Psychiatric status after hysterectomy. Journal of the American Medical Association, 244, 350-353.
Maser, J.D., Cloninger, C.R. (eds.) (1990). Comorbidity of Mood and Anxiety Disorders. Washigton D.C.: APA.
Mathew, R.J., Weinman, M.L., Mirofi, M. (1981). Physical symptoms of depression. British Journal of Psychiatry, 139, 293-296.
Mechanic, D. (1972). Social psychologic factors affecting the presentation of bodily complaints. New England Journal of Medicine, 286, 1132-1139.
Metcalfe, R., Firth, D., Pollock, S., Creed, F. (1988). Psychiatric morbidity and illness behaviour in female neurological in-patients. Journal of Neurology, Neurosurgery, and Psychiatry, 51, 1387-1390.
Meyer, R., Kröner-Herwig, B., Spörkel, H. (1990). The effect of exercise and induced expectations on visceral perception in asthmatic patients. Journal of Psychosomatic Research, 34, 455-460.
Mezzich, J.E., Raab, E.S. (1980). Depressive

symptomatology across the Americas. Archives of General Psychiatry, 37, 818-823.
Mezzich, J.E., Coffman, G.A., Goodpastor, S.M. (1982). A format for DSM-III formulation: experience with 1.111 consecutive patients. American Journal of Psychiatry, 139, 591-596.
Miller, E. (1986). Detecting hysterical sensory symptoms: an elaboration of the forced choice technique. British Journal of Clinical Psychology, 25, 231-232.
Miller, E. (1987). Hysteria: its nature and explanation. British Journal of Clinical Psychology, 26, 163-173.
Miller, L. (1984). Neuropsychological concepts of somatoform disorders. International Journal of Psychiatry in Medicine, 14, 31-47.
Miller, S.M., Summerton, J., Brody, D.S. (1988). Styles of coping with threat: implications for health. Journal of Personality and Social Psychology, 54, 142-148.
Möller, H.J., Wendt, G. (1989). Brofaromin - ein selektiver, reversibler und kurzwirksamer MAO-A-Hemmer. Psychiatrische Praxis, 16, 32-36.
Molière (1673): Le malade imaginaire; deutsch: Molière (1987): Der eingebildete Kranke, Frankfurt: Insel-Verlag.
Mombour, W. (1974). Symptomhäufigkeiten bei psychiatrischen Erkrankungen. Archiv für Psychiatrie und Nervenheilkunde, 219, 133-152.
Morrison, J. (1983). Early birth order in Briquet's syndrome. American Journal of Psychiatry, 140, 1596-1598.
Morrison, J., Herbstein, J. (1988). Secondary affective disorder in women with somatization disorder. Comprehensive Psychiatry, 29, 433-440.
Morrison, J. (1989 a). Childhood sexual histories of women with somatization disorder. American Journal of Psychiatry, 146, 239-241.
Morrison, J. (1989 b). Histrionic personality disorder in women with somatization disorder. Psychosomatics, 30, 433-437.
Müller, N. (1992). Zum Einfluß von Schichtarbeit auf somatoforme Störungen. Nervenarzt, 63, 46-49.
Mumford, D.B. (1989). Somatic sensations and psychological distress among students in Britain and Pakistan. Social Psychiatry and Psychiatric Epidemiology, 24, 321-326.
Mumford, D.B., Bavington, J.T., Bhatnagar, K.S., Hussain, Y., Mirza, S., Naraghi (1991). The Bradford Somatic Inventory. British Journal of Psychiatry, 158, 379-386.
Murphy, G.E. (1982). The clinical management of hysteria. Journal of the American Medical Association, 247, 2559-2564.
Myers, J.K., Lindenthal, J.J., Pepper, M.P. (1974). Social class, life events, and psychiatric symptoms. In Dohrenwend, B.S., Dohrenwend, B.P. (eds.). Stressful Life Events: Their Nature and Effects. New York: Wiley.
Myers, J.K., Weissmann, M.M., Tischler, G.L., Holzer, C.E., Leaf, P.J., et al. (1984). Six-month prevalence of psychiatric disorders in three communities. Archives of General Psychiatry, 41, 959-967.
Nemiah, J., Sifneos, P. (1970). Affect and fantasy in patients with psychosomatic disorders. In Hill, O. (ed.). Modern Trends in Psychosomatic Medicine Vol. 2. London: Butterworths.
Nemiah, J.C., Freiberger, H., Sifneos, P.E. (1976). Alexithymia - a view of the psychosomatic process. In Hill, O. (ed.). Modern Trends in Psychosomatic Medicine Vol. 3. London: Butterworths.
Nezu, A.M., Ronan, G.F. (1985). Life stress, current problems, problem solving, and depressive symptoms: an integrative model.

Journal of Consulting and Clinical Psychology, 53, 693-697.

Oei, T.I, Zwart, F.M. (1986). The assessment of life events: self administered questionnaire versus interview. Journal of Affective Disorders, 10, 185-190.

Orenstein, H., Raskind, M.A., Wyllie, D., Raskind, W.H., Soules, M.R. (1986). Polysymptomatic complaints and Briquet's syndrome in polycystic ovary disease. American Journal of Psychiatry, 143, 768-771.

Orenstein, H. (1989). Briquet's syndrome in association with depression and panic. A reconceptualization of Briquet's syndrome. American Journal of Psychiatry, 146, 334-338.

Othmer, E., DeSouza, C. (1985). A screening test for somatization disorder (hysteria). American Journal of Psychiatry, 142, 1146-1149.

Oxman, T.E., Rosenberg, S.D., Schnurr, P.P, Tucker, G.J. (1985). Linguistic dimensions of affect and thought in somatization disorder. American Journal of Psychiatry, 142, 1150-1155.

Oxman, T.E., Rosenberg, S.D., Schnurr, P.P., Tucker, G.J. (1988). Somatization, paranoia, and language. Journal of Communication Disorder, 21, 33-50.

Pach, J., Waniek, W., Papaspyrou, D. (1973). Zur Tranquilizer-Wirkung des Langzeit-Neuroleptikums Fluspirilen. Pharmacopsychiatry, 6, 198-206.

Pach, J., Waniek, W. (1976). Vergleichende Untersuchung zum Tranquilizereffekt von Fluspirilen und Diazepam. Pharmacopsychiatry, 9, 61-66.

Palsson, N. (1988). Functional somatic symptoms and hypochondriasis among general practice patients: a pilot study. Acta Psychiatrica Scandinavica, 78, 191-197.

Parker, G., Lipscombe, P. (1980). The relationship of early parental experiences to adult dependency, hypochondriasis, and utilization of primary physicians. British Journal of Medical Psychology, 53, 355-363.

Paykel, E.S. (1983). Methodological aspects of life events research. Journal of Psychosomatic Research, 27, 341-352.

Peper, E., Sandler, L.S. (1987). The metacommunications underlying biofeedback. Clinical Biofeedback and Health, 10, 37-42.

Perley, M., Guze, S.B. (1962). Hysteria: the stability and usefulness of clinical criteria. New England Journal of Medicine, 266, 421-426.

Persson, L.-O., Sjöberg, L. (1987). Mood and somatic symptoms. Journal of Psychosomatic Research, 31, 499-511.

Peters, U.H. (1984). Wörterbuch der Psychiatrie und medizinischen Psychologie. München: Urban & Schwarzenberg.

Phillips, K.A. (1991). Body dysmorphic disorder: the distress of imagined ugliness. American Journal of Psychiatry, 148, 1138-1149.

Pilowsky, I. (1967). Dimensions of hypochondriasis. British Journal of Psychiatry, 113, 89-93.

Pilowsky, I. (1969). Abnormal illness behaviour. British Journal of Medical Psychology, 42, 347-351.

Pilowsky, I., Chapman, R.C., Bonica, J.J. (1977). Pain, depression, and illness behaviour in a pain clinic population. Pain, 4, 183-192.

Pilowsky, I. (1978). A general classification of abnormal illness behaviours. British Journal of Medical Psychology, 51, 131-137.

Popkin, M.K. (1987). Disorders with physical symptoms. In Skodol, A.E., Spitzer, R.C. (eds.). An Annotated Bibliography of DSM-III. Washington D.C.: APA.

Purtell, J.J., Robins, E., Cohen, M.E. (1951).

Observations on clinical aspects of hysteria. A quantitative study of 50 hysteria patients and 156 control subjects. Journal of the American Medical Association, 146, 902-909.

Quill, T.E. (1985). Somatization disorder - one of medicine's blind spots. Journal of the American Medical Association, 254, 3075-3079.

Reveley, A.M., Reveley, M.A. (1981). The distinction of primary and secondary affective disorders. Journal of Affective Disorders, 3, 273-279.

Rief, W., Greitemeyer, M., Fichter, M.M. (1991). Die Symptom Check List SCL-90R: Überprüfung an 900 psychosomatischen Patienten. Diagnostica, 37, 58-65.

Rief, W. (1992). Psychologische Therapie bei Angst- und Panikstörungen. In Weber-Falkensammer, H. (ed.). Psychologische Therapieansätze in der Rehabilitation. Stuttgart: Fischer.

Rief, W., Hiller, W. (1992). Der Whiteley-Index. Deutsche Bearbeitung. Unveröffentlichtes, klinikinternes Manuskript. Prien am Chiemsee: Klinik Roseneck.

Rief, W., Schaefer, S., Fichter, M.M. (1992 a). SOMS - ein Screening-Verfahren zur Identifizierung von Personen mit somatoformen Störungen. Diagnostica, im Druck.

Rief, W., Schaefer, S., Hiller, W., Fichter, M.M. (1992 b). Lifetime diagnoses in patients with somatoform disorders: which came first ? European Archives of Psychiatry and Clinical Neuroscience, im Druck.

Robins, L.N. (1966). Deviant children growing up: a sociological and psychiatric study of sociopathic personality. Baltimore: Williams & Wilkins.

Robins, L.N., Helzer, J., Croughan, J., Ratcliff, K. (1981). The national institute of mental health Diagnostic Interview Schedule: its history, characteristics, and validity. Archives of General Psychiatry, 41, 853-859.

Robins, L.N., Helzer, J.E., Weissmann, M.M., Orvaschel, H., Gruenberg, E., et al. (1984). Lifetime prevalence of specific psychiatric disorders in three sites. Archives of General Psychiatry, 41, 949-958.

Robins, L.N., Helzer, J.E. (1986). Diagnosis and clinical assessment: the current state of psychiatric diagnosis. Annual Review of Psychology, 37, 409-432.

Robins, L.N., Wing, J., Wittchen, H.-U., Helzer, J.E., Babor, T.F., Burke, J., Farmer, A., Jablenski, A., Pickens, R., Regier, D.A., Sartorius, N., Towle, L.H. (1988). The Composite International Diagnostic Interview. An epidemiologic instrument suitable for use in conjunction with different diagnostic systems and in different cultures. Archives of General Psychiatry, 45, 1069-1077.

Robins, L.N., Barrett, J.E. (eds.) (1989). The Validity of Psychiatric Diagnosis. New York: Raven Press.

Robinson, J.O., Alverez, J.H., Dodge, J.A. (1990). Life events and family history in children with recurrent abdominal pain. Journal of Psychosomatic Research, 34, 171-181.

Roll, M., Theorell, T. (1987). Acute chest pain without obvious organic cause before age 40 - personality and recent life events. Journal of Psychosomatic Research, 31, 215-221.

Romano, J.M., Turner, J.A. (1985). Chronic pain and depression: does the evidence support a relationship. Psychological Bulletin, 97, 18-34.

Ross, C.A., Heber, S., Norton, G.R., Anderson, G. (1989). Somatic Symptoms in multiple personality disorder. Psychosomatics, 30, 154-160.

Ruegg, R.G. (1990). Etiology of somatization

disorder. American Journal of Psychiatry, 147, 126.

Salkovskis, P.M., Warwick, H.M.C. (1986). Morbid preoccupations, health anxiety and reassurance: a cognitive-behavioural approach to hypochondriasis. Journal of Psychosomatic Research, 24, 597-602.

Sanders, M.R., Rebgetz, M., Morrison, M., Bor, W., Gordon, A., Dadds, M., Shepherd, R. (1989). Cognitive-behavioral treatment of recurrent nonspecific abdominal pain in children: an analysis of generalization, maintenance, and side effects. Journal of Consulting and Clinical Psychology, 57, 294-300.

Savill, T.D. (1909). Lectures on Hysteria and Allied Vasomotor Conditions. New York: William Wood & Co.

Saxena, S., Nepal, M.K., Mohan, D. (1988). DSM-III axis I diagnoses of indian psychiatric patients with somatic symptoms. American Journal of Psychiatry, 145, 1023-1024.

Scaloubaca, D., Slade, P., Creed, F. (1988). Life events and somatization among students. Journal of Psychosomatic Research, 32, 221-229.

Schepank, H., Hilpert, H., Hönmann, H., Janta, B., Parekh, H., Riedel, P., et al. (1984). Wie häufig kommen seelisch bedingte Erkrankungen wirklich vor ? Ergebnisse des Mannheimer Kohorten-Projektes. Praxis der Psychotherapie und Psychosomatik, 29, 105-114.

Schmauss, M., Erfurth, A. (1989). Indikationen für eine Therapie mit MAO-Hemmern. Psychiatrische Praxis, 16, 2-6.

Schüffel, W., von Uexküll, T. (1986). Funktionelle Syndrome im gastrointestinalen Bereich. In von Uexküll, T. (ed.). Psychosomatische Medizin. München: Urban & Schwarzenberg

Schwab, H., Pein, R., Wittenberg, K. (1982). Psychovegetative Störungen in der Gynäkologie. Zeitschrift für Allgemeinmedizin, 58, 1951-1952.

Sebald, C. (1982). Behandlung funktioneller Herzbeschwerden mit Imap 1,5 mg in der täglichen Praxis. Münchner Medizinische Wochenschrift, 124, 698-700.

Semler, G., Wittchen, H.-U., Joschke, K., Zaudig, M., von Geiso, T., Kaiser, S., von Cranach, M. (1987). Test-retest reliability of a standardized psychiatric interview (DIS / CIDI). European Archives of Psychiatry and Neurological Sciences, 236, 214-222.

Seufert, O., Neumann, H.J. (1977). Der erste injizierbare Wochentranquilizer. Die Medizinische Welt, 28, 1670-1673.

Seufert, O., Speer, W. (1978). Im Test - Wochenneurolizer. DIA, 6, 43-48.

Shaw, J., Creed, F. (1991). The cost of somatization. Journal of Psychosomatic Research, 35, 307-312.

Sheehan, D.V., Ballenger, J., Jacobson, G. (1980). Treatment of endogeneous anxiety with phobic, hysterical, and hypochondriacal symptoms. Archives of General Psychiatry, 37, 51-59.

Shrout, P.E., Link, B.G., Dohrenwend, B.P., Skodol, A.E., Stueve, A., Mirotznik (1989). Characterizing life events as risk factors for depression: the role of fateful loss events. Journal of Abnormal Psychology, 98, 460-467.

Siegel, M., Barthel, R.P. (1986). Conversion disorders on a child psychiatry consultation service. Psychosomatics, 27, 201-204.

Sigvardsson, S., von Knorring, A-L., Bohman, M., Cloninger, C.R. (1984). An adoption study of somatoform disorders. The relationship of somatization to psychiatric disability. Archives of General Psychiatry, 41, 853-859.

Silver, H. (1987). Physical complaints are

part of the core depressive syndrome: evidence from a cross-cultural study in Israel. Journal of Clinical Psychiatry, 48, 140-142.

Singermann, B., Stoltzman, R.K., Robins, L.N., Helzer, J.E., Croughan, J.L. (1981). Diagnostic concordance between DSM-III, Feighner, and RDC. Journal of Clinical Psychiatry, 42, 422-426.

Slater, E.T.O. (1961). The thirty-fifth Maudsley lecture: hysteria. Journal of Mental Science, 107, 358-381.

Slater, E.T.O., Glithero, E. (1965). A follow-up of patients diagnosed as suffering from 'hysteria'. Journal of Psychosomatic Research, 9, 9-13.

Slavney, P.R., Teitelbaum, M.L. (1985). Patients with medically unexplained symptoms: DSM-III diagnoses and demograhic characteristics. General Hospital Psychiatry, 7, 21-25.

Slavney, P.R., Teitelbaum, M.L., Chase, G.A. (1985). Referral for medically unexplained somatic complaints: the role of histrionic traits. Psychosomatics, 26, 103-109.

Smith, G.R., Monson, R.A, Ray, D.C. (1986 a). Patients with multiple unexplained symptoms. Their characteristics, functional health, and health care utilization. Archives of Internal Medicine, 146, 69-72.

Smith, G.R., Monson, R.A., Ray, D.C. (1986 b). Psychiatric consultation in somatization disorder. A randomized controlled study. New England Journal of Medicine, 314, 1407-1413.

Smith, T.W., Follick, M.J., Ahern, D.K. (1985). Life-events and psychological disturbance in chronic low back pain. British Journal of Clinical Psychology, 24, 207-208.

Snyder, S., Pitts, W.M. (1986). Characterizing somatization, hypochondriasis, and hysteria in the borderline personality disorder. Acta Psychiatrica Scandinavica, 73, 307-314.

Sobell, L.C., Toneatto, T., Sobell, M.B., Schuller, R., Maxwell, M. (1990). A procedure for reducing errors in reports of life events. Journal of Psychosomatic Research, 34, 163-170.

Solomon, Z., Mikulinger, M., Kotler, M. (1987). A two year follow-up of somatic complaints among Israeli combat stress reaction casualities. Journal of Psychosomatic Research, 31, 463-469.

Solomon, Z., Mikulinger, M., Habershaim, N. (1990). Life-events, coping strategies, social resources, and somatic complaints among combat stress reaction casualities. British Journal of Medical Psychology, 63, 137-148.

Spalt, L. (1980). Hysteria and antisocial personality: a single disorder ? Journal of Nervous and Mental Disease, 168, 456-464.

Spitzer, R.L., Fleiss, J.L. (1974). A re-analysis of the reliability of psychiatric diagnoses. British Journal of Psychiatry, 125, 341-374.

Spitzer, R.L., Endicott, J., Robins, E. (1978). Research diagnostic criteria. Rationale and reliability. Archives of General Psychiatry, 35, 773-782.

Spitzer, R.L., Forman, J.B.W., Nee, J. (1979). DSM-III field trials I. Initial interrater diagnostic reliability. American Journal of Psychiatry, 136, 815-817.

Spitzer, R.L., Williams, J.B.W. (1985). Classification of mental disorders. In Kaplan, H.I., Sadock, B.J. (eds.). Comprehensive Textbook of Psychiatry, 4 th. ed., Vol. 1. Baltimore: Williams & Wilkins.

Spitzer, R.L. (1987). Nosology. In Skodol, A.E., Spitzer, R.L. (eds.). An Annotated Bibliography of DSM-III. Washington D.C.: APA.

Spitznagel, E.L., Helzer, J.E. (1985). A proposed solution to the base rate problem in the kappa statistics. Archives of General Psychiatry, 42, 725-728.

Srinivasan, K., Murthy, R.S., Janakiramaiah, N. (1986). A nosological study of patients presenting with somatic complaints. Acta Psychiatrica Scandinavica, 73, 1-5.

Sternbach, R.A. (1974). Pain Patients: Traits and Treatment. New York: Academic Press.

Stewart, D.E. (1990). The changing faces of somatization. Psychosomatics, 31, 153-158.

Stollmaier, W., Cimander, K.F., Wagner, W. (1989). Wirksamkeit und Verträglichkeit von Fluvoxamin bei depressiven Syndromen in der Praxis - Ergebnisse einer multizentrischen Studie an 2.296 Patienten. Nervenheilkunde, 8, 247-252.

Stone, A.S., Neale, J.M. (1981). Hypochondriasis and tendency to adopt the sick role as modulators of the relationship between life-events and somatic symptomatology. British Journal of Medical Psychology, 54, 75-81.

Stoudemire, A., Kahn, M., Brown, J.T., Linfors, E., Houpt, J. (1985). Masked depression in a combined medical-psychiatric unit. Psychosomatics, 26, 212-228.

Stroband, T. (1988). Opipramol bei funktionellen Organbeschwerden unter besonderer Berücksichtigung von gastrointestinalen Störungen. Die Medizinische Welt, 39, 1487-1490.

Swartz, M., Blazer, D., George, L., Landerman, R. (1986 a). Somatization disorder in a community population. American Journal of Psychiatry, 143, 1403-1408.

Swartz, M., Blazer, D., Woodbury, M., George, L., Landerman, R. (1986 b). Somatization disorder in a US southern community: use of a new procedure for analysis of medical classification. Psychological Medicine, 16, 595-609.

Swartz, M., Hughes, D., George, L., Blazer, D., Landermann, R., Bucholz, K. (1986 c). Developing a screening index for community studies of somatization disorder. Journal of Psychosomatic Research, 20, 335-343.

Swartz, M., Blazer, D.G., Woodbury, M.A., George, L.K., Manton, K.G. (1987 a). A study of somatization disorder in a community population using grade of membership analysis. Psychiatric Developments, 3, 219-237.

Swartz, M., Hughes, D., Blazer, D., George, L. (1987 b). Somatization disorder in the community: a study of diagnostic concordance among three diagnostic systems. Journal of Nervous and Mental Disease, 175, 26-33.

Swartz, M., Landerman, R., Blazer, D., George, L. (1989). Somatization symptoms in the community: a rural/ urban comparison. Psychosomatics, 30, 44-53.

Swindle, R.W., Cronkite, R.C., Moos, R.H. (1989). Life stressors, social resources, coping, and the 4-year course of unipolar depression. Journal of Abnormal Psychology, 98, 468-477.

Taylor, G.J., Ryan, D.P., Bagby, R.M. (1985). Towards the development of a new self-report alexithymia scale. Psychotherapy and Psychosomatics, 44, 191-199.

Tegeler, J., Lehmann, E., Weiher, A., Heinrich, K. (1989). Tolerability of long-term treatment with fluspirilen 1.5 mg per week (abstract). Nürnberg: 16. AGNP Symposium.

Thilmann, J. (1983). Leitsymptom Angst und Spannung und dessen somatische Begleiterscheinungen. Fortschritte der Medizin, 101, 1676-1678.

Thornton, S., McIntyre, P., Murray-Lyon, I., Gruzelier, J. (1990). Psychological and psychophysiological characteristics in irritable bowel syndrome. British Journal of Clinical

Psychology, 29, 343-345.

Torgersen, S. (1986). Genetics of somatoform disorders. Archives of General Psychiatry, 43, 502-505.

Turk, D.C., Salovey, P. (1984). Chronic pain as a variant of depressive disease. Journal of Nervous and Mental Disease, 172, 398-404.

Turk, D.C., Flor, H. (1987). Pain > pain behaviors: the utility and limitations of the pain behavior construct. Pain, 31, 277-295.

Tyrer, P., Fowler-Dixon, R., Ferguson, B., Kelemen, A. (1990). A plea for the diagnosis of hypochondrical personality disorder. Journal of Psychosomatic Research, 34, 637-642.

Vachon, A., Evreux, M., Jean-Louis, P. (1986). Étude controlée à double insu de l'amineptine et de la maprotiline dans le traitement des dépressions masquées en gastro-entérologie. Psychologie Medicale, 18, 1285-1298.

Valdes, M., Garcia, L., Treserra, J., de Pablo, J., de Flores, T. (1989). Psychogenic pain and depressive disorders: an empirical study. Journal of Affective Disorders, 16, 21-25.

Veith, I. (1965). Hysteria: The History of Disease. Chicago: University Press.

Vencovsky, E. (1982). Ambulante Behandlung larvierter Depressionen mit Maprotilin. Activ nerv sup. (Praha), 24, 69-72.

Verhaak, P.F.M. (1988). Detection of psychological complaints by general practitioners. Medical Care, 26, 1009-1020.

Vingerhoets, J.J.M., Jeninga, A., Menges, L.J. (1987). Chronic pain and everyday problems. International Journal of Psychosomatics, 34, 9-11.

Vingerhoets, J.J.M., van Heck, G.L. (1990). Gender, coping and psychosomatic symptoms. Psychological Medicine, 20, 125-135.

von Scheele, C., Nordgren, L., Kempi, V., Hetta, J., Hallborg, A. (1990). A study of so-called hypochondriasis. Psychotherapy & Psychosomatics, 54, 50-56.

Wagner, W., Wakelin, J.S., Coleman, B., Cimander, K. (1985). Therapeutische Ergebnisse mit Fluvoxamin und der Einfluß psychotroper Begleitmedikation auf Wirksamkeit und Verträglichkeit. Advancements of Pharmacotherapy, 2, 33-65.

Waniek, W., Pach, J. (1974). Vegetativ-emotionale Syndrome in der Praxis: Therapieerfahrungen mit einem Langzeitpharmakon. Münchner Medizinische Wochenschrift, 116, 1339-1344.

Warwick, H.M.C. (1989). A cognitive-behavioural approach to hypochondriasis and health anxiety. Journal of Psychosomatic Research, 33, 705-710.

Warwick, H.M.C., Salkovskis, P.M. (1989). Hypochondriasis. In Scott, J., Williams, J.M.G., Beck, A.T. (eds.). Cognitive Therapy in Clinical Practice. London: Routledge.

Weber, I., Abel, M., Altenhofen, L., Bächer, K., Berghof, B., Bergmann, K.E., et al. (1990). Dringliche Gesundheitsprobleme der Bevölkerung in der Bundesrepublik Deutschland. Baden-Baden: Nomos Verlagsgesellschaft.

Weeks, D.J. (1985). Conceptual structure in hypochondriasis, arthritis and neurosis. British Journal of Clinical Psychology, 24, 125-126.

Werner, A., Kröger, F., Bergmann, G., Hahn, P. (1991). Funktionelle kardiovaskuläre Syndrome. Internist, 32, 12-18.

Westermeyer, J., Bouafuely, M., Neider, J., Callies, A. (1989). Somatization among refugees: an epidemiologic study. Psychosomatics, 30, 34-43.

Wickramasekera, I. (1989). Enabling the somatization patient to exit the somatic closet:

a high-risk model. Psychotherapy, 26, 530-544.

Widmer, R.B., Cadoret, R.J. (1978). Depression in primary care: changes in pattern of patients visits and complaints during a developing depression. Journal of Family Practice, 7, 293-302.

Widmer, R.B., Cadoret, R.J. (1979). Depression in family practice: changes in pattern of patients visits and complaints during a subsequent developing depression. Journal of Family Practice, 9, 1017-1021.

Widmer, R.B., Cadoret, R.J., North, C.S. (1979). Depression in primary care: changes in patterns of patients visits and and complaints during subsequent developing depression. Journal of Family Practice, 9, 1017-1021.

Williams, J.B., Spitzer, R.L. (1982). Idiopathic pain disorder: a critique of pain-prone disorder and a proposal for a revision of the DSM-III category psychogenic pain disorder. Journal of Nervous and Mental Disease, 170, 415-419.

Wilson, D.R., Widmer, R.B., Cadoret, R.J., Judiesch, K. (1983). Somatic symptoms - a major feature of depression in a family practice. Journal of Affective Disorders, 5, 199-207.

Wilson-Barnett, J., Trimble, M.R. (1985). An investigation of hysteria using the Illness Behaviour Questionnaire. British Journal of Psychiatry, 146, 601-608.

Wing, J.K., Babor, T., Brugha, T., Burke, J., Cooper, J.E., Giel, R., Jablenski, A., Regier, D., Sartorius, N. (1990). SCAN - Schedules for Clinical Assessment in Neuropsychiatry. Archives of General Psychiatry, 47, 589-593.

Wise, T.N., Mann, L.S., Mitchell, J.D., Hryvniak, M., Hill, B. (1990). Secondary alexithymia: an empirical validation. Comprehensive Psychiatry, 31, 284-288.

Wittchen, H.-U., Rupp, H.U. (1981). Diagnostic Interview Schedule. Deutsche Version II. Unveröffentlichtes Manuskript. München: Max-Planck-Institut für Psychiatrie

Wittchen, H.-U., Schulte, D. (1988). Diagnostische Kriterien und operationalisierte Diagnosen. Grundlagen der Klassifikation psychischer Störungen. Diagnostica, 34, 3-27.

Wittchen, H.-U., Semler, G., Schramm, E., Spengler, P. (1988). Diagnostik psychischer Störungen mit strukturierten und standardisierten Interviews: Konzepte und Vorgehensweisen. Diagnostica, 34, 58-84.

Wittchen, H.-U., Essau, C.A. (1989). Comorbidity of anxiety disorders and depression: does it affect course and outcome? Psychiatry & Psychobiology, 4, 315-323.

Wittchen, H.-U., Saß, H., Zaudig, M., Koehler, K. (1989). Diagnostisches und Statistisches Manual Psychischer Störungen, DSM-III-R (Übersetzt nach der Revision der dritten Auflage des Diagnostic and Statistical Manual of Mental Disorders der American Psychiatric Association). Weinheim: Beltz.

Wittchen, H.-U., Zaudig, M. (1990). Strukturierte und standardisierte diagnostische Interviews für DSM-III-R und ICD-10. Grundlagen und Entwicklungsperspektiven. In Lungershausen, E. (ed.). Affektive Psychosen. Stuttgart: Schattauer.

Wittchen, H.-U., Schramm, E., Zaudig, M., Spengler, P., Rummler, R., Mombour, W. (1990). SKID - Strukturiertes Klinisches Interview für DSM-III-R. Weinheim: Beltz Test.

Wittchen, H.-U., Semler, G. (1991). Composite International Diagnostic Interview - CIDI-Interviewerheft. Weinheim: Beltz Test.

Wittchen, H.-U., Zaudig, M., Spengler, P., Mombour, W., Hiller, W., Essau, C.A., Rummler, R., Spitzer, R.L., Williams, J.

(1991). Wie zuverlässig ist operationalisierte Diagnostik ? - Die Test-Retest-Reliabilität des Strukturierten Klinischen Interviews für DSM-III-R. Zeitschrift für Klinische Psychologie, 20, 136-153.

Wittling, W., Pflüger, M. (1990). Neuroendocrine hemisphere asymmetries: salivary cortisol secretion during lateralized viewing of emotion-related and neutral films. Brain & Cognition, 14, 243-265.

Wittling, W., Roschmann, R., Schweiger, E. (1992). Topographic brain mapping of emotion-related hemisphere activity and susceptibility to psychosomatic disorders. In Maurer, K. (ed.). Imaging of the Brain in Psychiatry and Related Fields. Berlin: Springer.

Woerner, P.J., Guze, S.B. (1968). A family and marital study of hysteria. British Journal of Psychiatry, 114, 161-168.

Woodruff, R.A., Murphy, G.E., Herjanik, M. (1967). The natural history of affective disorders. Journal of Psychiatry Research, 255-263.

Woodruff, R.A. (1968). Hysteria and evaluation of objective diagnostic criteria by the study of women with chronic medical illness. British Journal of Psychiatry, 114, 1115-1119.

Woodruff, R.A., Clayton, P.J., Guze, S.B. (1971). Hysteria - studies of diagnosis, outcome and prevalence. Journal of the American Medical Association, 215, 425-428.

Woodruff, R.A., Robins, L.N. Tableson, M., Reich, T., Schwin, R., Frost, N. (1973). A computer assisted derivation of a screening interview for hysteria. Archives of General Psychiatry, 29, 450-454.

Wooley, S., Eppe, B., Blackwell, B. (1975). Pain tolerance in chronic illness behavior (abstract). Psychosomatic Medicine, 37, 98.

Wooley, S.C., Blackwell, B., Winget, C. (1978). A learning theory model of chronic illness behavior: theory, treatment, and research. Psychosomatic Medicine, 40, 378-401.

World Health Organization (WHO) (1990). Tenth Revision of the International Classification of Diseases, Chapter V (F): Mental and Behavioural Disorders (including disorders of psychological development), Diagnostic Criteria for Research, Geneva: WHO.

World Health Organization (WHO) (1991). Tenth Revision of the International Classification of Diseases, Chapter V (F): Mental and Behavioural Disorders (including disorders of psychological development), Clinical Descriptions and Diagnostic Guidelines. Geneva: WHO.

Zielke, M., Mark, N. (1989). Effizienz und Effektivität stationärer psychosomatischer Behandlungen. Projektbericht Nr. 2. Unveröffentlichtes Manuskript. Bad Dürkheim: Psychosomatische Klinik.

Zoccolillo, M.S., Cloninger, C.R. (1986 a). Excess medical care of women with somatization disorder. Southern Medical Journal, 79, 532-535.

Zoccolillo, M.S., Cloninger, C.R. (1986 b). Somatization disorder: psychologic symptoms, social disability, and diagnosis. Comprehensive Psychiatry, 27, 65-73.

Zonderman, A.B., Heft, M.W., Costa, P.T. (1985). Does the Illness Behavior Questionnaire measure abnormal illness behavior? Health Psychology, 4, 425-436.

Sachwort-Index

Anzeigen

Neurosciences / Neurology / Neuropsychology

H.-J. Schmoll / U. Tewes / N. P. Plotnikoff (Editors)

Psychoneuro-immunology

Interactions between Brain, Nervous System, Behavior, Endocrine and Immune System

1992, 276 pages, 50 figures, 39 tables, hardcover
Fr. 44.— / DM 49.80 / US $ 34.— / CAN $ 40.—

The main topics of this publication are:
(1) Interactions between brain, behavior, nervous system and immune system;
(2) conditioning effects;
(3) Neuroendocrine issues and immunecompetence;
(4) Psychosocial factors, stress, and immunity;
(5) Stress, Immunity, Cancer and AIDS.

Even until a few years ago the immune system had been described to be an autonomous system functioning independently from other biological and psychological systems of regulator processes. Today we know that this extraordinarily complex system is closely interlinked with other systems of the organism, particularly the endocrine and the nervous systems. Since animal experiments indicated that immunological reactions can be conditioned, the classical theories of psychogenesis of somatic diseases were reformulated.
Now the question is how psychological factors possibly modulate the function of the immune system via neurohormones.
This volume is intended to repeat, in a relatively paradigmatic fashion, on interdisciplinary research in this field. The results presented cover primarily the areas of Immunology, Neurobiology, Endocrinology, Cell Biology, and Pharmacology, with regard to the question, how psychological factors can possibly modulate the function of the immunesystem via neurohormones.

H. Lehnert / R. Murison / H. Weiner / D. Hellhammer / J. Beyer (Editors)

Endocrine and Nutritional Control of Basic Biological Functions

Neuronal Control of Bodily Function: Basic and Clinical Aspects, Volume 7
1991, 350 pages, hardcover
approx. Fr. 98.— / approx. DM 116.— / approx. US $ 69.00 / approx. CAN $ 79.00

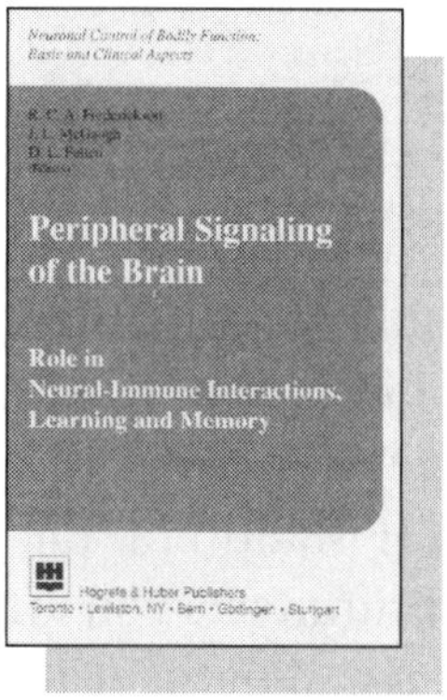

Robert C. A. Frederickson / James L. McGaugh / David L. Felton (Editors)

Peripheral Signaling of the Brain

Role in Neural-Immune Interactions, Learning and Memory

Neuronal Control of Bodily Function: Basic and Clinical Aspects, Volume 6
1991, 528 pages, hardcover
Fr. 148.— / DM 158.— / US$ 98.— / CAN $ 114.—

This imposing volume contains an impressive array of state-of-the-art studies regarding the most important neuroscience aspects of learning and memory. Authors from all over the world met in Irvine, CA in October 1989 to present their studies and exchange ideas. Subjects include: Immune Signaling to the Brain, Peptide Influences on Learning and Memory, Hormonal Signals, Cytokines and the Brain, and Neural-Immune Circuitry. The orientation is highly scientific, but practical applications are highlighted where they are directly relevant.

Hogrefe & Huber Publishers

P.O. Box 2487
Kirkland, WA 98083-2487
USA
(206) 820-1500

12 Bruce Park Avenue
Toronto, Ontario
M4P 2S3 CANADA
(416) 482-6339

Verlag Hans Huber

Länggass-Strasse 76
CH-3000 Bern 9
SWITZERLAND
(031) 24 25 33

Verlag Hans Huber GmbH

Robert-Bosch-Breite 25
D-3400 Göttingen
GERMANY
(0551) 50 688-30